키르케고르 읽기

세창사상가산책8

키르케고르 읽기

초판 1쇄 인쇄 2014년 12월 1일
초판 1쇄 발행 2014년 12월 5일

-

지은이 이명곤
펴낸이 이방원
기획위원 원당희
편집 조환열 · 김명희 · 안효희 · 강윤경
디자인 손경화 · 박선옥
마케팅 최성수

-

펴낸곳 세창미디어
출판신고 2013년 1월 4일 제312-2013-000002호
주소 120-050 서울시 서대문구 경기대로 88 냉천빌딩 4층
전화 02-723-8660
팩스 02-720-4579
이메일 sc1992@empal.com
홈페이지 http://www.sechangpub.co.kr/

-

ISBN 978-89-5586-218-8 04160
      978-89-5586-191-4 (세트)

이 도서의 국립중앙도서관 출판시도서목록(CIP)은 서지정보유통지원시스템 홈페이지(http://seoji.nl.go.kr)와
국가자료공동목록시스템(http://www.nl.go.kr/kolisnet)에서 이용하실 수 있습니다.
CIP제어번호: CIP2014034048

이 책은 한국출판문화산업진흥원의 2014년 〈우수 출판콘텐츠 제작 지원〉 사업 당선작입니다.

세창사상가산책 | SØREN AABYE KIERKEGAARD

키르케고르 읽기

이명곤 지음

8

세창미디어

머리말

내가 키르케고르의 사상과 처음 접한 것은 대학 초년생 때였다. 철학과에 입학하였지만 당시 가톨릭의 수도사제를 꿈꾸고 있었기 때문에 자연히 그리스도교의 철학자들에게 관심이 많았다. 하지만 지금과는 달리 30년 전의 당시로서는 중세나 현대를 막론하고 그리스도교 철학자들에 관한 책을 접하기가 매우 어려웠다. 접할 수 있던 유일한 번역서는 아우구스티누스의 『고백록』과 키르케고르의 저서들뿐이었다. 자연히 키르케고르의 저서들이 나의 애독서가 되었다. 당시에는 그의 사상이 무엇인지도 잘 몰랐지만 그의 저작들은 매번 나를 설레게 하였고, 매료시켰다. 그의 삶과 사상은 한편으로는 나에게 매우 친근하게 다가왔고, 다른 한편으로는 나를 매우 두렵게 하였다. 그의 사상이 나를 매료시킨 것은 '실존주의'라는 그 사상의 특징 때문이었을 것이다. 그의 글을 읽고 있노라면 내면 깊숙이 어떤 충동을 일으키고 아직 꿈을 꾸고 있는 나의 정신을 일깨우고 또 마음 깊이 감화시키는 놀라운 것을 발견하곤 하였다.

"실존한다는 것은 영원한 것을 시간 속에서 실현하는 것"이라는 그의 말처럼 그의 사상은 단지 진리를 말하는 것이 아니라, 삶 안에서 체험된 진실들에 대해서 집요하게 파고들고 독자로 하여금 항상 절대적인 지평에까지 이르도록 종용하고 있다. 너무나도 진지한 그의 태도는 독자를 두렵게 하기도 하겠지만, 번득이는 재치와 마법과 같은 그의 표현력 때문에 한번 그의 글을 읽기 시작하면 쉽게 손에서 놓을 수도 없을 것이다. 키르케고르는 분명 한 사람의 비범한 철학자이지만 또한 진지한 신앙인이었고 자연과 예술을 사랑하고 한 인간을 깊이 사랑하였던 평온한 사람이었다. 그의 정신은 깊이 자아를 성찰하는 철학자의 모습으로 나타나는가 하면 자연 속에서 신의 현존을 발견하는 신비가의 모습으로 나타나고, 대중을 질타하는 예언자의 모습으로 나타나는가 하면, 때로는 친근한 수줍은 소녀의 모습으로 나타나기도 한다. 그의 저작들은 심오한 신학적·철학적 내용들로 이루어져 있고, 날카로운 비판과 논리적인 진술과 시적이고 회화적인 이미지로 가득 차 있다. 풍자와 공격적인 말투 그리고 깊이 있는 심리학적인 분석과 생동감 있는 표현은 누구도 흉내 낼 수 없는 유일함을 지니고 있다. 하지만 예언자는 자기고향에서는 환영받지 못한다는 말처럼 그의 저작들은 한 세기 이상이나 세상에서 잊혔고 그의 정신은 역사의 뒤안길에 묻혀 있었다. 그러나 숨겨진 것은 언젠가는 드러나기 마련이다. 현대 사상가들은 그에게서 현대철학의 선구자를 발견하였고 하이데거는 그를 "당대의 시대적 분위기에 조응하는 유일한 종교적 저술가"라고 평가하였다. 키르케고르는 덴마크가 낳은 가장 위대한 문장가이며, 현대사상이라는 새로운 정신의 길을 마련한 지성인임이 분명하다.

그런데 무엇이 키르케고르에게서 볼 수 있는 현대적인 것인가? 현대성의 의미는 다양한 지평에서 논의될 수 있겠지만 철학적으로는 '개별자' 혹은 '개인'이 철학적 주제의 중심으로 부각되었다는 점일 것이다. 근대철학이 '주체의 개념'과 더불어 시작되었다고 한다면 '개별자'의 의미는 주체의 문제보다 훨씬 더 심오한 것이다. 근대철학의 공로가 사유하고 세계를 그려내는 당사자인 사유주체를 발견한 것에 있었다면, 현대철학은 이러한 사유하는 개인의 내밀한 내면성에 대한 발견과 탐구를 진정으로 시작하였다고 할 수가 있다. 키르케고르의 사유는 본질적으로 그 자신의 체험으로부터 출발한다. 그리하여 정신과 삶의 통일을 지향하고 있다. 그는 그 어떤 철학자도 시도한 적이 없었고, 감히 근접해 가지 못한 곳으로 끝까지 나아가고자 한다. 그래서 그가 진술하고 있는 한 문장 한 문장에 힘이 있고, 공허한 진술은 보이지 않는다. 그가 말하고 있는 것이 곧 그의 삶의 결과라는 것, 이것이 '실존주의'라는 새로운 지평을 열고 있다. 인간의 실존을 '심미적' '윤리적' '종교적'이라는 3단계의 과정으로 분석하고 있는 그의 실존에 대한 분석은 놀라운 것이지만, 또한 인간성이 본질적으로 신성과 관계된 것이라는 그리스도교적 인간관을 누구보다도 탁월하게 해명해주고 있다. 믿음 혹은 신앙, 죄와 구원, 사랑과 영혼 등의 종교적인 용어들에 대해서 키르케고르보다 더 순수하고 명료하게 해명하는 철학자는 없을 것이다. 소크라테스가 그러했던 것처럼 그의 사유 안에서는 진리를 위해서라면 '죽음'마저도 사소한 것처럼 여겨지는 종교적 천재의 모습이 번득이고 있다. 아마도 키르케고르에 있어서 그리스도교적 사유가 진정으로 철학적 사상으로 다시 뿌리를 내리고 있다고 해도 과언이 아닐 것이다.

인간의 실존에 대한 그의 심리학적인 분석방법에는 독자의 마음을 뒤흔들고 강렬하게 파고드는 그 무엇이 있다. '실존주의'라는 이름으로 등장하는 이러한 사유방식은 체계적이지 않고, 마치 음악에서의 푸가처럼 동일한 주제나 용어가 여기저기서 반복되어 나타나는가 하면, 역설과 비유가 그의 번득이는 지성과 함께 때로는 시적으로, 때로는 회화적 이미지로 등장하기도 한다. 이러한 놀라운 그의 저작들은 키르케고르라는 유일한 개인이 아니고는 쓸 수 없는 것이다. 루돌프 카스너는 "키르케고르의 정신을 공유한 자만이 그를 이해할 수 있다"고 말하였는데, 이는 과장된 표현이 아니다. 그렇기 때문에 그의 이러한 사상을 작은 한 권의 책에 알기 쉽게 제시한다는 것은 불가능한 일인지도 모를 일이다. 하지만 그럼에도 가급적 분명하고 보편적인 언어를 통해서 그리고 익히 알려져 있는 다양한 사상가나 예술가의 사유에 도움을 청하면서 독자의 입장에 서서 제시하고자 노력할 것이다. 인생의 중반기에 서서 나 자신의 영혼을 정화한다는 마음으로 다시 한 번 키르케고르라는 유일한 철학자의 정신을 되돌아볼 수 있도록 기회를 준 '세창미디어'의 여러분에게 감사의 마음을 전한다.

제주 아라동 연구실에서
이명곤

1. 모든 인용문의 출처(서지정보)는 '참고문헌'에 제시하였다.
2. 인용문 출처는 최소한으로 표기하였다. 일차적으로 도서명과 쪽수를 그리고 경우에 따라서 저자명과 쪽수를 기입하였다.
3. 키르케고르의 모든 저작에 대해서는 번역본의 한글제목과 쪽수를 사용하여 출처를 표기하였다.
4. 인명은 익히 알려져 있는 사람은 한글로 표기하였고, 필요한 경우에는 원문을 병기하였다.

1

철학자로서의 소명과
실존주의의 선구자

1
실존에 대한 절대적 관심

키르케고르Søren Aabye Kierkegaard, 1813-1855를 이해하기 위해 우리는 무엇을 해야 할까? 어떤 철학자나 예술가를 알기 위해서 그가 살아온 삶을 살펴보는 것이 매우 중요하다. 대개 위대한 인물의 저작이나 작품은 일종의 은유이며, 작품으로 표현하고자 하는 실재는 그의 삶의 결실로서 숨겨져 있는 경우가 많기 때문이다.

미켈란젤로의 조각 '피에타'의 '실재'를 완전하게 이해하기 위해서는 그 작품이 탄생한 당시 미켈란젤로의 개인적·공적 삶의 배경을 이해하지 않고는 불가능하다. 또한 플라톤의 '철인왕'의 의미를 제대로 이해하기 위해서는 당시 진리를 외치다 억울하게 사형당한 그의 스승 소크라테스에 대한 플라톤의 내적 감정을 이해해야 한다. 이는 소설가에게서도 마찬가지다. 『죄와 벌』을 통해서 도스토옙스키가 말하는 것을 제대로 이해하기 위해서는 공산혁명이 발생한 당시 러시아 시대상을 들여다봐야 한다.

철학자나 예술가 중에는 이렇게 은유나 비유를 통해서 자신의 사상이나 심정을 토로하기도 하지만, 드물게는 작품으로 자기 자신의 내면을 그대로 비추는 이들도 있다. 아마도 중세의 신비주의자나 고흐 같은 예술가가 그러한 부류이며, 철학자 중에는 소크라테스나 키르케고르를 꼽을 수 있을 것이다.

고흐는 동생 테오에게 보낸 편지에서 "내 작품 속에는 내 심장에서 바로 튀어나온 무언가가 들어 있다"라고 고백한 적이 있는데, 키르케고르의 작품에는 바로 이렇게 여과 없이 자신의 심장에서 바로 튀어나온 무언가가 주를 이루고 있는 곳이 많다. 마음속에 있는 것을 여과 없이 날것 그대로 만인에게 제시하는 것은 사실 위험천만한 일이다. '인간은 자신의 마음을 숨기기 위해서, 언어를 발명했다'는 말이 있을 정도로 누구도 있는 그대로의 내면을 만인에게 공개하기를 좋아하지 않는다. 왜 그런 것일까? 그것은 인간은 '진실하지 못하며', '진실을 말하면' 비판받고 박해받아 외톨이가 되기 때문일 것이다. 그래서 가브리엘 마르셀 G. Marcel은 인간을 '문제적인 인간l'homme problèmatique'으로 규정한다. 근본적으로 문제적인 인간은 문제를 안고 살아갈 수밖에 없다. 그중에서도 진실을 외면하고 허상을 실재로 삼고 살아가는 삶이 인간의 일상적인 습관이다. 하지만 이렇게 '허상'을 지니고 사는 것이 인간으로서 살아가야만 하는 필연적인 운명인가? 인간으로 태어났다는 이유로 진실과 진리를 외면하고 살 수밖에 없는가?

　이러한 질문에 '아니오!'라고 용감하게 외친 사람들이 있다. 그 첫 인간은 '소크라테스'였다. 그는 용감하게 그리스사회 전체를 상대로 이러한 '허상'과 '거짓'에서 벗어나야 한다고 주장하였고, 그것이 '신이 준 사명'이기에 그 일을 하지 않을 권리가 자신에게는 없다고 과감하게 말하였다. 그리고 전혀 죽음이 두렵지 않다고 말하며, 기꺼이 사형선고를 받아들였다. 그리고 그는 역사 이래로 '철학자'의 대명사가 되었다. 철학자의 사명 그것은 진리와 진실을 만인에게 보여주어야 한다는 것이 소크라테스가 준 교훈이었다. 그것은 자신의 선택이 아니라, 신이 자신에게 준 운명, 즉 소명이었다. 그렇기 때문에 소크라테스를 이해하기 위해서는 그의 생애를 살펴볼 이유가 없다. 그가 사람들에게 전한 말들이 그의 내면, 그의 진정한 모습을 가장 잘 보여준다. 신의 소명을 받고, 죽음을 준비한 예언자가 무엇이 두려워 은유를 사용하고 그럴듯하게 자신을 포장할 이유가 없기 때문이다. 마찬가지로 키르케고르를 가장 잘 알기 위해서는 그가 우리에게 남겨준 그의 저작만으로 충분하다고 할 수 있을 것이다. 그 역시 신의 손에 휘어잡힌 예언자적인 인간이었고, 이러한 소명을 위해서 죽음마저 두려워하지 않았기 때문이다.

우리는 여기서 진정 소크라테스가 신의 음성을 들은 것인가라고 질문할 수도 있다. 여기에 대한 답은 사실상 무의미하다. 왜냐하면 그것은 긍정적으로도, 부정적으로도 증명할 방법이 없기 때문이다. 무신론자라면 이러한 소명의식을 일종의 병리적인 현상으로 이해할 것이며, 소설가라면 자신의 양심의 소리를 '신의 명령'이라는 은유로서 표현하였다고 할 것이며, 신의 존재를 굳게 믿는 이라면 그가 실제로 신의 음성을 들었다고 할 것이다. 그런데 만일 누구도 진위를 확인할 수 없는 일이라면, 죽음을 담보로 진술하는 한 개인의 진술을 진실로 받아들여서, 소크라테스가 어떤 식으로든 진정 그가 말한 신의 음성을 들었다고 우리는 인정할 수도 있을 것이다.

한 개인이 전 생애를 걸고 생명을 소진하면서 해야만 하는 사명이 있을 때, 우리는 이것을 무엇이라고 말해야 할까? 종교적인 의미를 떠나서 이것이 곧 신이 준 사명이라고 말할 수는 없는 것일까? 키르케고르 역시 자신의 모든 것을 걸고, 사랑도, 명예도, 삶과 죽음까지도 초탈하여 죽음 직전까지 사명감에 충실한 철학자였다. 그의 사상을 좋아하든 않든, 그의 저작이 마음에 들든 아니든 이것은 모두 개인의 심미적인 것에 지나지 않는다. 중요한 것은, 한 인간이 자신이 진리라고 생각하는 것을 위해 모든 것을 희생하면서 실현하고자 한 그것이 곧 '소명'이며, 우리는 이러한 소명으로서의 철학자를 존중하지 않으면 안 된다는 점이다. 내 마음에 들지 않고, 내가 사랑할 수 없으며, 심지어 내게 두려움까지 유발할지라도 그것이 어떤 진리를 말한다면 이를 존중하지 않을 수 없다. 이것이 철학을 접하는 겸손한 마음이다. 이러한 겸손함이 없다면 철학은 곧 이념의 싸움터가 되고 말 것이다.

당시 불의한 사회를 고발한 소크라테스와는 달리 키르케고르는 실존주의자답게 자기 자신의 진실을 에누리 없이 그 최후까지 파고들면서 진리를 말하고자 하였다. 한 개인에게 절대적으로 진실한 것이 만인에게도 진실한 것이라 믿었기 때문이다. 일반인, 특히 현대인이 애써 자신의 불행이나 비참함을 숨기는 것과는 정반대로 그는 자신이 체험하고 있는 삶의 비참함을 전혀 숨김없이 진술하였다. 특히 『이것이냐 저것이냐』에서 그가 진술하는 내용은 마치 자살을 앞둔 사람의 고백을 연상케 한다.

나의 인생에 관한 고찰은 전혀 무의미하다. _이것이냐 저것이냐, 41쪽

이제 나에게는 인생이란 쓰디쓴 음료수가 되어버렸다. 그런데도 나는 그것을 약을 먹듯이 한 방울씩 천천히 마셔야만 한다. _이것이

냐 저것이냐, 43쪽

어째서 나의 영혼과 정신은 이다지도 메말라 있는 것일까! _이것이
냐 저것이냐, 39쪽

나의 인생은 영원한 밤과도 같다. _이것이냐 저것이냐, 60쪽

나의 인생은 절대적으로 무의미하다. _이것이냐 저것이냐, 60쪽

무엇이 이렇게 키르케고르의 인생을 비참하게 만든 것일까? 그
의 인생은 왜 그렇게 절망적이었던 것인가? 혹자는 이러한 그의
불행의 원인을 가족사나 사회적 환경에서 찾으려고 할 것이다.
그의 이름의 기원이 된 덴마크어 'kirkegård'가 '교회의 묘지'를 지
칭하는 묘한 사실이 암시해주듯이 그의 가족사는 우울하고 암울
하였으며, 키르케고르 스스로도 자신은 '어린 시절'을 겪어보지
못하고 늙어버렸다고 고백하였기 때문이다. 게다가 그는 애초에
목회자로서의 길을 가고자 하였으나 당시 관료화된 덴마크의 교
단과 끊임없이 대립하다가 결국 그 길을 포기하였다. 하지만 그
렇다고 해서 『이것이냐 저것이냐』에서 고백하는 이러한 불행의

원인을 전적으로 가족사나 외적인 삶의 요인들 때문이라고 말할 수는 없다. 왜냐하면 그는 "나는 한 번도 행복하다고 느껴본 적이 없다. 그러나 겉으로는 마치 행복이 줄을 지어 나를 따라다니는 듯 보이고 …"이것이냐 저것이냐, 67쪽라고 말했기 때문이다.

키르케고르의 불행은 모두가 알고 있는 그의 가족사나 사회적 위치나 개인적인 삶의 외적인 조건들 때문은 분명 아니었다. 오히려 이것들은 일반인에 비해서 훨씬 행복할 수 있는 조건들이었다. 그의 아버지는 재력가였고, 교회에서 존경받는 사람이었다. 그리고 키르케고르는 매우 미남이었고 좋아하는 오페라를 감상하기 위해 극장에 갈 수 있었고, 저명한 가문의 아름다운 여인 '레기네 올센'과 약혼할 만큼 무엇 하나 부족한 것 없었다. 그렇기 때문에 그 불행의 원인은 거의 내면의 문제, 혹은 실존의 문제에서 기인되었다고 말하는 것이 옳다. 그가 만족이나 기쁨이나 행복을 느끼기 위해서는 상류사회의 외적인 풍요와는 다른 삶이 주어져야 했는데, 정작 이 삶은 그에게 찾아오지 않았다. 이는 그에게 해결되어야만 하는 내적인 문제였지만 그 스스로는 해결할 수 없는 불가항력처럼 보였다. 그는 이 문제로부터 벗어나기 위해 안간힘을 썼지만 헛수고라고 고백한다. 무엇이 문제였을까? 놀랍게도 그것은 자신의 삶이 '시인의 존재'에 머물고 있기 때문이다.

> 나는 몸부림치고 저항하지만 헛수고다. 나의 발이 미끄러진다. 나
> 의 인생은 여전히 시인의 존재다. 이 이상으로 불행할 수가 있을
> 까? _이것이냐 저것이냐, 60쪽

　인생을 시인의 존재로 살아가는 것이 왜 문제이며, 시인의 존
재란 무엇을 말할까? 그리고 시인의 존재에서 더 나아가고자 하
는 존재는 어떠한 존재일까? 키르케고르가 말하는 '시인의 존재'
란 '낭만주의적 정신'을 상징하는 용어라고 할 수 있다.
　철학적으로 낭만주의란 현실적으로 실현 불가능한 어떤 이상
적인 것을 희망하거나 지향하는 것을 말한다. 그것이 사랑이든,
정치적 이념이든, 예술가의 이상이든 현실적으로 도저히 이룰 수
없는 어떤 '갈망'을 포기하지 않고 가슴에 담아두고 끝까지 추구
하는 것이 '낭만주의의 정신'이다. 철학적으로 볼 때 시인은 본질
적으로 '낭만주의자'일 수밖에 없다. 시를 쓰는 창작 작업이 삶의
대부분을 차지하는 시인에게 실존적인 의미로 시를 노래하며 살
아간다는 것은 거의 불가능하기 때문이다. 이는 소설가가 실제
적인 노동에서 면제되어야지만, 비로소 노동자의 일생을 감동스

럽게 그려나갈 수 있는 것과 같은 이치이다.

시詩를 통해서 누구보다도 탁월하게 의인의 모습을 노래하는 한 시인이 불행한 이유가 있다면 그것은 자신은 자신이 노래하는 '의인이 될 수 없다는 것'에 있는 것처럼, 키르케고르도 자신이 통찰하고 있는 그 진리에 스스로가 도달할 수 없음을 절감하였다. 그리고 이 절망이 그에게는 너무나 크고 엄청났기에 다른 어떤 좋은 것도 무의미했던 것이다. 결국 그가 '시인의 실존'을 가지고 있기에 불행하다는 것은 자신이 이해하고 자신이 통찰하는 그 바라마지 않는 진리가 자신에게는 진실이 혹은 실재가 되지 못하고, 다만 '희망'으로 다만 '노래할 수밖에 없는 것'으로 남을 뿐이라고 말하고 있는 것이다.

그렇다면 그가 진정 원했던 것, 즉 자신의 '삶의 실재'이기를 바랐던 그것은 무엇이었을까? 바로 이 질문은 '실존주의란 무엇인가'라는 질문을 답변하게 하는 핵심적인 내용이 된다. 실존주의란 여러 가지 의미가 있겠지만 그중 하나는 '자신의 사상과 자신의 삶이 일치를 이루는 것'이다. 사실상 실존주의라는 말이 성립하기 위해서도 실존주의자는 자신의 사상과 실재(내적인 실재)의 일치를 지향하게 된다. 실존이라는 말의 의미가 나의 현존재가 지니고 있는 고유하게 '나만의 것'의 총체를 의미하기 때문이다.

본질과 실존의 일반적인 개념적 구분

	본질(本質)	실존(實存)
속성적 차원	규정된 것, 무엇이라 말할 수 있는 것, 분명한 표현이나 묘사가 가능한 것, 확실한 것, 정적靜的인 것, 질서(통일성) 있는 것, 보다 중요한 것, 핵심이 되는 것 등.	규정되지 않는 것, 무엇이라 말하기 어려운 것, 분명한 표현이나 묘사가 어려운 것, 동적動的인 것, 통일성이 없고 모호한 것, 핵심적인 것과 부수적인 것의 구별 이전의 모호한 것 등.
자아의 차원	나의 정체성(동일성)을 규정해주는 원리로서, 나의 행위의 척도 혹은 기준이 되는 것. 현재 나의 심리적 정신적 상황과 무관하게 본성 혹은 자아의 차원에서 나를 규정해주는 원리.	현재 나에게 내적인 실재로서 의미가 있는 것, 나의 정체성을 말하기 이전에 이러한 정체성을 규정하게 되는 요소들, 내적 기질, 정감, 경향성, 불안함, 환희, 두려움, 증오 등 나의 현존재를 이루는 일체의 것.
양상의 차원	인간으로서의 본질, 한 개별자로서의 나의 본질, 철학자로서의 본질, 정의로운 자로서의 나의 본질, 신앙인으로서의 나의 본질 등 한 개체가 지성적 차원에서 반성을 통해서 규정한 자신의 '동일성' 혹은 '정체성'을 말한다. 이는 행위의 척도가 된다.	실존의 그 자체. 나의 본질을 규정하기 이전에 내가 지니고 있는 고유하게 '나의 것'이라고 할 수 있는 총체적인 나의 존재라고 할 수 있으며, 따라서 나의 내적인 조건과 정신적인 변모에 따라 변화할 수 있는 것이며, 나의 본질을 규정하는 데 중요한 요인이 된다.

나의 현존재를 구성하고 있는 나만의 것이란 '나의 감정', '나의 느낌', '나의 기호', '나의 정서', '나의 경향성', '나의 생각', '나의 신념이나 믿음' 등 아직 무엇이라고 규정되지 않지만 나에게 의미가 있고 '이것이 진정한 현재의 나의 존재'라고 할 수 있는 일체

의 것이다. 그렇기 때문에 실제로 나에게 의미 있는 존재를 형성하고 있지 않은 것은 그것이 무엇이더라도 나의 실존이라고 할 수는 없다. 따라서 세상 사람들 모두가 '어떤 것'이 나의 것이며 내가 그러한 존재라고 말하더라도, 그것이 나에게 의미 없고, 나에게 중요한 삶의 문제가 아니라면 그것은 '나의 실존'이 아닌 것이다.

반면 본질이란 이와 다른 것이다. 나의 실존이 나의 현존재의 모든 것이라고 한다면, 나의 본질은 항상 나의 현존재와 어느 정도 거리를 두고 있을 수밖에 없는 것이다. 예를 들어, 교사로서의 나의 본질이나, 예술가로서의 나의 본질은 '내가 누구인가'를 말해준다. 하지만 '진정 내가 교사인가?', '진정 내가 예술가인가?'라고 스스로에게 진지하게 질문한다면 나는 자신 있게 '그렇다!'라고 말할 수 없을 것이다. 왜냐하면 내가 사유하는 '교사'나 '예술가'는 현재 내가 지니고 있는 나의 존재와는 결코 일치할 수 없기 때문이다. 말하자면 이상과 현실은 항상 어느 정도 괴리가 있으며, 이때 이상은 본질에 해당하는 것이고 현실은 실존에 해당하는 것이다. '자유주의'나 '민주주의' 등 '~주의'가 의미하는 것과 마찬가지로 실존주의에서 '주의'는 '실존'을 가장 중요하게 생각하는 사상 혹은 실존을 우선적인 가치로 여기는 사상을 의미한다.

그렇기 때문에 실존주의는 자신이 현재 '진정한 나의 존재'라고 생각하는 것을 우선적으로 혹은 보다 중요한 것으로 취한다. 실존주의자에게 '실존'은 당연히 '본질'에 앞서게 된다.

바로 이러한 이유로 주변사람들 모두가 '당신은 매우 행복한 사람입니다'라고 말해도 '행복'은 키르케고르에게 결코 자신의 진정한 모습으로 여겨지지 않았다. 그에게 자신의 현존재를 형성하는 것들, 즉 실존이 보다 중요하고 가장 진지한 문제였기 때문이다. 자신이 현재 처해 있는 내적인 상황에 대해서 거의 절대적으로 의미와 중요성을 두고 철학을 시작하며, 이러한 것의 해답을 구하기 위해 전 삶을 투신하는 것이 곧 '철학함'의 고유한 의미라고 이해한 키르케고르를 '실존주의의 선구자'라고 하는 말은 당연한 것이다. 왜냐하면 철학함의 의미를 이렇게 이해한 첫 철학자가 곧 키르케고르였기 때문이다.

키르케고르가 오직 내면적인 문제에 골몰하였고 전혀 세상의 이해나 명예 따위에는 관심이 없었던 것은 저서들에 자신의 이름을 사용하지 않고 '빅토르 에레미타', '콘스탄틴 콘스탄티우스', '요한네스 클리마쿠스' 등 다양한 가명을 사용하였다는 데서도 알 수 있다. 독창적이고 놀라운 그의 저작들을 세상에 내어 놓으면서 이름을 숨긴 사실은 세상의 찬사에는 관심 없으며 다만 진리를 전한다는 한 가지 사실만을 중시하였다는 것을 의미한다. 자신에게 전혀 이득이 없는 일을 생명을 소진하면서 지속한 이유는 어디에 있을까? 그것은 곧 그 일을 신이 자신에게 준 소명처럼 생각하였기 때문이다. 그는 자신의 이러한 운명을 신이 부여한 예언자적인 소명처럼 믿었다. 그는 고독하게 신의 섭리를 받아들였다. 마지막까지 이러한 소명을 멈추지 않았고 고독하게 죽음을 맞이하였다. 그리고 사후 거의 한 세기 동안 그는 사람들의 기억에서 사라졌으나 20세기에 들어서면서 바르트, 하이데거, 가브리엘 마르셀 등 실존철학자들에 의해 그의 참모습이 드러나기 시작하였다. 그리고 그들은 키르케고르에게 암울한 현대사회에 빛을 밝혀줄 현대철학의 선구자, 실존주의의 선구자라는 이름을 헌정하였다. 마치 미운 오리 새끼처럼 평생을 살다가 사후 100년 만에 비로소 하늘을 날아가는 백조가 된 것이다.

사람들에 따라서는 이러한 실존주의 철학자의 원형이 '소크라테스'에 있으며, 그러한 의미에서 사실상 소크라테스가 실존주의의 선구자라고 주장할 수도 있을 것이다. 왜냐하면 소크라테스 역시 자신이 생각하는 사상과 자신의 삶이 일치되도록 노력하였고, 이것을 위해 목숨을 바쳤기 때문이다. 하지만 소크라테스의 사명과 키르케고르의 사명은 형식은 유사하지만 그 본질에서 다르다. 소크라테스의 사명은 그리스인의 의로움에 대해서였다. 그는 당시 진리를 외면하고 궤변을 통해서 진리를 왜곡하는 정치가나 철학자에 맞서 진리를 수호하고자 싸웠고, '악법도 법이다'는 말을 통해서 시민들의 합의와 협의로 규정한 법을 존중해야 한다고 말하며 이를 증명하기 위해 스스로 독배를 마셨다. 이 행위는 자신의 신념에 목숨이라도 건다는 진지함을 보여준다. 이러한 의미에서 '실존적'이기는 하지만 이는 여전히 진정한 의미의 실존주의와는 차이가 있다. 왜냐하면 소크라테스가 철학자로서 시민과 대중의 윤리적이고 도덕적인 삶을 위해서 자신의 사명을 다하고자 한다는 차원에서 목숨을 걸었다면, 이는 일종의 자신의 본질, 즉 철학자로서의 자신의 동일성을 끝까지 지키고자 한 것이지 자기 자신의 개별적인 인생의 문제는 아니었기 때문이다. 즉, 소크라테스는 그리스사회의 '공동의 선'과 '일반 대중의 윤리 도덕적인 삶'을 위해서 삶을 희생한 순교자였으며, 이는 한 개인의 진지한 자기 문제라기보다는 전체 혹은 공동체의 선을 위해서 자신의 개별적인 삶을 희생한 것이 되기 때문이다.

실존주의자는 단순히 이러한 '대의를 위한 희생'이나 '지행합일'의 덕목을 강조하는 사람들이 아니다. 실존주의는 무엇보다 한 개별자로서 자기 자신에게 절대적으로 문제가 되고 있는 것을 우선적으로 절대적인 관심으로 파고드는 사람이다. 그리고 그 이면에는 한 개인에게 절대적으로 진실한 것은 다른 모든 이에게도 진실하다는 일종의 인간성으로서의 보편성을 인정한다.

모든 인간에게 공통되는 이러한 인간성이 '인간의 본질'이라고 한다면, 키르케고르에게 이 인간성은 개인의 개별적인 본질의 내부에 있는 것이지, 개인으로서의 본질보다 상위이거나 포괄하는 것이 아니다. 그의 실존주의가 말하는 핵심은 이러한 윤리적인 실존의 차원을 넘어서 종교적인 실존으로의 도약에 있다. 이는 곧 절대자와 대면하는 한 개별자의 절대적인 자기 문제로 와닿는 그러한 것이다. "인간으로 존재한다는 것은 신성神性과 연결되어 있다는 뜻"관점, 176쪽이기 때문이다. 말하자면 학문적이고 문화적인 의미에서의 종교가 아니라, 지금 자신에게 가장 절박하고 의미 있는 것으로서 와 닿는 진정한 종교적인 문제, 즉 절대자와 대면하는 한 개별자의 삶의 문제를 해결하고자 하였고, 이러한 자신의 문제에 해답을 얻고자 하면서, 이를 통해서 다른 모든 이에게 빛이 되는 지혜를 주는 그러한 사상이 곧 키르케고르의 실존사상이다.

2

새로운 '철학함'에 대한 사명과 현대성

  그렇다면, 당시 키르케고르가 원한 것, 되고자 한 것은 무엇이었을까? 그 자신에게 절대적으로 관심의 대상이 된 자신의 문제, 그것으로 인해 결코 다른 어떤 것으로는 자신의 행복을 생각할 수도 없는 그 절대적인 문제란 무엇이었을까? 이 문제는 종교적인 문제임은 분명하나, 여기서 종교적인 문제란 문화나 율법체계, 혹은 신학이나 교의의 문제로서의 문제가 아니라, 한 개인으로서 최후까지 진리를 추구하면서 봉착하게 되는 절대자와 한 개별자 사이의 문제 혹은 시간성과 영원성, 무한성과 유한성의 문제로서의 종교적인 문제를 의미한다. 물론 이러한 종교적인 문제는 서구유럽의 전통에서 당연히 그리스도교의 옷을 입고 나타날 수밖에 없다. 그렇다면 키르케고르가 자신의 유일한 문제이자 절대적인 문제라고 여겼던 이 종교적인 문제는 구체적으로 무엇을 말하는 것인가? 그것은 이름만의 크리스천이 아닌 진정한 크리스천이 된다는 것이며, 이는 실존주의의 언어로는 '윤리적 실존' 이후에 나타나는 '종교적 실존'을 가지는 일이다. 그는 이러한 종교적 실존으로의 도약이 없는 한, 자신의 실존은 마치 죄 중에 있는 것으로 여기며, 아무런 기쁨도 없는 것처럼 여긴다.

그리스도교적으로 생각해볼 때, 모든 시인의 실존은 죄입니다. 존재하는 대신에 시를 짓고, 상상에 의하여 선과 참에 관계할 뿐, 선과 참이 되려고 하지 않는, 그러기 위하여 실존적으로 노력하지 않는 죄입니다. _들의 백합 공중의 새, 107쪽

자연인은 똑바로 서는 데에 가장 큰 만족을 느낍니다. 그러나 참으로 절대자를 아는 자는, 그리고 절대자를 앎으로써 자기 자신을 안 자는 오직 무릎을 꿇는 데서만 더없는 행복을 찾습니다. _들의 백합 공중의 새, 208쪽

마치 윤동주가 조선의 독립을 노래하고 있지만 자신은 고국에서 독립운동을 할 수 없음에 '죄인 됨'을 느꼈듯이, 철학자로서 진리에 통찰하고 진리를 말하고 있지만 자신이 그 진리를 살아가지 못하기 때문에 죄인 됨을 느끼는 것이 당시 키르케고르의 실존의 모습이었다. 이러한 진리를 살아간다는 것은 참으로 키르케고르 자신의 의지를 통해서만 해결할 수 있는 문제가 아니었

다. 감옥에 갇힌 사람이 독립운동을 하고자 해도 할 수가 없듯이, 종교적인 실존으로 도약하는 문제는 한 개인의 문제가 아니라, 개인과 절대자 사이의 관계성의 문제였기 때문이다. 다른 말로 하면 이는 인간성이 가진 근원적이 문제였기 때문이다.

아직 '믿음'이라는 주제에 대해 말하는 것은 성급하겠지만, 우리는 여기서 키르케고르의 문제는 '진정한 믿음을 가지는 것'이라고 말할 수 있을 것이다. 믿음 유사한 것이 아니라, 진짜 믿음을 가져야 할 것인데, 그는 그것이 결코 자신의 의지만으로는 가능한 것이 아님을 통찰하고 자신의 삶에서 무한한 어둠과 절망을 체험하고 있다. 그는 "나로서는 믿음의 운동을 묘사할 수는 있지만 그 운동을 일으킬 수는 없다"공포와 전율, 73쪽라고 말한다.

그렇다면 도대체 믿음이 무엇이길래 키르케고르는 그것을 가질 용기도 없고, 스스로는 믿음을 산출할 수도 없다는 것인가? 이러한 질문은 진정 종교적인 질문이지만 키르케고르에게는 이러한 질문이야말로 철학에서 가장 본질적이고 가장 심오한 인간성의 질문이 된다. 이 질문에 철학적으로 답하기 위해서는 철학의 시초로 거슬러 올라가야만 하고, 또한 중세인의 철학함에 대한 문제를 언급하여야만 한다. 우선 '믿음'이 한 개별자와 절대자 사이의 관계성이라는 차원에서 철학적으로는 '무한', '영원', '절대'

의 문제로 등장한다. 그리스철학 초기에 이미 인간의 지성은 '무한한 것', '영원한 것'에 대해서 숙고하고 이를 명상하였다.

하지만 이들의 '무한한 것'에 대한 사유는 여전히 '로고스'의 차원에 있으며, 한 개별자가 인격적으로 관계하는 '절대자'라는 종교적 차원으로 승화되어 있지는 않다. 즉, 한 개인의 개별적이고 진지한 인생의 의미로 부각되지는 않고 마치 과학자가 우주의 크기를 고찰하듯이 그렇게 학문적인 개념의 차원에서 고려된 것이다. 이러한 무한과 절대가 한 개인의 개별적인 삶의 문제로 진지하게 부각한 것은 중세기에서이다. 아우구스티누스는 "나는 나의 영혼과 신을 알고자 한다. 이것이 전부이다"라고 말하면서 자신이 알고자 하는 신은 곧 자신의 가장 깊은 내면에 존재한다고 생각하였다. 그리고 이러한 자기 내면의 가장 깊은 존재인 신적인 존재에 대해 추구하기 위해서 전 삶을 투신한 사람들이 곧 중세의 신비주의자였다. 하지만 중세의 철학자들에게서 이러한 절대자와 개별자의 관계성에 대한 추구는 너무나 빨리 실천적인 삶의 문제로 나아가 버렸고, 철학적 반성의 대상으로 보다 깊이 진척되지는 못하였다고 키르케고르는 지적하고 있다. 그리고 근대철학을 매듭짓고 있는 헤겔의 철학에서는 이러한 절대자의 문제가 순수한 학문적인 앎의 문제로 대신하게 되었다고 비판하고 있다. 왜냐하면 헤겔의 철학체계 안에서 종교란 절대적인 앎으로 나아가는 정신의 모습처럼 고려되고 있으며, 그런 한 '믿음'이라는 한 개별자와 절대자의 구체적인 관계가 정신의 '재현'처럼 고려되고 말기 때문이다. 비유로써 쉽게 설명하면 헤겔에게 종교의 핵심인 믿음은 진정한 한 개인의 실존의 문제, 즉 삶의 문제가 되지 못하고, 마치 수영선수가 카페에 앉아서 수영하는 방법론에 대해서 완벽하게 기술하고 끝내버리는 것과 같이 되었다. 중세인의 관상적인 삶도, 그리고 헤겔의 사변적인 철학도 키르케고르에게는 진정으로 '철학함'의 의미로 와 닿지 않았다.

이러한 키르케고르의 심정과 유사하게 말하는 국내 철학자로 길희성 교수를 들 수 있다.

서양 중세는 신학과 철학이 조화를 이루며 철학이 영성과 신비주의적 성격을 지닌 시대였다. 그러나 종교개혁 이후 신학과 철학, 신앙과 이성이 다시 첨예하게 대립하면서 각기 제 갈 길을 가게 되었고, 데카르트 이후의 근대철학에서도 지성과 영성은 이질적인 것이 되어버렸다. 나는 이것이 서구 신학의 비극이며 현대 서구 사상이 겪고 있는 영적 빈곤의 근본 원인이라고 생각한다. … 초월을 포기하고 '형이상학의 극복'을 무슨 전리품인 양 자랑하는 서양 근현대

철학은 인간의 가장 깊은 정신적 욕구를 충족시키지 못한다고 나는 생각한다. _마이스터 엑카르트의 영성 사상, 5-6쪽

위 진술은 그리스도교적 정신을 가진 학자라면 누구도 부정할 수 없을 것이다. 그럼에도 현대철학의 전부가 이러한 것은 아니다. 현대철학의 비극 속에서도 이러한 비극에 맞서 철학적인 의미에서 영성의 추구, 즉 인간의 가장 깊은 정신적인 욕구를 추구하고자 한 철학자들이 곧 유신론적인 실존주의자였고, 그 선구자는 키르케고르였다. 비록 가톨릭 전통에서 말하는 고유한 의미의 영성과는 그 형식을 달리할지라도 키르케고르가 삶과 죽음보다도 더 간절하게 추구한 것은 그 본질에서 '영성'이었기 때문이다.

유한하고 시간적인 존재가 무한하고 영원한 존재에, 즉 절대자에 대해서 명상을 하고 이러한 절대자와 인격적인 차원에서 관계성을 맺으면서 인생의 가장 심오한 의미를 도출하여 낸다는 것, 이것이 키르케고르가 추구하였던 '믿음의 사건'이다. 인간의 최고 가치는 자신에게 내재하는 신적인 존재와의 관계성을 통한 종교적 실존을 가지는 데에 있다는 것이 그리스도교의 일반적인 관점이다. 종교철학에서는 이것이 인간의 가장 심오한 갈망, 모든 인간에게서 외면할 수 없는 인간성의 진리라고 말한다. 이러

한 종교적 실존의 진리는 키르케고르에게서 가장 개별적이고 절대적인 사건이며, 결코 일반화하거나 보편화할 수 없다.

그렇기 때문에 우리는 종교철학이나 여타 학문에서 다루는 종교적 현상과 키르케고르가 체험한 종교적 현상을 구분해서 생각해야만 한다. 종교가 어떤 의미에서든 문화의 형태를 취하고 있음은 부정할 수 없다. 비록 종교의 중심에는 절대적이고 신성한 어떤 것이 포함되어 있음이 분명하겠지만, 종교는 또한 그 자체 실천적인 윤리규범을 가지고 있으며, 종교라는 몸체를 형성하고 있는 조직과 제도를 소유하고 있고, 종교인을 하나의 가족으로 묶어 주고 있는 문화공동체를 형성하고 있다. 나아가 종교는 자신이 속한 사회 안에서 사회적·정치적 제반 관계성을 가지고 있다. 이러한 복합적인 종교의 형식들이 가끔 가장 순수하게 절대자와의 관계성을 추구한 초기의 종교적 실존을 왜곡하기도 한다. 즉, 문화로서의 종교가 가장 깊은 종교의 핵심인 '믿음' 혹은 '신앙'의 본질을 왜곡하거나 그 순수성을 상실하게 하는 것이다. 키르케고르가 당시 관료화된 덴마크의 목회자들을 비판한 것도 바로 이러한 '믿음의 순수성'에 대한 상실에 있음은 의심의 여지가 없다. 『공포와 전율』에서 '아브라함'이라는 실존인물을 '믿음의 기사'로서 등장시키는 것도 이러한 '믿음의 순수성'을 제시하기 위해서였다. 그리고 그가 끝까지 헤겔의 사상에 대립하였던 것도 세속적인 학문으로서의 종교에 대한 사유가 종교의 진정한 핵심이 되고 있는 이 '믿음의 실재'를 제거하고 있다고 보았기 때문이다. 그래서 하이데거는 키르케고르를 "당시 시대의 운명에 상응하는 유일한 종교적인 저자"어느 곳으로도 향하지 않는 길, 310쪽라고 한 것이다. 제도화된 종교의 세속적인 변화와 학문으로 환원되어버린 믿음의 순수성을 회복하고자 한 것이 키르케고르의 노력이었고 이는 새로운 철학함의 문제로 등장하였다. '믿음'이라는 주제가 철학함의 새로운 한 방법이라는 것은 이성을 근간으로 하는 근대적 시각에서 보면 전근대적으로 보이겠지만, 전통적으로 '학문'과 '철학'을 분리하여 생각하는 기질을 가진 서구적 전통 안에서는 충분히 수용할 만한 것이다.

학문이 현상을 설명하기 위해 법칙을 발견하고 이론을 형성하는 것이라고 한다면, 철학의 목적은 이론을 형성하는 것이 아니다. 철학은 오히려 법칙과 이론을 형성하기 위한 보다 근원적인 것에 대해 추구하고 또한 법칙과 이론을 통해서 궁극적인 인생의 목적을 밝혀주는 것이다. 이러한 것을 고대철학자들은 '지혜'라고 하였다. 철학이 지혜를 사랑하고 지혜를 추구한다고 할 때, 우리는 이러한 지혜를 무엇이라고 볼 것인가에 따라서 다양한 유형의 철학함이 있다고 말할 수 있다. 그래서 키르케고르가 추구한 진리추구의 방법론으로서의 '믿음'은 학문이나 철학에 대립하는 것이 아니라, 가장 심오한 의미에서의 철학함을 의미할 수 있는 것이다. 다시 말해서 키르케고르는 '믿음'에 대해 진정한 철학적인 접근을 하고 있다. 그리고 이는 그 자체 하나의 형이상학을 형성한다. 왜냐하면 그에게 '믿음'은 보편적 진리로 나아가는 여정에서 하나의 외관(사상이나 세계관)처럼 나타나는 것이 아니라, 오히려 이를 중심으로 다른 모든 문제가 질서 지워지고 대답들이 나타나게 되는 일종의 매듭의 장소, 즉 형이상학적인 지반으로 고려할 수 있기 때문이다.

다시 말해서 우리는 키르케고르의 믿음에 대한 개념은 철학적 담론의 '대상'이 아니라, 오히려 모든 철학적 담론의 원천이며, 원리처럼 고려할 수 있다. 믿음을 통하여 혹은 믿음으로부터 전통적으로 철학의 핵심이었던 '로고스'나 '진리'의 개념을 다시 생각할 수 있으며, 이러한 측면에서 믿음은 철학함의 가장 근원적이며 새로운 방법이 되는 것이다. 이 근원적인 방법론에 대해서 앙드레 클레어André Clair는 다음과 같이 명쾌하게 말한다.

사람들은 실존적인 사유란 한계들에 대한 철학이라고 말할 수 있다. 이 실존적인 사유는 한 개인의 변모 안에서 발생하는 한계들을 (사유나 개념으로) 환원하는 것이 아니라, 이와 반대로 당혹스럽고 불연속적인 방식으로 표출되는 실존적인 요소들을 긍정하면서 철학에 도입하고 있다. _Existence et Ethique, p.8

철학이 더 이상 법칙이나 이론을 형성하는 것이 아니라, 인간의 가장 절실한 생의 문제를 파고들며 근원적인 것과 궁극적인 것에 대해서 추구하는 것이라고 규정한다면 이러한 철학은 더 이상 개념과 보편성 속에 안전하게 거주할 수가 없을 것이며, 자신의 가장 깊은 삶의 체험 안에서 발생하는 어떤 '한계', '부조리', '혼란'에 대해서 끊임없이 질문하고 이를 넘어서고자 하는 역동적인 것이 된다. 철학은 더 이상 단순한 사유나 관조가 아니라, 정열적인 무엇이다. 이러한 정열 중에서도 한 개별자가 삶의 의미와 인생의 궁극적인 것에 대해 추구하면서 만나게 되는 절대자와의 관계는 가장 진지하고 심오한 삶의 문제가 되며, 삶의 열정 중에서도 최정상에 있는 것으로 나타난다. 그래서 키르케고르는 "인간에 있어서 최고의 정열은 믿음이다"공포와 전율, 251쪽라고 말하고 있다. 이러한 사유는 '인생이란 영원한 것을 지향한다'는 그의 인생관 혹은 세계관 그 자체에서 기인된다. 칸트나 콩트 같은 철학자들에게서 유한하고 시간적 존재인 인간이 무한하거나 영원한 것을 추구하는 것은 모순이고 월권처럼 생각되겠지만, 인간을 근본적으로 무한과 유한, 순간과 영원, 신성함과 속됨의 통합체로 보고 있는 파스칼이나 키르케고르에게서 인간이 인생의 모든 것을 체험하고 났을 때 최후적으로 추구할 수밖에 없는 것은 바로 이 영원한 것과 무한한 것, 즉 신성한 것일 수밖에 없다.

키르케고르는 인간성의 깊은 곳에는 신성한 것, 무한한 것 그리고 영원한 것과 결코 분리될 수 없는 무엇이 존재한다고 보았다.

만약 인간 속에 영원한 것에 대한 의식이 없다면 … 그렇다면 인생이란 절망 이외의 그 무엇일 것인가? _공포와 전율, 27쪽

만약 인류를 맺어주는 성스러운 끈이 없다면, … 그렇다면 인생이란 그 얼마나 공허하고 쓸쓸할 것인가? _공포와 전율, 28쪽

우리는 키르케고르가 왜 다른 모든 주제 ―우정, 행복, 사회정의, 세계관, 덕 등― 를 놓아두고 유독 '영원한 것', '성스러운 것', '무한한 것' 등의 종교적인 주제 집착하였는지, 왜 이러한 어렵고 심오한 것에만 그렇게 의미를 두었는지 질문할 수 있을 것이다.

이 역시 어린 시절의 독특한 환경이 빚어낸 '편집증'이라는 병리학적 현상으로 해명할 수 있을까? 그럴 수는 없을 것이다. 그는 '들의 백합과 공중의 새들', 즉 자연을 누구보다 찬미하였고, 오페라에 심취하였으며, 사교 생활을 즐겨하였고, 약혼녀와 사랑에 빠지기도 하였다. 자주 관료화된 목회자들을 비판하기도 하고, 헤겔이라는 위대한 철학자의 사상과 끊임없이 논쟁하였다. 그의 외적인 삶은 그 어떤 사람보다 평범하고 진지한 것이었다. 하지만 내면 깊숙이에서는 이 모든 것에서도 진정한 의미나 생의 궁극적인 가치라고 할 만한 것을 발견하지 못하였다. 그가 진정으로 추구한 것은 바로 단독자로서 절대자 앞에 나설 수 있는 '종교적 실존'이었다. 하지만 그는 이러한 종교적 실존을 획득하지 못하면서 절망하고 괴로워하였고, 스스로 비참하고 불행한 자라고 고백하였다. 여기서 역설적이게도 키르케고르 자신의 고백과는 달리 진정 위대한 한 인간의 모습을 볼 수 있다. 왜냐하면 세상의 온갖 좋은 것을 가지고 있으면서 이 모든 것에서도 의미를 가질 수 없다는 것은 이 모든 것보다 더 큰 것만이 채울 수 있는 어떤 깊고 위대한 것을 간직하고 있다는 것을 의미하기 때문이다.

베토벤이 위대한 예술가인 것은 위대한 작품들을 산출했기 때문이겠지만, 엄밀히 말해서 그 작품은 그의 놀라운 예술성을 말해줄 뿐이다. 예술성이란 애초에 지닌 그의 위대함이 어떤 특정한 형식의 옷을 입고 나타난 것일 뿐이다. 베토벤은 무엇보다 먼저 그가 '감동할 만한 것'에 갈증을 느꼈기 때문에 사람들이 감동하는 작품을 만들 수 있었다. 내적으로 깊이 감동하는 것 없이는 도무지 무의미해서 살아갈 힘이 없는 한 사람이 스스로 감동할 작품을 창조할 수밖에 없었다는 것이 그가 위대한 인간임을 말해준다. 즉, 한 인간이 위대하다는 것은 현재 존재하는 그 어떤 것에도 만족할 수 없다는 것, 보다 더 깊고 심오한 것을 추구한다는 그 사실에 있다.

마찬가지로 키르케고르 역시 자신을 둘러싸고 있는 그 어떤 것에서도 내적인 충만이나 진정한 의미를 가질 수 없었다. 그리고 그는 아브라함과 같은 믿음의 실재, 신성한 존재와의 진정한 관계성을 가지는 것만이 자신의 갈망과 자신의 실존을 채울 수 있다는 것을 알고 있었다. 진정 행복할 수 있기 위해서는 아브라함이나 성모 마리아 같은 믿음의 기사가 되어야만 했지만 그는 이러한 믿음의 기사가 되도록 허락되지 않았다. 그에게 가장 위대한 인간은 바로 이러한 믿음의 기사를 의미하는 '종교적 천재'였지만, 그는 오직 '철학적 천재'였을 뿐이었다. 그 스스로도 이러한 사실을 너무나 잘 알고 있었다. 그래서 그는 스스로 '참회자'라고 표현하였던 것이다. 만일 그가 참회자가 아니었다면 그는 약혼녀와 행복하게 살 수 있었을 것이며, 예술과 철학 속에서 충분히 행복하였을 것이다. 키르케고르의 불행은 바로 자신이 참회자가 될 수밖에 없다는 데 있었다. 하지만 비록 아브라함과 같은 믿음의 기사가 될 수 없다고 할지라도, 그는 위대하였다. 최소한 이러한 종교적 천재에 대해서 진정으로 잘 이해하고 있었고, 이러한 사람들과 동일한 사람이 될 수 없어서 절망하였다는 그 사실에서 그는 위대하였다. 왜냐하면 위대한 사람을 이해하는 사람은 최소한 그가 가진 위대함을 어느 정도 소유하지 않고는 불가능하기 때문이다. 사실 키르케고르 자신도 이를 잘 알고 있었다. 그는 위대한 사람의 척도를 다음과 같이 말한다.

그들은 각기 그들이 사랑한 대상의 위대성에 정비례하여 위대했다. 즉, 자기 자신을 사랑한 자는 자기 힘으로 위대해졌고, 남을 사랑한 자는 그 헌신 때문에 위대해졌던 것이다. 그러나 신을 사랑한 자는 어느 누구보다도 더 위대해졌다. … 신과 싸운 자는 가장 위대했다. _공포와 전율, 30쪽

'유유상종'이라는 말이 있다. 이는 '어떤 사람을 알기 위해서는

그의 친구를 보면 된다'는 격언을 대변하는 말이다. 신과 싸운 자가 가장 위대하다는 것은 바로 이러한 격언에 비추어도 당연한 진리이다. 왜냐하면 인격 대 인격의 진정한 관계를 전제하지 않는다면 싸움 자체가 불가능하기 때문이다. 키르케고르는 바로 이러한 인간실존의 진보에서 최정상에 있는 진정한 종교적 실존을 가진 이들을 동경하였고, 이들과 유사한 실존을 가지고 있었던 것이다. 그리고 그는 이러한 종교적 실존의 진리를 끝까지 파헤치고 철학적으로 밝히고자 하였다. 그것만이 자신이 갈망하는 것을 획득할 수 없었던 한 종교적 천재의 유일한 삶의 의미였다. 바로 여기에 새로운 철학함을 창출하지 않을 수 없었던 키르케고르의 운명이 있다. 키르케고르가 실존적인 철학자, 종교적인 철학자가 되지 않을 수 없는 것은 바로 이러한 운명에 대한 자각 혹은 신의 섭리에 대한 자각이었고, 이것이 곧 그의 철학자로서의 사명이었다.

혹자는 신을 인격화하면서 오성을 포기하고 믿음을 가지는 것은 비-철학적을 넘어 반-철학적인 것이 아닌가라고 반박할 수도 있을 것이다. 하지만 우리는 이미 그리스철학에서부터 '철학이란 죽음을 배우는 것'이며, '철학은 영원한 것을 추구하는 것'이라는 사실을 알고 있다. 키르케고르에게 종교적 실존을 가진다는 것은 곧 '세상의 모든 가치, 필연성, 보편성, 의미'로부터 스스로 물러나는 것이며, 만일 이러한 행위가 절대자와의 관계성을 부정하는 사람에게서 발생한다면 이는 곧 '정신적인 죽음' 혹은 '도덕적인 죽음'을 말하는 것과 같다. 그렇기 때문에 '믿음을 가진다는 것'은 세상에서 가장 정열적인 그 무엇으로 보인다. 자신의 죽음을 담보로 무엇을 추구하는 것보다 더 큰 정열이 있을 수 없기 때문이다. 우리는 그리스적인 철학함의 깊은 의미가 키르케고르에게서 가장 근원적이고 진지한 철학적 문제로 되살아나며, 믿음을 통하여 종교적 실존을 가지는 것이 곧 철학함의 새로운 한 방법론이라는 것을 이해할 수 있다. 불안의 개념에서 진술하는 다음과 같은 고백은 철학자로서 그의 사명을 가장 잘 드러낸다.

나의 종교적인 존재가 나의 외적인 존재에 어떻게 관계하고, 그 속에서 어떻게 표현되는가 하는 것을 해명하는 일이야말로 문제인 것이다. _불안의 개념, 209쪽

그 누구와도 무관하게 오직 자신의 절대적이고 내적인 삶의 문제인 '절대자와의 관계'라는 이 심오한 문제를 안고 살아가는 한 영혼이, 그럼에도 여전히 평범한 인간의 모습을 하고, 평범한 일

반인의 삶 속에서 자신의 진정한 모습을 감춘 채 살아가야만 한다면, 이러한 자신의 내면적인 문제를 어떻게 현실의 삶 안에서 표현하고 자신의 삶을 어떻게 일반인에게 해명해야만 하는가는 참으로 어렵고 심오한 문제이다. 키르케고르라는 철학자의 가장 독창적이고 흥미로운 점이 바로 여기에 있다. 중세 신비가들은 자신들의 이러한 내적인 문제를 해결하기 위해서 세속을 떠났다. 그들은 불교의 승려와 마찬가지로 세상의 일은 세상 사람들에게 맡겨두고 말 그대로 출세간하여 수도원에서 자신들의 고유한 삶을 추구하였다. 그래서 전통적인 의미에서 수도원의 삶은 '천국을 앞당겨 사는 삶'이라고 하였다. 하지만 키르케고르에게 이러한 행운은 허락되지 않았다. 그에게는 하나의 다른 은총, 다른 사명이 주어진 것이다. 그것은 세상의 모든 일에서 진정한 의미를 상실하였음에도 세상의 한가운데서 살아가며, 세상과 교감하는 일이었다. 어쩌면 이러한 의미에서 우리는 키르케고르에게서 진정한 '현대성'을 발견할 수도 있다. 즉, 초월적이고 초-현실적인 실존의 지평이 현실의 한가운데서 빛을 발하고, 신성한 종교적인 빛이 세상 한가운데에서 세상 사람들을 향해, 세상의 언어로 해명해야만 한다는 것이다.

하이데거의 말이 보여주듯이, 이러한 엄청난 일, 지금껏 그 누구도 감히 할 수 없었던 일을 키르케고르는 자신의 생명을 소진해가며 이루어냈다. 물론 우리는 이러한 그의 사명이 얼마나 잘 이루어졌는지, 또 세상 사람들은 이러한 그의 노력을 얼마나 이해하고 있는지 알 수 없다. 어쩌면 우리는 여전히 이를 확인하기 위해서 첫 발걸음을 내딛고 있는지도 모를 일이다.

2

늙은 어린이의 낭만주의

1
어린이의 실존의 순수성

키르케고르는 1813년에 태어나 1855년, 그러니까 42세라는 젊은 나이에 세상을 떠났다. 그는 한 번도 '늙은' 적이 없었다. 그럼에도 그는 스스로를 '늙은 어린아이'라고 불렀다. 자신의 처지를 표현한 다음 문장은 그의 시적 자질을 잘 드러낸다.

티 없이 기뻐하는 어린아이와 같다면! 그러나 나는 일찌감치 늙어 버렸고 죄 많고 피곤하구나! _들의 백합 공중의 새, 109쪽

그는 불행한 어린 시절을 보냈다. 아버지의 식모였던 후처의 아들로 태어난 그는 경건한 기독교인으로 행세하는 아버지에게 너무나 큰 위선을 느끼고 괴로워하였다. 게다가 엄격한 청교도적 삶을 살았던 그의 가정에서 자신이 혼전에 가진 아이라는 것을 알고는 스스로 큰 죄의식에 시달렸다. 7명의 자식 중 막내였던 그는 거의 존재감이 없이 잊힌 채 살았다. 그에게는 진정 아름다운 어린 시절이나 청년 시절이란 것이 없었다. 코펜하겐에서

목회자의 꿈을 안고 신학과 철학을 공부하였으나 국가교회의 관리인으로 타락한 기성 종교인들과 끊임없이 마찰을 빚고 갈등하다 결국은 목회자로서의 꿈을 버려야 했다. 신학자들에게는 너무나 세속적이라고 비판받았고 철학자들에게는 너무나 종교적이라고 비판받아야 했다. 유일하게 사랑하였고 안식을 가질 수 있었던 연인 '레기네 올센'과 4년의 사귐 끝에 약혼을 하였지만 결국 1년 만에 그 스스로 약혼을 파기하여야 했다. 이미 종교적 실존의 문턱에 있었던 그는 여전히 심미적인 실존에서 한 발짝도 나아가지 못한 자신의 약혼녀와 하나 될 수 없음을 뼈저리게 느꼈던 것이다. 그는 스스로 하느님과 약혼하기 위해 그녀와 결별해야만 했다. "그녀와의 약혼과 파혼은 정녕 하느님과 나와의 관계이고, 하느님과 나와의 약혼이다"유혹자의 일기, 276쪽. 그리고 이 하느님과의 약혼이란 그에게 곧 참회자가 되는 것이었다.

내가 만일 참회자가 아니었다면, 그녀와의 나의 결합은 일찍이 꿈 꿀 수도 없을 만큼 나를 행복하게 해주었을 것이다. _『유혹자의 일기』, 1849년 8월 24일자 수기에서, 160쪽

'참회자'라는 이 표현은 일종의 상징적인 용어이면서 또한 다의

적인 말이다. 우리는 키르케고르가 사용하는 이 참회자라는 말에서 자신의 가족사로부터 기인된 그의 심리적인 죄의식을 떠올릴 수 있으며, 하느님에게로 다가가면 갈수록 하느님과 멀리 떨어져 있다는 것을 체험할 수밖에 없는 인간의 근원적인 죄성罪性에 대한 그의 생각을 떠올릴 수도 있을 것이다. 혹은 일찍이 인류의 죄를 대신하여 참회자가 된 그리스도를 떠올릴 수도 있다. 어쨌든 그 누구에게도 이해받지 못한 종교적 천재였던 그는 스스로 종교적 천재가 될 수도 없다고 생각하였고, 신이 자신에게 진정 기구한 운명을 허락하였다고 생각하였을 것이다. 진정한 의미의 어린 시절도 청년 시절도 없이 그의 정신은 이미 윤리적 실존을 넘어 종교적 실존의 문턱에 있었다. 일찌감치 늙어버렸다는 그의 탄식은 과장된 것이 아니다. 그리고 결코 믿음의 기사가 될 수 없음에 죄의식을 느낄 수밖에 없었다. 그에게는 너무나 무거운 실존의 권태가 도사리고 있었고, 가련하게 몸부림쳤지만 구원의 빛은 볼 수 없었다. 이러한 실존의 무거움으로 그는 한없이 티 없고 맑은 어린이의 실존을 그리워하였을 것이다. 자신이 한번도 가져보지 못한, 그렇기 때문에 진정으로 소중하고 아름답게 비춰진 어린아이의 순수성을 항상 그리워하였을 것이다.

  하지만 우리는 외형적으로는 매우 가련한 것 같은 이러한 키르케고르의 인생에서 그 누구도 흉내 내지 못할 아름다운 삶이 내재해 있음을 발견할 수 있다. 그것은 한 늙은 어린아이의 참으로 순진무구한 '낭만주의의 정신'이다. 이를 이해하기 위해 우선 '늙은 어린이'라는 모순된 표현이 무엇을 의미하는지 생각해볼 필요가 있다. '늙었다'는 표현은 두 가지 상반된 의미를 지닌다. 하나는 '생기를 잃고 의욕을 상실했다는 것'이며 다른 하나는 '삶의 질곡을 모두 거쳐 온 뒤의 정제된 지혜를 지니고 있다는 것'이다. 키르케고르가 누구보다도 예술에 관심을 가졌고, 여행을 하였고, 열정적으로 논쟁하고 비판하고 글을 쓰는 일을 중단하지 않았다는 것을 감안한다면 늙음이 '생기를 상실함'보다는 '정신적인 성숙함'을 의미한다고 보는 것이 옳다. 즉, 그는 어린이나 청소년의 삶에 의미를 가지기에는 너무 일찍 정신적으로 성숙해버린 것이다. 그리고 어린이의 특성은 '순수하다'는 것이다. '5살짜리 어린이에게는 모든 것이 이해될 수 있다'는 말이 있듯이 어린아이의 실존은 모든 것에 대해 열려 있다. 어린이는 어른들이 지니고 있는 선입견·가식·위선 혹은 지배욕·이기주의 나아가 가치관·인생관 등이 거의 형성되어 있지 않아서 모든 것을 그대로 받아들이고 믿을 수 있는 '순수성'을 지니고 있다. 따라서 키르케고르가 스스로 자신을 '늙은 어린애'라고 표현하고 있는 것에는 매우 역설적인 의미가 담겨 있다. 즉, 얼핏 보기에는 주변 환경에 적응하지 못하고 사람들에게 따돌리며 세파에 찌들려 정신적으로 피곤하고 의욕을 상실한 한 가련한 인간을 나타내고 있는 듯하지만, 이와는 정반대로 '생의 경험을 통한 정제된 지혜를 가진 성숙한 정신을 가지고 있으면서 또한 전혀 세파에 물들지 않은 순수한 어린이의 실존을 동시에 가진 이상적인 어른'을 의미하기도 하는 것이다. 키르케고르가 한 번도 진정한 의미에서 어린아이의 실존을 가져본 적이 없었다는 사실은 역설적으로 그는 누구보다도 이상적이고 순수한 어린아이의 실존을 간직하고 있다는 것을 말해준다.

'기대가 크면 실망도 크다'는 말이 있듯이 우리가 동경하고 있는 모든 실재는 실제로 체험되는 순간 그 이상적인 모습을 상실하고 만다. 모든 고등학생이 대학생활의 이상적인 모습을 동경하면서 고3생활을 견디어내지만, 그러나 실제로 체험된 대학생활은 자신들이 꿈꾸었던 그 이상적인 대학생활의 모습을 산산조각 내어버린다. 만일 어떤 이유로 대학에 진학하지 못하고, 형편이 나아지면 꼭 대학에 가리라고 생각하고 있는 청년이 있다면 이 청년에게는 그가 동경하였던 대학생활이 여전히 가슴에 남아 있을 것이다. 우리는 여기서 우리들의 상상 속에 있었던 그 동경하던 실재가 다만 허상일 뿐이며, 실제로 체험된 그것이 진정한 실재인가를 물을 수 있다. 하지만 어떤 의미에서 실제로 체험된 것이나 우리의 마음속에 동경의 대상이 된 것이나, 어느 것도 진정한 실재라고 할 수는 없을 것이다. 체험된 것이라고 해서 모두 참된 것은 아니며, 마음속에 있는 것이라고 해서 결코 실현될 수 없는 것은 아니기 때문이다. 즉, 진정한 실재란 항상 현실과 이상의 그 어느 중간지점에 존재하며, 이러한 실재는 무한히 이상에 다가갈 수 있는 그 무엇이기 때문이다.

키르케고르가 동경하던 어린이의 순수한 실존은 우리가 매일 볼 수 있는 허다한 어린아이들의 실존과는 분명 다른 것이다. 그럼에도 이것은 허상이 아니다. 최소한 그의 마음속에서는 여전히 삶의 큰 의미를 차지하는 실재였다. 바로 이러한 이유로 키르케고르는 비록 나이에 걸맞지 않은 조숙한 정신을 가지고 있었지만 가장 어린이다운 그 무엇을 간직하고 있었던 것이다. 세상의 모든 어려움을 이겨내면서 전혀 세파에 물들지 않고 어린이와 같은 순수한 실존을 소유하고 있다는 것, 이는 모든 어른이 동경하는 것이겠지만 사실상 수행자와 같은 삶을 살지 않고서는 불가능하다는 것을 우리는 경험을 통해 알고 있다. 하지만 그는 세상의 한가운데서 이러한 수행자와도 같은 삶을 간직하고 살았다. 그의 저서들 속에는 자주 어린아이의 실존에 대한 언급이나 예가 등장한다. 그만큼 그는 어린이의 실존을 동경하였다.

그가 통찰한 어린아이의 순수성, 그것은 무엇보다 먼저 '진실성' 혹은 '진정성'이다. 그는 어린아이는 자기를 속일 수도 없고, 악을 알지도 못한다고 말한다.

순진한 어린이가 자기를 속일 수 없듯이, 백합은 자기를 속일 수가 없습니다. 자기를 속일 수 없다는 것은 백합에게는 하나의 행복입니다. 왜냐하면, 자기를 속일 줄 아는 재주는 참으로 비싼 대가를 주고 살 수 있는 것이기 때문입니다. _들의 백합 공중의 새, 122쪽

어린애는 악에 관한 이해가 없다. 또 어린애는 악에 관해서 이해하려고 하지 않는다. 이 점에 있어서 사랑하는 사람은 어린애와 같다. 그러나 모든 이해의 밑바닥에는 우선하여 이해하려는 사람과 이해될 대상 사이에 양해가 성립되어 있어서 이해가 가능한 것이다. 따라서 악에 관한 이해란 곧 악과의 양해가 성립된 결과다. _사랑의 역사(하), 124쪽

마치 백합처럼 어린이는 자기를 속일 수 없다는 것은 무엇을

의미하는가? 자기를 속이는 것은 남을 속이는 것과는 다르다. 남을 속이는 것은 두 가지 경우가 있다. 하나는 내가 알고 있는 사실과는 다른 사실을 남에게 말하거나 이해시키는 것을 말한다. 즉, 거짓 정보는 주는 것을 말한다. 다른 하나는 그러해야 할 것, 되어야 할 것, 정당한 것 등이 아닌, 그러하지 말아야 할 것, 되어야 하지 말아야 할 것, 부당한 것 등으로 남을 인도하는 것을 말한다. 전자가 사실의 차원이라면 후자는 윤리·도덕적인 차원이다. 만일 누군가 자기 자신을 속이는 행위를 하고자 한다면, 사실의 차원이 아닌 윤리·도덕적인 차원이어야 한다. 붉은 것을 보면서 사실은 검은 것을 보고 있다거나, 밥을 먹지 않고도 사실은 먹었다고 자기 자신을 설득할 수 있는 사람은 어디에도 없기 때문이다. 하지만 윤리·도덕적인 차원에서 자기 자신을 속인다는 것은 얼마든지 있을 수 있고, 또 어떤 의미로 사람들은 매일같이 자기 자신을 속이면서 살아가고 있다고 해도 과언이 아니다. 이는 흔히 핑계를 대거나 자기 합리화를 하는 경우에 그러하다.

독일 나치의 장교 아이히만은 수천수만 명의 유대인을 수용소에서 학살한 장본인이었지만 유엔 법정에서 전혀 양심의 가책 없이 자신의 무죄를 주장하였다. 이를 지켜본 한나 아렌트는 『예루살렘의 아이히만』이란 책을 썼다. 아이히만은 자신은 직업장

교였고, 가족을 부양할 책무가 있었고, 국가에 충성할 의무가 있었으며, 오직 국가의 명령을 따랐을 뿐 잘못이 없다고 항변하였다. 하지만 그의 오류는 '자기 자신을 속였다'는 것이다. 자신의 죄를 알지만 이를 모면하기 위해서 상황이나 이성의 논의를 통해서 교묘하게 남을 설득하고자 한다면 이는 남을 속이는 것이 되겠지만, 이러한 이성의 사변을 통해서 스스로 죄가 없다고 확신하게 된다면 이는 곧 자신을 속이는 것이 된다. 이성의 추론이나 논리로 사실을 왜곡하고 거짓이 참이 되고 참이 거짓이 되는 것, 정상이 비정상이 되고 비정상이 정상이 되는 일은 어쩌면 인간사회가 존재하는 한 마치 피할 수 없는 '사회악'처럼 등장할 것이다. 그리고 이러한 것이 어른의 실존의 모습이다.

하지만 어린이는 다르다. 어린이도 남을 속일 수 있다. 남을 속이는 것은 두려움과 불안을 느끼는 인간의 본능적인 행위이기 때문이다. 그러기에 남을 속이는 행위는 어린이에게서 오히려 어린이다운 것이라고도 할 수가 있다. 입가에 초콜릿이 검게 묻어 있는데도 '초콜릿'을 먹지 않았다고 주장하면서 엄마를 속이려는 어린아이의 모습은 참으로 어린아이답게 느껴진다. 하지만 어린이는 근본적으로 자기 자신을 속일 수 있는 능력이 없다. 왜냐하면 어린이는 자신을 속일 수 있을 만큼 그렇게 이성이 발달되어 있지 않기 때문이다. 즉, 어린이는 항상 '자기 자신'으로 남아 있으며, 이는 '단순함'이며 '순수함'이다. 비록 잘못을 한 어린아이가 그 잘못을 언제까지나 숨기고 있다고 해도, 어린이는 자신이 잘못했다는 사실을 알고 있으며, 이를 합리화하거나 스스로 잘못한 것이 아니라고 확신할 수 없다. 이런 의미에서 어린이의 실존은 자연의 그것과 가장 유사하다.

언제나 자기 자신일 수 있다는 것, 이것이 자연의 본성이며 이것은 참으로 하나의 행복이다. 성서에서는 '마음이 가난한 자는 행복하다!'고 하였다. 마음이 가난한 사람은 자기 자신 이외의 것을 자신으로 여기지 않는 사람을 말한다. '여분의 것을 가지지 않는 집은 가난한 집이다'는 격언이 있듯이 어린이는 자신에게 의미 있는 것이 아니면 가지려 하지 않고 자신이 아닌 것을 자신이라고 생각하지 않는다. 증권, 아파트, 사회적 직위 등은 어린이에게 전혀 무의미하다. 만 원짜리 지폐와 오백 원짜리 동전 중에 고르라고 하면 어린이는 반짝반짝 빛나는 오백 원짜리 동전을 고른다. 이는 어린이가 어리석기 때문이 아니라, 어린이는 오직 자기 자신으로 남아 있기 때문이다. 어린이는 자기인 것 이상을 원치 않고 자기 자신이 아닌 것을 자신으로 취하는 법이 없다.

하지만 어른은 다르다. 어른은 자기 자신이 아닌 것을 추구하고 자신에게 필요하지 않은 것을 원하고, 자기에게 무의미한 것을 찾아 헤맨다. 가식이나 허세나 위선이나 교만 나아가 명예욕이나 지배욕 등을 가지고 있지만, 스스로 그러한 것이 자신에게 적합하고 정당한 것이라고 생각할 때, 이는 곧 자신을 속이는 것이 된다. 어린이의 자연 상태가 순수성 혹은 순결을 의미한다면, 어른의 문명 상태는 이러한 순수성과 순결을 상실해야만 한다는 비싼 대가를 치러야 하는 것이다. 실존의 차원에서 순수성 혹은 순결의 상실이란 '자기 자신의 실재 그 자체'를 포기하면서 '자신이 아닌 것'으로 자기실존을 채우는 것을 말한다. 이러한 사태가 곧 죄인 것이다. 죄란 곧 자기 자신으로부터 멀어지는 것이다.

순결은 오로지 죄에 의해서만 상실되고, 또 어느 누구를 막론하고 본질적으로 아담과 꼭 같은 방법으로 순결을 상실한다. _불안의 개념, 66쪽

순결은 무지다. 결코 직접적인 것의 순수유純粹有가 아니라 무지다. … 순결은 항상 개체의 질적인 비약을 통하여서만 상실되는 것이다. _불안의 개념, 68-69쪽

아담의 죄를 자기 자신으로부터 멀어진 것이라는 이러한 해석은 참으로 흥미로운 관점이다. 사실 성경에서도 원죄를 지은 뒤 부끄러워 몸을 숨긴 아담에게 하느님은 '너 어디에 있느냐?'라고 질책하였다. 모든 것을 꿰뚫어보는 신이 덤불 속에 몸을 숨긴 아담을 볼 수 없었다는 것은 말이 되지 않는다. 따라서 이는 '원래의 자신'을 상실한 아담에서 '원래의 너 자신이 어디에 있느냐'고 질책한 것을 의미한다. 다시 말해서 순수한 인간이 더 이상 순수성에 머물지 않고, 선과 악에 대해 눈을 뜨게 되었다는 말이다.

악을 알고 있다는 것은 곧 악과의 어떤 이해관계를 가지게 되었다는 것이며, 이것이 곧 '죄'를 의미하는 것이다. 따라서 인간으로 살아간다는 것은 필연적으로 '죄'와 관련을 가진다. 어른이 되어 간다는 것, 인류가 진보한다는 것, 이는 양의적인 것이다. 한편으로는 애초에 가졌던 순수성을 상실한다는 것을 의미하며, 다른 한편으로는 질적인 비약을 감행한다는 것이다. 따라서 여기서 물음은 두 가지이다. 상실한 순수성은 어떻게 되찾을 수 있을 것이며, 질적인 비약의 궁극적인 목적은 무엇인가?

2
순수성의 특성과 이성의 비약

키르케고르는 순수성을 강조한다. 그리고 이 순수성을 '죄'의 개념과 결부시킬 때는 '순결'이라는 말로 표현한다. 그리고 그는 어린아이의 실존을 죄를 모르는 순결한 것으로 파악한다.

순결은 무지이지만 동물적 야만성이 아니고 정신에 의하여 규정된 무지인 것이다. 여기서는 선이나 악과 같은 것에 관한 어떠한 지식도 없다. _불안의 개념, 82쪽

어린아이의 실존에 대한 그의 이상적인 생각은 또한 당시 기성세대의 세속화와 타락이 너무나 심각하였다는 것을 반증한다. 그가 이해하고 있는 순수성의 개념은 참으로 탁월하고 아름답기까지 하다. 그는 어린아이의 순수성을 '자연'에 빗대는데, 자연의 순수함을 해명하는 대목들은 신비주의를 연상케 한다.

백합과 새는 기쁨의 교사입니다. _들의 백합 공중의 새, 164쪽

그들은 교사답게, 아아, 대부분의 사람들이 잃어버렸거나 놓치고 있는 것, 곧 절대자를 만나는 일에 능숙합니다. _들의 백합 공중의 새, 141쪽

여러분을 즐겁게 해주기 위해 봄이 오는 것, … 여러분이 그들을 싫어하지 않게 하기 위해 새들이 떠나가는 것, … 만일 이러한 것들이 전혀 사람들이 기뻐할 만한 것이 못 된다면, 사람이 기뻐할 수 있는 것은 하나도 없다고 말입니다. _들의 백합 공중의 새, 163쪽

들의 백합과 공중의 새가 왜 인간에게 기쁨의 교사인가? 그것은 절대자를 만나는 일에 능숙하기 때문이다. 신비주의적인 정신을 이해하지 못한다면 이러한 논리는 참으로 이상할 것이다. 자연의 존재들이 신을 만나는 일에 능숙하다는 것은 중세의 '분유론participatio'으로 이해할 수도 있다. 모든 존재는, 그 본질이 자신의 존재를 산출할 능력은 없기에, 존재하기 위해서는 존재 자체Ipsum Esse인 신의 존재에 의존해야 한다. 그렇기 때문에 신비주의의 관점에서 보면 존재하는 모든 곳에 신의 존재가 내재하고 있다. 즉, 신은 없는 곳이 없는 그러한 무제약자인 것이다.

그렇다면 왜 자연의 존재들만이 신을 만나는 것에 능숙하고 인

간은 그러하지 못한가? 그 이유는 "자연에 있어서는 모든 것이 절대적 순종"들의 백합 공중의 새, 139쪽이기 때문이다. 자연 속에서 자연 질서를 벗어나 스스로 자기를 형성하는 존재는 아무것도 없다. 주어진 자신을 벗어나거나 자신을 초월할 수 있는 존재는 인간뿐이다. 자신의 처지가 아무리 비참할지라도 있는 그대로 자신을 보여주는 사람한테는 애착이 가고, 동정이나 흐뭇한 기쁨을 느낄 수 있지만, 과장하거나 허세 부리거나 주제를 모르는 사람에게는 도무지 마음이 가지 않는다는 사실은 현실에서 늘 체험할 수 있는 일이다.

현대인은 과학기술의 힘을 빌려 과거에는 도저히 상상조차 할 수 없는 일들을 해낸다. 화성과 목성의 대기와 지질을 탐사하고 심지어 태양계 바깥으로까지 탐사선을 보내고 수만 광년 떨어진 행성이나 성운의 크기와 무게 그리고 그 구성요소를 발견해낸다. 인공심장을 만들고 줄기세포로 장기들을 배양하며, 노화세포를 제거하면서 수명을 늘린다. 양배추에 심해어의 야광유전자를 넣어 빛이 나게 하는가 하면, 세포 하나로 양을 복제해낸다. 이 모든 것이 자연법칙이라는 원래적인 존재들의 질서를 초월하면서 가능하다. 그런데 이러한 인류의 놀라운 변화가 과연 신의 뜻일까 하고 묻는다면 '그렇다!'라고 답하기가 망설여진다. 하지만 자연은 그렇지가 않다. 자연은 오직 신의 섭리한 그 뜻을 결코 어기지 않는다. 자연 속에 있는 모든 것은 자연스럽기 때문이다. "백합과 새는 하느님의 나라를 구하고 다른 어떠한 것도 구하지 않습니다"들의 백합 공중의 새, 128쪽. 여기서 하느님의 나라란 애초에 신이 질서 지워놓은 그 질서를 철저하게 따라 사는 것을 말한다. 그런데 왜 자연 질서를 철저하게 따라 사는 이러한 삶이 기쁨의 삶일까? 꽃이 피거나 지는 것, 새들이 오거나 가는 것은 모두 자연의 법칙을 따르는 삶이다. 그런데 여기에서 기쁨을 발견할 수가 없다면 어디에서도 기쁨을 발견할 수 없는 이유는 무엇인가?

이를 이해하기 위해서는 키르케고르의 사유가 근본적으로 그리스도교적 이원론에 기초한다는 것을 이해해야만 한다. 이 이원론이란 '세계의 선함'과 '인간성의 타락'이라는 것이다. 신은 세상을 창조하고 난 다음에 "보기에 좋다"창세기, 1:20-25라고 말했다. '보기에 좋은 것' 혹은 '보아서 아름다운 것', 이는 사실상 예술작품의 고전적 의미이다. 중세 스콜라철학자인 토마스 아퀴나스는 '존재하는 모든 것은 그 자체로 —최소한 자연적인 질서 안에 있다면— 좋은 것이요, 또한 아름답고 선한 것'이라고 생각하였는데, 이는 존재의 있는 그대로를 긍정적으로 바라보는 시각이다. 있는 그대로의 자연적 대상이 미학적으로 혹은 존재론적으로 '중립적인 것'이 아니라, '아름다운 것'이며 또한 '선한 것'이라고 보는 시각은 유신론적 사유의 특징이다. 신이 창조한 것은 그 자체 좋은 것이고 아름다운 것일 수밖에 없는데 그것은 세계의 창조란 신의 사랑의 결과이기 때문이다. "창조는 자연적인 육화를 통해서가 아니라 사랑의 결과를 통해서 이루어진 것이다"토마스 아퀴나스, *De Potentia*, q.3, ad resp. 세계가 신의 사랑의 결과인 한, 이 결과물은 참으로 사랑스러운 것이며 아름다운 것이며 따라서 인간에게 무한한 기쁨을 주는 어떤 선한 것*bonum*(좋은 것)이다. 키르케고르는 누구보다도 이 점을 잘 알고 있으며, 또한 이 점을 강조하고 있다.

> 백합의 생각대로 그렇게 피어 있다는 것이 하느님의 뜻이라는 것을 사람들은 백합을 보고 알 수 있습니다. 왜냐하면 백합은 사랑스럽기 때문입니다. _들의 백합 공중의 새, 143쪽

존재하는 모든 것이 신의 사랑의 결과라거나 존재하는 모든 것에 신이 현존한다거나 모든 존재는 신의 존재에 의존한다는 사유는 사실상 동일한 하나의 사태를 이성의 관점에서 고찰하는 것

에 지나지 않는다. 그렇기 때문에 인간이 기쁨을 가지기 위해서 필요한 것은 단 한 가지뿐이다. 그것은 원래 있는 그대로의 자기 자신으로 존재하는 것이다. 즉, 순수하게 존재하는 것이다. 그래서 만일 순수한 사람이라면 그는 도처에서 기쁨을 발견할 수 있다. 이러한 것이 바로 순수성을 보존하고 있는 어린아이의 실존이다. 기쁨은 즐거움과 다르다. 즐거움이 순간적이고 외적 조건의 질서에 달려 있는 것이라면, 기쁨은 지속적이고 내적 조건에 달려 있다. 즉, 기쁨은 오직 자신의 내적인 상태에 의해 좌우되는 것이다. "자기의 기쁨이 어떤 조건에 달려 있는 사람은 기쁨 자체가 아닙니다"들의 백합 공중의 새, 159쪽. 그렇기 때문에 순수한 어린이의 실존은 존재한다는 그것에서 기쁨을 발견한다. 기쁨을 추구하기 위해서 '존재한다는 것' 외에 다른 것을 추구하는 것은 어른의 일이다. 왜냐하면 어른은 순수성을 상실하였기 때문이다. 엄밀히 말하면 어른은 순수성을 포기하고 질적인 비약을 하였기 때문이다. "만일 여러분이 절대적으로 기뻐할 수 없다면, 그 잘못은 여러분에게 있다는 것입니다"들의 백합 공중의 새, 169쪽. 자연이 절대자를 만나는 데 능숙하듯이 순수한 어린이의 실존은 절대자를 만나는 데 능숙하다. 그들은 자기 자신을 보존하고 있기에 곧 절대자와 함께하며, 절대자와 함께한다는 것은 곧 '사랑스러운 것'이기 때문이다. 성경에서도 하느님은 '사랑이시다'라고 말한다. 하느님과 함께하는 자의 특성 그것은 곧 사랑스럽다는 것이다. 그리고 사랑스러운 자의 특성 그것은 곧 '기쁨'이다. '보기에 좋은 것' 그것은 '아름다운 것'이며, '아름다운 것' 그것은 '사랑스러운 것'이며, 사랑스러운 것은 또한 '기쁨을 주는 것'이다.

이러한 순수한 기쁨을 키르케고르는 잠들어 있는 어린아이의 실존에서 발견하고 있다.

어린이가 홀로 잠들어 있는 것은 정답고 흐뭇하고 마음에 평화를 가져다주는 정경이다. 그러나 그것을 건덕적建德的인 광경이라고는 할 수 없다. 그럼에도 불구하고 그대가 그 광경을 건덕적이라고 부르고 싶다면, 그것은 그대가 사랑이 거기에 감돌고 있는 것을 보기 때문이고 그대가 하느님의 사랑이 그 어린이를 감싸고 있음을 보고 있기 때문이다. _사랑의 역사(하), 169쪽

어린이의 실존은 가장 자연을 닮았다. 그것도 잠들어 있는 어린이는 더욱 그러하다. 왜냐하면 잠들어 있는 동안 어린이는 자신의 의지를 전혀 가질 수 없기 때문이다. 하느님의 사랑이 잠들어 있는 어린이를 감싸고 있는 것을 볼 때, 이것이 건덕적인 것이

되는 이유는 무엇인가? 그 이유는 기쁨이나 사랑은 전염되는 것이지, 가르칠 수 있는 것이 아니기 때문이다. "기쁨이란 옮는 것이며, 따라서 스스로 기뻐하는 사람보다 더 훌륭하게 기쁨을 가르쳐 줄 사람은 없기 때문"들의 백합 공중의 새, 157쪽이다. 신의 속성이 진정 '사랑'이라고 한다면, 우리는 신이 산출한 모든 것, 신이 함께하는 모든 것은 사랑스러운 것이라고 해야 할 것이다. 왜냐하면 결과는 어떤 식으로든지 원인의 속성을 함의하고 있기 때문이다. 그렇기 때문에 '자연'의 속성 그것은 곧 '아름다움'이며, 자연의 가치는 일차적으로 '도구적인 것', 즉 유용성이 아니라, 미학적인 것이다. 그리고 이 미학적인 것의 가치는 사람들에게 순수한 기쁨을 주고 있다는 것이다.

아름다운 것이란 즉석적인 것이고, 즉석적인 사랑의 직접적인 대상이고, 성향과 정열의 선택이다. 우리는 사람들에게 아름다운 것을 사랑해야만 한다고 요구할 필요가 없다. _들의 백합 공중의 새, 258쪽

자연의 가치가 일차적으로 미학적인 것에 있다는 이러한 사유는 참으로 고무적이다. 오늘날 '개발'이라는 이름으로 무차별적으로 자연을 파괴하는 사람들은 자신들의 정당성을 오직 '경제적

인 이윤'에 두고 있다. 하지만 그것이 아무리 많은 경제적인 이득을 주더라도, 이러한 이득을 취하기 위해서 포기해야만 하는 대가는 보다 더 값비싸다. 그것은 자연이 가지고 있는 무한한 기쁨의 원천, 즉 아름답고 사랑스러운 것이다. 이러한 것은 결코 돈으로 살 수 없다. 마찬가지로 순수한 어린이의 실존이 '자기다움'을 포기하고 사회가 요청하는 특정한 어른으로 성장해야 한다는 것도 매우 값비싼 대가를 지불하는 것이다. 그것이 아무리 좋고 훌륭한 직업일지라도 자기다움을 상실하게 하는 이러한 것은 가장 소중한 삶의 기쁨과 의미를 포기한 대가가 된다. 이성의 질적인 비약은 필연적으로 자기다움을 상실하게 한다.

여기서 우리는 하나의 딜레마에 빠져 있는 것처럼 보인다. 인간이 사유하는 존재로서의 이성적인 존재로 성장하는 것은 피할 수 없다. 하지만 이러한 이성적인 존재로의 비약은 또한 순수성을 상실하게 한다. 그런데 어린이가 순수성을 보존하기 위해서 어른이 되기를 거부하는 것은 어떤 의미에서 진정한 인간이 되는 것을 거부하는 것이다. 결국 어린이는 순수성을 보존하기 위해서 어른이 되기를 거부하든가 혹은 어른이 되기 위해서 순수성을 포기하든가 하는 선택을 해야만 하는가? 그 어느 것을 선택해도 불행할 수밖에 없다. 순수성을 상실한 어른도, 진정한 인간이라고 할 수 없는 어린이도, 어느 것도 선호할 만한 것은 아니다. 그런데 키르케고르는 이러한 딜레마를 피할 수 있어야 한다고 말한다. "우리는 비록 어린아이가 어떠한 존재이든지 간에 죄를 지을 수도 있고 순결할 수도 있다는 이 사상을 구제할 양의성을 지닌 중간규정을 획득해야만 한다"불안의 개념, 149쪽. 어린이가 순결하게 남거나 죄를 짓거나 둘 중 하나를 선택하는 이러한 이원론적인 사유를 피할 수 있는 중간규정이란 무엇일까? 이에 답하는 것은 쉬운 일이 아니다. 어쩌면 이 질문에 답하기 위해서 키르케고르는 심미적 실존, 윤리적 실존 그리고 종교적 실존이라는 삶의 단계에 대한 복잡한 이론을 형성해내었다고 해도 과언이 아닐 것이다. 어쨌든 그는 어린이가 순수성을 상실할 수밖에 없는 것을 사회적 인간으로 성장하는 자연적인 과정으로서 이해하지는 않는다. 그는 어린이가 타락해가는 과정을 다음과 같이 말한다.

사람들은 어린아이란 바로 작은 천사라고 한다. 그러나 타락한 환경은 어린아이를 타락시키고 만다. 그러면 사람들은 환경이 몹시 고약했다고 계속 지껄여 댄다. 바로 이렇게 어린아이는 타락한다.
_불안의 개념, 148쪽

어린이가 타락하는 것은 환경의 영향임을 부정할 수는 없다. 하지만 깊이 생각해보면 이렇게 단순하게 말할 수는 없다. 여기에는 다른 이유가 있다. 그것은 사람들이 '인간이란 환경의 산물'이라고 긍정해버리는 바로 그 생각에 있다. 예를 들어보자. 타락한 인간 세상에 한 천사가 내려왔다. 그런데 세상이 모두 타락하였으니 이 천사도 당연히 타락하리라고는 누구도 생각하지 않을 것이다. 마찬가지로 타락한 세상에 태어난 모든 어린이가 당연히 타락할 것이라는 생각은 잘못이다. 이는 다만 사람들이 그렇게 생각하기 때문에 어린이가 그렇게 되어버리는 것이다. 모든 것은 자기 자신의 문제이다. 순결을 지키는 것도 타락하고 마는 것도 모두가 일차적으로 자기 자신의 문제이다. 루소는 사회가 있는 곳에 반드시 사회악이 필연적으로 존재할 수밖에 없는 것인가에 대한 강한 의문을 품고 '사회악 없는 사회'를 꿈꾸었다. 레비스트로스는 이러한 사회의 가능성을 신석기 시대의 사회에서 볼 수 있다고 생각하고 아마존의 원시 사회들을 탐구하였다. 하지만 인간이성의 일반적인 경험에서 사회악이 전혀 없는 사회는 공상에 불과할 것이다. 그러한 사회가 있다면 그것은 이미 사회가 아니고 낙원이다. 사회악이란 사실 이성적 존재가 지니는 자유의지의 능력에서 비롯된 것이다. 자유의지를 허락하는 한, 인간사회에서 사회악을 완전히 없애버릴 수는 없다. 따라서 "신이 존재한다면 세상이 왜 이다지도 악한가?"라고 묻는 무신론자의 질문은 잘못된 것이다. 신이 만든 세계는 악하지도 추하지도 않다. 악하고 추한 것은 인간의 질적인 비약에 파생되는 부작용과 같은 것이다.

여기서 진정한 질문은 "신은 왜 인간에게 자유의지를 허락하였는가?" 혹은 "왜 인간은 신이 부여한 자유의지를 이렇게 남용하는가?" 하는 의문이어야 한다. 결국 이러한 질문은 후일 키르케고르에게 "어떻게 해서 '죄'가 이 세상에 들어오게 되었는가?" 하는 의문으로 나타난다.

3
실존의 순수성과 정신의 지향성

자연과 같이 순수하고 순결한 어린아이의 실존은 그럼에도 자연과 동일하지 않다. 인간을 자연의 존재와 동일시하며, 다만 신경이 더 발달한 고등동물처럼 간주하는 진화론적인 사유는 전혀 키르케고르의 관점이 아니다. 그는 어린이의 실존에서 자연과 크게 유사한 실존을 발견했지만 동시에 자연과는 차원이 다른 하나를 발견하였다. 그것은 꿈을 꾸고 있는 정신이라는 것이다.

순결한 상태에 있어서 인간은 단순한 하나의 동물에 불과한 것이 아니다. 왜냐하면 만일 인간이 생애의 어떤 순간에 있어서 단순한 동물에 불과하였다고 하면, 그는 결코 인간이 될 수 없었을 것이기 때문이다. 그러므로 거기에는 정신이 현존하고 있다. 다만 직접적이고 꿈을 꾸고 있는 정신으로 있을 뿐이다. _불안의 개념, 80-81쪽

어린이의 실존에서 발견되는 '꿈을 꾸고 있는 정신'이란 무엇을 말하는 것일까? 이는 분명 계산하고 추론하는 이성을 의미하는 것은 아니다. 꿈을 꾸고 있는 정신이라는 말에서 우리는 두 가지를 생각해볼 수 있다. 하나는 아직 정신화되지 않은 '가능성'이며, 다른 하나는 아직 존재하지 않는 '이상적인 것'에 대한 지향성 혹은 동경이다. 정신적으로 된다는 것이 어린이에게 질적인 비약을 의미한다면 아직 전혀 질적인 비약이 이루어지지 않은 어린이의 실존은 '순수성'이다. 이러한 어린아이의 순수성은 정신의 입장에서 보면 무지이겠지만, 이 무지는 또한 비어 있음이고 자

유로움이다. 무지로 인하여 어린이는 불의에 항거할 수도, 세상의 악을 비판할 수도, 나아가 자신이 겪고 있는 고통을 한탄할 수도 없다. 확실히 순수성이란 연약하다. 잠자고 있는 한 어린아이는 무한히 연약하다. 하지만 역설적이게도 여기에는 누구도 침범할 수 없는 무한한 위엄성이 있다.

> 백합에게 괴로움은 바로 괴로움일 뿐, 그 이상도 그 이하도 아닙니다. 그러나 바로 괴로움이 괴로움 이외의 그 무엇도 아닐 때, 그것은 가장 단순하고 간단하게 됩니다. … 그 이상도 그 이하도 아니라고 하는 것은 오직 침묵할 수 있음으로써만 얻어지는 것입니다. … 경배라고 하는 바로 그 이유 때문에 이 고요함은 이렇게 장엄한 것입니다. _들의 백합 공중의 새, 122쪽

어린아이의 순수성, 그것은 절대적으로 자연의 법칙에 순응한다는 의미에서 혹은 신이 정해놓은 질서에 절대적으로 순응한다는 의미에서 신을 경배하는 것이며, 따라서 신성한 어떤 것이다. 마치 동물처럼 아픈 어린이는 자신을 아프게 한 환경을 비판할 줄 모르며, 전쟁의 고아는 전쟁을 증오할 줄 모른다. 그들은 다만 다가오는 것을 침묵으로써 받아들일 뿐이다. 그렇기 때문에 그

들은 증오나 분노 때문에 자신의 영혼을 잃어버리는 오류를 범하지 않고, 때가 되면 자신의 생명을 꽃피울 수 있는 것이다.

이렇게 절대적으로 순종하면서 그들은 오직 자기 자신일 수 있다. "오직 절대적으로 순종할 때에만 사람은 절대적으로 정확하게 자기가 서야 할 '자리'를 찾아낼 수 있습니다"들의 백합 공중의 새, 143쪽. 이러한 신념은 누구나 탄생과 더불어 자신의 자리를 가지고 태어난다는 크리스천의 소명의식을 말해준다. 한 생명의 탄생이 단순한 '우연'이 아니라 신의 뜻에 의해서 '누군가'가 된다는 것, 이것이 모든 인간은 자신의 살아가야 할 이유이며, 세계라는 거대한 사회 속에서 절대적으로 의미를 가진 개별자라는 것이다. 어린아이의 순수성은 바로 이러한 개별자로서의 가능성 그 자체이다. 바로 그 무엇이 되어야 한다는 이 사실이 또한 '꿈을 꾸고 있는 정신'이다. 말하자면 어떤 구체적인 본질이 되어야 한다는 사명을 품고 있는 순수한 실존이 곧 어린아이의 실존이다.

어린아이는 사회적 차원에서 보면 아직 아무것도 아닌 존재이다. 그는 농부도, 교사도, 회사원도, 정치가나 예술가도 아니다. 크리스천도, 불교도도, 무신론자도 아니다. 선한 인간도 악한 인간도 아니다. 이러한 구체적인 규정들은 모두 본질의 질서에 있는 것들이며, 이는 이성의 질적인 비약이 있은 후에 나타나는 것이다. 어린아이는 다만 순수한 실존을 지니고 있을 뿐이다. 그래서 어린이의 실존은 그 어떤 것에도 열려 있으며, 그 어떤 것을 의심할 수도 증오할 수도 없다. 바로 이러한 열려 있음이 또한 신을 향해 열려 있는 것이다. 참으로 어린이의 실존만큼 신과 가까이 있는 존재는 없는 것 같다. 그래서 성경에서도 "누구도 어린이와 같이 되지 않으면 천국에 들 수 없다"마태복음, 18:1-5라고 한 것이다. 하지만 이러한 실존의 순수성은 '꿈을 꾸고 있는 정신'이라는 차원에서 '지향적인 것'이다. 이 실존의 지향성은 때가 되면 순수성의 옷을 벗고 '그 무엇'으로 나아가야만 하는 지향성이다. 바로 지향성으로 인해 인간의 실존은 동물의 그것과 구별된다.

그런데 이러한 인간실존의 순수성 안에서 발견되는 동물의 그것과 다른 하나는 '불안'이다.

성서는 순결한 상태에 있어서 인간은 선과 악을 구별하는 지식이 없었다고 한다. … 순결은 동시에 불안이라는 사실이야말로 순결의 심오한 비밀인 것이다. _불안의 개념, 76쪽

들의 백합과 공중의 새들에게는 불안이라는 것이 없다. 하지만 어린이의 실존은 불안하다. 이러한 불안은 어디에서 기인한

것인가? 왜 순결한 영혼이 불안인 것인가? 그 이유는 이들이 정신으로 규정되어야만 하기 때문이다. 정신으로 규정된다는 것은 곧 정신적인 존재가 되어야 한다는 것을 의미한다. 아직 그 무엇으로도 규정되어 있지 않은 실존은 그가 '꿈을 꾸고 있는 정신'이라는 차원에서 정신적인 존재가 되어야 함을 의미한다. 그런데 정신적으로 된다는 것은 곧 어떤 구체적인 정신적인 존재로 '되어짐'을 의미한다. 프랑스의 종교철학자 앙리 뒤메리Henry Duméry는 "아무리 보잘것없는 인간도 정신인 한 자기세계를 가지고 있다"현대 프랑스 사상의 파노라마, 99쪽라고 하였다. 이 자기 세계라는 말은 자신의 내면 혹은 정신 안에 지니고 있는 자신만의 '세계관', '가치관', '인생관' 등 '이것이 진정한 나다'라고 말할 수 있는 정신적 차원에서 규정된 자신의 본질을 말하는 것이다.

　구체적인 무엇이 되어야 한다는 것, 이것이 곧 불안을 일으키는 것이다. 이는 마치 낙원에서 떠날 시간을 앞두고 저 광야의 삶에 대한 두려움을 안고 있었던 아담의 두려움과 유사하다. 인간은 자신이 알지 못하는 것에 대해서는 막연한 불안감을 가지고 있다. 자신의 순수성을 상실하고 저 알 수 없는 어른의 세계로 나아가야만 하는 것이 모든 인간의 운명이며, 어린이의 실존은 마치 '생득적인 앎'처럼 이러한 것에 대한 막연한 앎을 지니고 있다.

아직은 분명하지 않지만 구체적인 자신의 세계를 자기 속에 창
조해가야 한다는 것, 이것이 곧 실존의 지향성이다. 자연 속 생명
에게는 이러한 지향성이 존재하지 않는다. 그들은 다만 현재를,
오늘 하루를 절대적으로 살아갈 뿐이다. 즉, 그들의 실존을 어떤
의미에서 그들의 본질과 절대적으로 일치하여 살아가는 것이다.

> 새와 백합은 오직 하루를, 그나마 아주 짧은 하루를 사는 데 지나지
> 않지만, 그들은 그럼에도 불구하고 기쁨입니다. 왜냐하면, 이미 설
> 명 드렸듯이, 그들은 올바른 방법으로 존재하기 때문이며, 이 오늘
> 에 있어서 자신에게 현재적으로 존재하기 때문입니다. _들의 백합
> 공중의 새, 122쪽

하지만 미래를 향한 지향성을 가진 인간의 실존은 결코 현재
를 절대적으로 살 수 없다. '천석 살림 천 가지 걱정, 만석 살림 만
가지 걱정'이라는 말이 있듯이, 이는 누구나 자신만의 걱정거리
를 안고 살아가고 있다는 점에서도 분명하다. 걱정이란 곧 다가
올 미래의 알 수 없는 사태에 대한 불안을 말한다. 인간의 실존
이 '불안'으로 파악되는 것은 바로 모든 이가 예외 없이 지니고 있
는 이 '걱정' 혹은 '근심' 때문이다. 신의 창조질서에 철저하게 일

치하고 있는 보기에 좋고 아름다운 자연에서도 아름다움과 기쁨을 제공하는 무엇을 발견할 수 없는 이유는 바로 사람들이 '근심을 가지고 있기' 때문이다. 근심은 사람들로 하여금 자신의 내면으로 향하게 한다.

그런데 왜 인간의 실존은 근심을 지닐 수밖에 없는 것일까? 인간이란 '자연적이면서 동시에 탈자연적인 존재', '시간적인 것과 영원한 것의 종합인 존재', 즉 이중적인 존재이며 또한 그런 한 불안한 존재이다. 대다수 실존주의자는 인간실존의 근원적인 상황을 '불안함'이라고 진단하는데, 어떤 의미에서 '실존주의'라는 말 그 자체 안에 이미 인간은 '불안한 존재'라는 것이 함의되어 있다. 왜냐하면 '실존주의'라는 말은 '본질에 앞서는 실존'을 우선적으로 고려하는 사상이며, 여기서 실존은 '무엇(본질)'이라고 규정되기 이전의 역동적인 것, 모호한 것, 불안정한 것, 상황 속에 던져진 것 등을 의미하기 때문이다.

야스퍼스Karl Jaspers나 하이데거 등 대다수 실존주의자도 불안을 인간의 근원적인 상황의 하나로 이해한다. 그런데 키르케고르는 이러한 불안에서 다만 주어진 불안정이 아니라, 무엇이 되어야 한다는 것, 즉 '정신적으로 규정되어야 함'에 주목한다. 즉, 인간의 근원적인 불안은 본질적으로 '자기 자신이 정립되어 있지 않음'을 의미하는 일종의 '자아의 부재' 혹은 '자기동일성의 부재'처럼 나타난다. 아직 무어라 정립되지 않는 자신과 무엇으로 규정되어야 한다는 이 이중적인 감정이 불안으로 나타나는 것이다. 결국 인간의 불안이란 근원적으로 순수한 실존의 상태에서 무엇으로 규정되어야만 하는 정신의 존재로서의 지향성의 대립에서 주어지는 것이라고 할 수가 있다.

인간이 그 어떤 세상의 좋은 것을 획득할지라도 절대자와의 관계성을 상실한다면 이는 그리 좋을 것이 못 된다. 세상이 주는 기쁨은 엄밀히 말해 진정한 기쁨이라고 할 수 없기 때문이다. 인간이 무엇을 해도 권태롭다는 것이 이를 증명해주고 있다.

> 일을 한다고 해서 권태가 폐기되는 것은 아니다. … 비록 그들 자신은 권태를 느끼고 있지 않지만, 그것은 그들이 권태라는 것이 무엇인지에 관해서 진정한 관념을 갖고 있지 못하기 때문이지, 그들이 권태를 극복했다고는 도저히 말할 수 없다. … 모든 인간은 권태로워하고 있다. _이것이냐 저것이냐, 478쪽

모든 인간이 지니고 있는 이 권태란 '실존의 권태'라고 말하는 것으로, 무의미함, 공허, 허무, 불안 등이다. 인간이 근원적으로

지니고 있는 이 권태는 인간존재의 구조 그 자체에서 주어지는 것으로 세상의 그 무엇으로 해결할 수 있는 것이 아니다. 이는 오직 자신이 스스로에 대해 기쁨을 가지는 것으로만 해결할 수 있는 것이다. "우리는 우리 자신을 즐기지 않고서는 권태를 폐기할 수 없다. 그러므로 우리 자신을 즐긴다는 것은 우리의 의무다"이것이냐 저것이냐, 447쪽. 그런데 근원적으로 '불안'을 지니고 있는 인간에게 자신을 즐긴다는 것은 결국 절대자와 만나는 것에 능숙한 실존의 순수함을 느낀다는 것 외에 다른 것이 아니다. 인간이 지닌 근원적인 실존의 순수함에서 오는 기쁨의 향유에 대한 키르케고르의 해명은 확신에 차 있고 진지하다.

> 만일 여러분이 절대적으로 기뻐할 수 없다면, 그 잘못은 여러분에게 있다는 것입니다. … 사회가 새와 백합을 방해하지 않는다면, 그것은 원래 이 기쁨에서 오는 것입니다. _들의 백합 공중의 새, 169쪽

> 사실은 모든 걱정에도 불구하고 이루 말할 수 없는 사랑의 기쁨에서 비롯되는 것이라고. 이 기쁨을 가지고 새, 곧 그와 그의 아내는 짝을 이루고 있는 것입니다. 또한 꼭 마찬가지로 이는 모든 걱정에도 불구하고, 자신에게서 만족을 찾고 있는 독신 생활의 기쁨에서

오는 것이라고 고백하십시오. 이 기쁨을 가지고 백합은 그의 단독의 삶을 살고 있는 것입니다. _들의 백합 공중의 새, 169쪽

내가 나의 땅 위의 행복보다는 하느님에 대한 나의 사랑이 내 속에서 승리하는 것을 소중히 여기고 있는 이상, 그래도 나는 나의 영혼을 구할 수가 있다. _공포와 전율, 98쪽

우리가 절대적으로 기뻐할 수 없을 때, 이는 우리 자신의 잘못이라는 이러한 진술은 일상의 예들을 떠올리면 참으로 긍정하기 어렵다. 우선 절대적으로 기뻐할 때가 언제인지를 알기가 매우 어렵다. 인간이 절대적으로 기뻐하는 순간은 무엇이라는 말인가? 만일 절대적인 기쁨을 언어적으로 규정하자면 모든 상대적인 기쁨을 넘어서는 기쁨 그 자체를 말할 것이다. 따라서 절대적으로 기뻐하는 순간이란 어떤 조건이 주어졌을 때 기뻐하는 것이 아닌, 모든 외적·내적 조건을 초월하여 나의 존재 그 자체로부터 기쁜 상황에 놓여 있을 때이다.

일반적으로 일상에서 이러한 상황을 체험한다는 것은 거의 불가능하다. 그런데 우리는 이러한 상황을 새와 백합의 경우에서 발견할 수 있다. 만일 인간의 경우라면 이러한 기쁨은 삶의 온갖

어려움이나 걱정거리가 있고 없음에 상관없이 주어지는 기쁨일 것이며 이는 자신의 존재 그 자체로부터 주어지는 기쁨이다. 이는 앞서 말한 순수한 실존이 절대자를 만나는 것에서 주어진다. 이러한 기쁨을 굳이 '독신생활의 기쁨'이라고 표현하는 것은 하나의 상징적인 표현이다. 한 인간이 모든 자아의 규정을 초월하여 자연의 존재처럼 그렇게 순수하게 되고 이로써 절대자를 체험하면서 느끼는 이러한 기쁨은 오직 이를 체험하고 있는 한 개인의 개별적인 내적 조건에 절대적으로 달려 있다. '천상천하 유아독존'이라는 불교의 진리가 있듯이 진리에 대한 깨달음이나 구원의 문제는 전적으로 나 자신에게 달렸으며, 그 어떤 외적인 환경이나 상황의 문제와는 무관하다. 그러기에 비록 어떤 사람이 가정을 가지고 있고, 사회적 삶 안에서 수많은 사람과 교류하고 있을지라도 그의 '실존의 순수성'을 통한 절대자와의 대면이라는 문제는 전적으로 개인의 삶의 문제이다. 바로 이것이 '단독자'의 개념이다.

내가 살아가고 있는 사회가 아무리 힘겨운 곳일지라도, 나를 둘러싼 환경이나 조건이 아무리 비참하더라도 실존의 순수성으로 인한 기쁨은 근원적으로 외적인 상황과 무관하며, 오직 나의 내적인 조건(실존적인 조건)에 달렸다는 이러한 신념은 가히 영웅적이다. 땅 위의 행복보다는 하느님에 대한 자신의 사랑을 더 소중히 여기기만 한다면 영혼을 구할 수 있다는 이러한 고백은 마치 '신에 대한 사랑 때문에 자기 자신마저 미워하는 나라와 세상에 대한 사랑 때문에 신마저 미워하는 나라'라는 『신국론』에서의 아우구스티누스의 진술을 연상시킨다.

결국 내가 무엇을 하든지, 무엇이 되든지 진정한 삶의 기쁨은 절대자와의 관계를 순수하게 보존하는 것에 있다는 말이며, 이는 마치 자신의 본질을 정신적으로 규정해가면서도 여전히 실존의 순수성을 보전한다는 이상적인 상황을 간직하고자 하는 종교적 염원이다. 이는 사회적인 삶 안에서 구체적인 자아를 형성해가면서도 여전히 어린아이의 순수한 실존을 보전하고자 하는 것을 말하며, 시간성 안에서 영원성을 간직하면서 살아가는 것을 말한다. 문학적인 표현을 빌리면 낙원을 떠나 광야의 삶을 살아가지만 여전히 원죄 이전의 순수성을 보전하고자 하는 것과 같다. 이러한 사유는 세속을 떠나 천국을 앞당겨 살아가는 '관상수도자'들이 아니라면 감히 생각할 수 없으며, 대다수 일반인에게는 하나의 실현 불가능한 이상에 지나지 않는다. 그러기에 키르케고르는 스스로 이러한 자신의 사유를 '낭만'이라고 부르고 있다.

마음속에 이러한 낭만을 지니지 못한 자는 그 대가로 하나의 왕국을 얻는다고 해도, 혹은 하찮은 은화 몇 닢을 얻는다고 해도 자신의 영혼을 파는 셈이 된다. _공포와 전율, 98쪽

키르케고르가 말하고 있는 낭만은 철학적 낭만주의 그것과는 다르다. 그에게 낭만은 현실에서 불가능한 것을 정신 안에서 실현하는 것이기보다는 '내면화된 현실'이라고 하는 편이 정확한 표현일 것이다. 다시 말해서 경험적인 의미로서의 현실이 아닌, 실존적인 의미로서의 현실인 것이다. 그가 믿음의 기사를 등장시켜 말해주고 있는 이러한 내면적인 현실은 마치 한 여인에 대한 사랑을 포기하고 신과 약혼한 자신의 현실을 암시적으로 보여주고 있는 듯하다.

저 공주에 대한 사랑이 그에게는 영원한 사랑에 대한 표현이 되었다. 종교적인 성격을 띠게 되었다. 영원한 존재에 대한 사랑으로 정화되었다. 즉, 영원한 존재는 분명히 그의 사랑의 성취를 거절하기는 하였지만, 그러나 또 사랑의 가치에 관한 영원한 의식을 통하여 어떤 현실도 그에게서 빼앗을 수 없는 영원성의 형식 속에서 그를 화해시킨 것이다. _공포와 전율, 98쪽

키르케고르는 스스로 일찍이 한 번도 가지지 못한 행복을 가졌다고 고백할 만큼 진정으로 한 여인에게 진지한 사랑의 열정을 품었다. 하지만 결국 이 사랑은 성취되지 못하였다. 스스로 그 사랑을 포기하였기 때문이다. 그는 자신이 사랑한 여인을 종교적 실존으로 끌어올릴 수 있다면 세상에서 무엇과도 비교할 수 없는 행복이 있었을 것이라고 아쉬워하였다. 그리고 그는 믿음의 기사를 통해서 이것이 영원한 존재가 허락하지 않는 것으로 해석하고 있다. 하지만 이러한 상실은 상실이 아니다. 비록 인간적인 사랑이 성취되지는 않았지만, 그는 인간적인 사랑을 통해서 사랑이 가진 영원한 가치를 자신 속에 형성할 수 있었고, 이를 통해서 시간성과 영원성, 유한자와 무한자의 화해를 기도할 수 있었던 것이다. 이것이야말로 키르케고르가 바라마지 않았던 그 믿음의 기사의 삶이었고 그가 항상 동경하였던 그 낭만이었다.

3

진지한, 너무나 진지한
크리스천

1
자기 동일성으로서의 진지함

파스칼은 '의인이라고 생각하는 죄인과 죄인이라고 생각하는 의인'이 있다고 말하였는데, 어쩌면 이는 키르케고르에게도 그대로 적용되는 것 같다. 그는 스스로 "나에게는 믿음을 가질 용기가 결핍되어 있다"공포와 전율, 64쪽라고 말하였고, 따라서 진정한 크리스천이 될 수 없다고 생각하였지만, 누구보다도 진지한 크리스천이었다. 인간적인 관점에서 보면 그의 유일한 결함은 오히려 그가 '너무나도 진지했던 크리스천'이었다는 사실일 것이다.

키르케고르에게 진지하다는 것은 두 가지 사실을 의미한다. 첫째는 진리에 대해서 적당한 것을 용납할 수 없었고 철저하게 진실하고자 하였다는 것이며, 둘째는 항상 절대적인 것에까지 자신을 데리고 갔다는 사실이다. 그에게 진리라고 말할 수 있는 것은 100% 진리여야 하며 여기에는 그 어떤 타협이나 절충이 있을 수 없었다. 그가 굳이 '외톨이(단독자)'라는 개념을 사용하는 것도 사실 이러한 너무나 진지한 태도를 반영하는 것이다. 그래서 키르케고르를 제대로 이해하거나 평가하기 위해서는 그를 단순한 '철학자'로서가 아니라 예언자이거나 성인 혹은 최소한 성인에 근접한 사람으로 바라보아야만 한다. 프랑스의 유신론적 실존주의자인 루이 라벨은 성인이란 "항상 자신의 절대에까지 이르게 하는 사람"성인들의 세계, 18쪽이라고 말하는데, 키르케고르가 바로 그러한 사람이었다.

그는 자신의 진지함으로 인해 동시대 사람들의 불행을 '진지함의 부족'이라고 진단하고 있다.

> 우리 시대의 불행이 바로 '적당히'라는 모토에 있고 모든 일을 적당히 처리하는 데에 있고, 또 바로 그것이야말로 고침을 받아야 할 병이라고 한다면 …. _순간, 13쪽

현대인의 '적당히'라는 모토란 구체적으로 무엇을 말할까? 아마도 그것은 '진정한 자기'가 형성되어 있지 않다는 의미일 것이다.

자기 자신의 입장이 분명하지 않을 때, 사람들은 항상 적당하게 처신할 수밖에 없다는 사실은 일상에서도 자주 체험할 수 있다. 회의를 하거나 토의를 할 때, 자신의 입장이 분명하지 않다는 것은 강하게 주장할 무엇이 없다는 것이며, 이러한 사람은 전체가 어떠한 방향으로 나아가는지를 저울질하면서 적당히 자신

의 거취를 결정할 수밖에 없다. 흔히 선거나 투표를 할 때, '될 사람을 밀어주자!'라고 말하는 사람을 볼 수가 있다. 이러한 태도는 당선될 가능성이 높은 사람에게 표를 몰아주면서 힘을 실어주자는 의미로 해석할 수도 있겠지만, 대개는 자신의 입장이 분명하지 않을 때 다수의 견해를 따르겠다는 태도이다. 자신의 입장이 분명하지 않다는 것은 '자기 자신'이라고 할 만한 것이 분명하게 형성되어 있지 않음을 말한다. 자신의 가치관이나 인생관, 자신의 정치적 소신이나 교육관 등이 분명하게 갖추어져 있다면 결코 이러한 말을 쉽게 할 수 없을 것이다. 그리고 자기 자신이 분명하게 정립되어 있음에도 이러한 입장을 취한다는 것은 '책임성'의 회피를 암시하고 있다.

회의나 토론을 할 때, 자신의 입장이 분명하지만 이러한 자신의 견해를 강하게 피력하지 못하는 것은 이러한 자신의 주장이 소수이거나 전체의 견해와 대립되고 있다고 생각할 때이다. 이 경우에 자신의 강한 주장은 다수에게 반대하는 것이며 자신에게 불이익을 준다고 생각하게 된다. 경우에 따라서는 자신의 견해가 분명하고 대다수의 견해와 동일하지만 이를 분명하게 표현하지 않는 때가 있는데, 이 경우에는 말을 한 사람이 그 사안에 대해서 책임을 져야 하기 때문이다. 이러한 책임이 무거울수록 사람들은 자신의 입장을 밝히지 않는다. 그 어느 것이든지 자신의 견해나 입장이 분명하지 않다는 것은 결국 '적당하게' 처신할 수밖에 없다는 것을 의미한다. 결국 현대인이 '적당하게' 살아가는 이유는 '자기 자신' 혹은 '자기 정체성'이나 '자기 동일성'이 결핍되어 있다는 것을 의미한다.

현대인에게 '자기 동일성'이 결핍되어 있다는 것은 현대의 문화적 특성 그 자체에서 드러난다. 왜냐하면 현대에는 그 어느 때보다도 '대중' 혹은 '군중'의 개념이 더 중요성을 가지고 있기 때문이다. '대중문화'나 '대중예술' 등의 말들이 이를 대변하고 있으며, 대부분 영역에서 '다수결의 원칙'이라는 '민주주의 원칙'이 통용된다는 것도 그 한 예이다. 나아가 매일같이 발달하고 있는 미디어나 IT산업도 대중의 의미와 중요성을 부각시키는 요소가 된다. 현대의 이러한 문화적 풍토는 '자신의 견해를 분명히 가진다'거나 '고유한 자기 자신'을 형성한다는 것을 어렵게 만들고 있다. 대중예술이 발전할수록 대중의 기호에 맞지 않는 자기만의 고유한 예술은 소외될 가능성이 높고, 다수결의 원칙이 통용되는 곳에서는 자신의 견해가 아무리 타당하다고 해도 항상 다수의 견해가 압도해버리기 때문이다. 그리고 너무나 빨리 대중을 하나의 시스템에 묶어버리는 미디어의 발달은 미처 자기 자신이 형성되기 이전에 대중의 견해나 정신이 개개인의 정신을 차지해버리기 때문에 '자아의 형성'을 어렵게 만드는 것이다. 이러한 현대의 분위기는 '자기 동일성이 결핍된 청소년'으로 하여금 군중과 하나 됨을 통해서 자아를 대신하고자 하는 경향성을 보이게 한다. 심리학자들은 청소년이 스타연예인을 모방하는 것은 그들과의 유사함을 통해서 어떤 집단적인 정체성을 가지고자 하는 것이며, 이를 통해서 자아 정체성을 대신하는 것이라고 진단하고 있다.

키르케고르는 이러한 집단적인 정체성을 통해서 자신의 정체성을 대신하고자 하는 것을 '군중의 의식'이라고 생각하며 이러한 군중의 의식은 결코 진리에 다다를 수가 없다고 말한다. 그는 "군중이 있는 곳에는 어디에나 비진리가 있다. … 하여간 군중은 비-진리다"관점, 178쪽라고 강하게 말하면서 '적당히'라는 현대의 문화적 풍토를 비판하고 있다.

그렇다면 인간이 가질 수 있는 이러한 진지함은 어떻게 발생하며, 어떻게 규정할 수 있을까? 이러한 진지함은 '자기 자신'이라는 의식을 가지게 되면서부터, 보다 정확하게 말하면 '자기 자신'이라는 것을 형성하기 시작하면서부터이다.

인간은 심정을 가지고 이 세상에 태어날 수는 있지만, 진지성을 지니고 태어날 수는 없다. '무엇이 과연 그로 하여금 인생을 진지하게 살게 하고 있는가'라는 말은, 가장 엄격한 의미에서 그의 진지성이 가장 깊은 의미에서 언제부터 시작되었는가 하는 말로 이해되어야 만 한다는 것은 두말할 필요도 없다. 왜냐하면 그것은 그 사람 자신 이기 때문이다. _불안의 개념, 299쪽

진지함이 탄생과 더불어 주어지는 것이 아니라는 것은, 진지함은 선천적이 아니며, 곧 후천적이라는 말이다. 다시 말해 사람들은 살아가면서 이러한 진지함을 획득하지, 이것이 인간의 본성은 아니라는 것이다. 그렇다면 언제 이러한 진지함을 획득하는가? 동물에게는 인간이 가진 이러한 진지함이 결여되어 있다. 왜냐하면 그들은 결코 주어진 본성적인 것 이상을 추구할 수 없기 때문이다. 어린아이에게도 진지함이 결여되어 있다. 왜냐하면 어린아이는 결코 어떤 것을 최후까지 질문하고 근원적인 것에 도달하고자 하는 지성적인 능력이 없기 때문이다. 지성적인 것이 어느 정도 성숙한 사람이 아니라면 이러한 진지함을 가진다는 것은 불가능하다. 그런데 진지함이 곧 '자기 자신'이라는 말은 논리적으로 보면 모순된 것 같다. 왜냐하면 '~하다'는 것은 어떤 주체가 가진 '속성' 혹은 '기질'을 말하는 것인데, 이러한 속성이나

기질이 곧 '주체 자신'이라고 하는 것이기 때문이다. 하지만 다른 관점에서 보면 이는 충분히 납득할 만하다.

예를 들자. 한 마을에서 반장회의를 하여 연간 방문객이 별로 없어서 경제성이 좋지 않은 '미술관'을 허물고 그곳에 작은 '쇼핑몰'을 세우자는 계획을 발표하였다고 하자. 대다수 마을 사람은 이러한 계획에 별 흥미나 관심을 가지지 않을 수 있다. 관심을 가지더라도 그렇게 심각하거나 진지하게 생각하지는 않는다. 하지만 만일 누군가가 아주 심각하고 진지하게 이를 생각하고 혼신의 힘을 다해 이러한 계획의 부당함이나 경박성을 질타하고 있다면 그가 누구이겠는가? 그는 바로 그 '미술관'에 자신의 작품을 전시한 화가일 것이다. 단순히 자신의 이익에 반하기 때문이 아니라, 마을에 존재하는 미술관의 실제적인 의미나 상징적인 의미가 무엇인가를 가장 잘 알고 있기 때문이다. 화가는 작은 경제적 이익보다는 미술관이 지니고 있는 문화적이고 정서적인 가치가 훨씬 중요한 것임을 누구보다도 잘 알기 때문에 마을관료들의 이러한 계획에 모든 것을 걸고 반대할 것이다. 즉, 그로 하여금 진지하게 한 것은 바로 그가 '화가'라는 것이며, 이는 앞서 말한 '자기 동일성' 바로 그것이다. 이처럼 사람들은 자기가 누구인지 분명히 알수록 그 어떤 것에 대해서 진지해질 수밖에 없다. 그래서 '그 사람이 곧 진지성'이라는 말의 의미를 충분히 이해할 수 있다.

하지만 여기서도 우리는 '사회적 동일성'과 '내면성으로서의 동일성'을 구분할 수 있다. 화가에도 여러 종류의 화가가 있을 수 있다. 화가 행세를 하고 그림을 그리고 있기는 하지만, 진정한 예술을 추구하는 것이 아닌, 명예나 경제적 이익을 바라는 화가도 있을 수 있으며, 뼛속 깊이까지 화가인 사람이 있을 수 있다. 전자라면 그렇게 진지해질 이유가 없다. 쇼핑몰의 한구석에 자신의 그림을 전시하면 더 많은 사람이 자신의 그림을 구경하고 더 많은 그림을 팔 수도 있기 때문이다. 하지만 후자라면 결코 이러한 생각을 할 수 없을 것이다. 그래서 보다 내면적으로 '자기 자신'인 사람이 보다 진지한 사람일 수밖에 없다. 이러한 관점에서 보면 진지함이 결여된 현대 문명에서는 '내적인 예술가', '내적인 철학자', '내면적인 종교인'이 매우 드물다. 즉, 자기 동일성이라는 순수성을 간직하고 살아가는 사람들이 퍽 드물다는 말이다.

그런데 자기 자신이 형성되지 못하기 때문에 항상 '적당히'와 '어중간하게' 살아가는 현대인의 모습은 정도의 차이는 있지만 현대인만의 문제라기보다는 일반적 인간이 지닌 공통의 문제인 것 같다. 키르케고르는 스스로 '진지성'에 대해 말하면서 「전도서」의 유명한 말을 인용한다.

> 전도서의 저자가 '일체가 헛되다'라고 말할 때, 그의 심중에는 바로
> 이 진지성이 깃들어 있는 것이다. _불안의 개념, 293쪽

'모든 것이 헛되다'는 이 성경의 말이 왜 '진지성'을 함의하고 있는 것인가? 이 말은 분명 '인생은 나그네길'이라는 그리스도교의 인생관을 대변하는 것이다. 그것은 인생이란 영원한 삶으로 나아가기 위해서 이 지상의 삶은 잠시 거쳐 지나가는 것에 불과하다는 말이다. 이러한 관점에서 보면 이 세상의 그 어떤 좋은 것도 절대적으로 의미를 부여할 만한 것은 아무것도 없다. 그래서 궁극적인 목적이 아닌 그 어떤 것에도 최고의 가치나 의미를 부여할 필요가 없다. 물론 이러한 생각은 평범한 그리스도교 신자일지라도 수긍하기가 매우 어렵다. 아니 이러한 사유를 수용할지라도 현실적으로 이렇게 살아가기가 매우 어렵다는 것은 누구나 체험할 수 있다. 따라서 어떤 관점에서 보면 그리스도교 신자들도 자신들의 진리를 '적당하게' 살아가고 있는 셈이다. 진정 온전한 그리스도교 신자 혹은 참된 그리스도교 신자라면 '이 세상의 그 어떤 것도 헛되다'는 이러한 마음을 가지고 살아가는 사람일

수밖에 없다. 우리는 이러한 진정한 그리스도교 신앙인의 모습을 성인의 삶에서 종종 보곤 하는데, 아빌라의 테레사 성녀는 "그 무엇에도 놀라지 말고, 그 무엇에도 너무 기뻐하지 말라, 모든 것은 지나가는 것이니!"라는 말을 그의 제자들에게 금언처럼 남겨 주었다.

진지성이란 바로 이러한 것이다. 진지한 그리스도교 신앙인이라면 세상의 일체를 지나가는 것에 불과하다고 생각할 수밖에 없다. 즉, 전도서의 '일체가 헛되다'는 정신에서 통찰하는 진지함이란 '그리스도교의 근원적 진리'에 대한 진지함의 의미이다. 따라서 여기서 말하고 있는 진지함은 그것이 무엇이건 '어떤 근본적인 진리'에 대해서 철저하게 생각하고 철저하게 고민한다는 진리에 대한 성실성이라고 말할 수 있다.

키르케고르의 이러한 진지성은 그의 삶에서 그대로 발견되고 있는데, 그가 유일하게 사랑한 '레기네 올센'에 대한 그의 사랑에서도 분명하게 드러나고 있다. 그녀에 대한 그의 사랑은 여느 선남선녀의 사랑과는 달랐다. 그는 비록 약혼녀였던 레기네와 결혼이라는 형식을 통해서 하나 될 수 없음을 절감하고 파혼을 선언하였지만 이는 사랑이 식었다거나 변심을 의미하지 않는다. 왜냐하면 그에게 사랑의 특성은 영원히 존재한다는 것이며, 소멸될 수 있는 것이 아니기 때문이었다. 파혼 이후의 그의 사랑을 묘사해주는 다음 문장은 이를 잘 말해주고 있다.

> 그러나 레기네에 대한 그의 사랑은 일생을 두고 변함이 없었다. … 수십 권에 달하는 그의 저작은 모두 '레기네'를 자기의 '유일한 독자'라고 부르고 있었다. _유혹자의 일기, 276쪽

이러한 키르케고르의 사랑은 대다수 일반인에게는 납득이 가지 않는 행동처럼 보이며, 불가능한 것처럼 보인다. 하지만 '사랑'이 무엇인지를 진지하게 그리고 철저하게 생각해본다면 아마도 충분히 납득할 수 있을 것이다. 예를 들어 토마스 아퀴나스는 '사랑이란 사랑하는 대상의 선善을 추구하는 것'이라고 말한 바 있다. 사랑에 대한 이러한 정의는 아가페든 에로스든 모든 사랑에 적용될 수 있다. 어떤 이름을 가지든 '사랑'이란 사랑하는 대상의 행복을 바라는 것이 내포되어 있다. 만일 상대방의 행복을 바라지 않는 사랑이라면 그것은 거짓 사랑일 것이다. 따라서 비록 결혼을 하지 않았다고 해도 여전히 자신이 사랑한 사람의 행복을 바랄 수 있는 것이다. 그 사람이 잘 되기를 바라고, 올바른 길을 가기를 바라고, 자아를 실현하고, 행복하기를 바라는 것은 진정

참된 사랑이다. 바로 이러한 것이 그리스도교의 사랑에 관한 이해이고 키르케고르는 이러한 사랑을 그의 현실적인 삶에서 죽을 때까지 실천한 것이다. 이러한 관점에서 키르케고르는 사랑에 관해서도 참으로 진지한 사람이었다.

그런데 키르케고르가 말하고 있는 사랑에 대한 규정을 보면 그가 말하고 있는 사랑이란 이러한 '상대방의 행복'을 기원하는 아가페적인 사랑과는 다른 무엇이다. 그는 사랑을 일체라고 말하고 있기 때문이다.

사랑은 일체—切입니다. 그러므로 사랑을 하고 있는 인간에게는 무엇이든 그 자체로서는 의의를 잃게 되고, 다만 사랑이 그것에 주는 해석에 따라서 일체는 의의를 갖게 됩니다. _유혹자의 일기, 199쪽

사랑하는 사람에게는 무엇이든지 사랑이 그것에 주는 해석에 따라서 일체가 의미를 가지게 된다는 것은 무엇을 말하는 것일까? 이러한 사유는 "사랑하라, 그리고 네가 원하는 것을 하라!"는 아우구스티누스의 금언과 일맥상통하는 데가 있다. 즉, 내가 무엇을 하든지 그것을 '사랑'이라 이름한다면 그것은 좋은 것이며, 선한 것이라는 말이다. 여행을 가든, 영화를 보든, 봉사를 하

104

든, 공부를 하든 혹은 시위를 하든 그것이 무엇이든 그 자체로는 크게 중요한 것이 아니며, 오직 그것이 사랑하는 것일 때, 참으로 소중하고 중요한 것이 된다는 말이다. 따라서 사랑이 '일체', 즉 '모든 것'이라는 말은 오직 내가 사랑으로 가득하거나 사랑으로 변화한다는 것을 의미한다. 내가 사랑이니까 내가 하는 무엇이건 의미 있고 소중하다는 말이 된다. 이러한 생각을 할 수 있는 사람 혹은 실제로 이러한 삶을 영위하는 사람은 결코 적당히 사랑하거나 적당하게 사랑을 생각하는 사람이 아니다. 사랑에 대해서 가장 진지하게 생각하고 가장 진지하게 관심을 가지는 사람일 수밖에 없다. 다시 말해서 '사랑하는 것이 자신의 본질 혹은 동일성'인 그러한 사람에게서만 진실일 수 있다.

2
크리스천의 진지함과 내면성으로서의 진지함

키르케고르의 진지함은 그가 크리스천의 진리를 말하는 곳에서 가장 강하게 나타나고 있다. 그는 그리스도교의 진리는 그 자체 '진지함'을 요청하고 있다고 보며, 진지함이 결핍된 그리스도교의 그 어떤 진리도 진리일 수 없다고 말한다. 인간의 본질에 대한 그의 사유는 철저하게 그리스도교의 근본적인 입장에 기초해 있다. 전통적인 그리스도교적 사유가 '인간이란 신을 닮았다'라고 다소 신비적인 관점에서 인간을 말한다면, 키르케고르는 "만일 모든 인간이 본질적으로 절대자와 관여하고 있는 것이 아니라면, 일체는 끝장을 본 것이라 하겠다"불안의 개념, 228쪽라고 강하게 말한다. 이러한 사유는 인간과 절대자의 관계성에 대해서 철저하고 진지하게 사유하지 않고서는 불가능하다. 만일 이러한 근본적인 입장에서 '적당히'가 끼어들면 그것은 곧 '변질', '추락'을 의미한다.

일체의 적당히는 절대자와의 관계에 있어서는 연극적인 것에 불과하고, 일체의 적당히는 허망을 붙들기가 일쑤다. … 적당히로 얼버무린 일체의 것은 모르긴 해도 그리스도교에 봉사한 것이 아니라 자기 자신에게 봉사한 것에 불과하다. _순간, 16쪽

일체의 '적당히'가 왜 절대자와의 관계에서 연극적인 것에 불과한가? 왜냐하면 절대자와의 관계는 말 그대로 '절대적'이어야 하

기 때문이다. 예를 들어 보자. 사제에게 자신의 죄를 고백하러 간 사람이 '거의 모든 죄'를 고백하였지만 단 하나의 죄를 숨기고 있다고 가정하자. 고백을 듣고 있는 사제는 이 사실을 전혀 알 수 없으며, 자비로운 마음으로 사죄경을 외고 있을지라도, 이 죄의 고백이 진정 '절대자', 즉 하느님 앞에서 고백을 하는 것이라면, 이는 전혀 고백하지 않는 것과 같다.

다시 말해서 신 앞에서의 적당한 거짓말은 이미 완전한 거짓말과 같으며, 적당한 진실은 전혀 진실이 아니다. 그가 자신의 저술에 『이것이냐, 저것이냐』라는 다소 엽기적인 제목을 단 것도 바로 이러한 진지함을 표출해준다. 크리스천의 진리, 즉 절대자 앞에선 단독자로서의 진리란, 전부가 아닌 것, 일체가 아닌 것, 절대적인 아닌 것은 이미 아무것도 아니며, 군소리라는 말이다.

'이것이냐, 저것이냐'는 천국으로 들어갈 수 있는 열쇠다. 반면 인간의 불행이란 무엇이며 무엇이었으며, 또 무엇일 것인가? 악마가 지어낸 말인 '적당히'라는 말이, 이것이 일단 그리스도교에 적용되면 그리스도교가 군소리로 둔갑한다! _순간, 16쪽

아마도 이러한 키르케고르의 사유는 현대인이 왜 '신' 혹은 '하

느님'이라는 말에 거북한 감정을 가지고 있으며, 철학자들이 더 이상 이러한 '신의 관념'에 대해서 말하지 않는 것인가를 설명해 주는 하나의 이유가 되는 것 같다. 인간이 진리를 말함에 있어서 '절대자' 혹은 '신'에 대해서 말한다는 것은 일체의 '적당히'를 무화시키며, 절대적으로 결백해야만 한다는 것을 무의식적으로 요청하고 있는데, 인간은 결코 이러한 절대적인 상황에 이를 수 없다고 생각하기 때문이다. 이는 다른 차원에서 인간이 '절대자' 혹은 '신'에 대해서 생각하기만 한다면 일체의 인간이 자신은 진실하지 않거나 죄인이거나 불순한 사람처럼 생각되기 때문이다.

어떤 사람이 절대자 앞에서 '떳떳하고' '결백'할 수 있을까? 신이라는 관념을 가지고 진지하게 이를 생각하자마자 자신은 '죄인'이라고 느끼지 않을 수 없다면 이러한 '신의 관념'이 무엇에 좋은 것인가? 이것이 바로 현대인의 심리적 상황인 것이다. 그래서 그는 "죄에 대응하는 기분은 진지성이다"불안의 개념, 25쪽라고 말하고 있다. 즉, 우리가 진정 죄라는 개념을 가질 수 있는 것은 신의 존재에 대한 사유에 대해서 참으로 '진지할' 때이다. 그렇기 때문에 한 철학자가 진정 진지하게 철학을 시작하고자 한다면 바로 거기에 이미 신이 존재하고 있는 것이다. 즉, 철학을 하더라도 진정 진지하게 시작한다면 절대자의 존재를 부정할 수가 없다는 말이다. 하지만 키르케고르가 본 현대인의 모습에는 이러한 진지성이 결핍되어 있고, 모든 것을 '적당히' 생각하고 취급함으로써 '절대자와의 관계성'을 외면하고 마는 것이다. 따라서 신과 인간을 분리시키는 것이 곧 '적당히'라는 것이며 그러기에 이 '적당히'라는 용어는 악마가 지어낸 말이라고 하는 것이다.

키르케고르는 크리스천 중에도 이렇게 '적당하게 크리스천'인 사람들을 신랄하게 비판하고 있는데, 당시 국교화國教化된 덴마크의 기독교인과 관료화된 목회자에 대해 다음과 같이 비난한다.

그리스도교를 전도한답시고, 사람들이 그리스도인을 자칭하고 그리스도인이라는 이름을 내세우고, 거기에 도사리고 주저앉아 진정으로 그리스도교가 무엇인지를 알려 하지도 않고 배우려고도 하지 않는 족속들, 즉 금전적인 이해관계에 매달인 천 명의 관리를 국가가 임명한 사실이다. _순간, 18쪽

어떤 사람이 크리스천이라고 말해주는 것은 무엇일까? 그가 세례를 받고 주일마다 교회에 나가 예배를 보고, 가끔 자선을 하며, 성가대를 하며, 집사나 장로 역할을 하는 것이 그를 크리스천이라고 말해줄까? 외관만을 보면 이러한 사람은 가장 모범적인 크

리스천일 것이다. 하지만 내적인 진지함의 차원에서 보면 전혀 그렇지 않다. 진정 자신의 내면 깊숙한 곳에서 크리스천이라는 것은 단독자로서 절대자 앞에 나서는 그러한 사람이기 때문이다.

내면성은 인간에 있어서의 영원성, 혹은 영원한 것의 규정이다. … 영원한 것을 옳게 그리고 끝끝내 구체적으로 이해하려고 하지 않는 인간은 내면성과 진지성을 결여하고 있는 것이라 하겠다. _불안의 개념, 299쪽

인간에게 내면성이 곧 영원성이라는 것은 무엇을 의미하며, 왜 그런 것인가? 사실상 영원한 것이라는 표현은 근본적으로 시간성 안에 존재하는 인간에게 가장 당혹스러운 주제이다. 대다수 실존주의자가 강조하는 것이 '지금, 여기에서'라는 현재성임을 비춰볼 때 '영원성'을 강조하는 키르케고르의 사유는 다소 낯설다고 할 수 있다. 하지만 만일 그리스도교의 인간관이나 세계관에 충실한 사람이라면 이러한 키르케고르의 진술을 부정할 수는 없다. 왜냐하면 그리스도교의 진리에 따르면 인간이란 신의 모상으로 창조되었으며, 그러기에 모든 인간의 내면 깊숙한 곳에는 어떤 '신성한 것'이 내재해 있기 때문이다. 그래서 아우구스티누

스도 '신은 자신보다 더 깊이 자신의 내면에 존재한다'고 생각한 것이다. 이러한 생각은 후일 아빌라의 테레사로 하여금 『영혼의 성』이란 책을 저술하도록 하였는데, 이 책에 따르면 인간의 영혼은 크게 일곱 단계의 지평으로 나누어져 있고, 그 가장 깊은 궁방에 신이 거주하는 방이 있다고 묘사하고 있다. 그렇기 때문에 누구든지 자신의 가장 깊은 곳으로 의식이 내려갈 수 있다면 신적 현존을 체험할 수 있으며, 신적 현존에 대한 체험은 곧 '영원성'에 대한 체험이 되는 것이다. 키르케고르 역시 이러한 인간의 조건을 철저하게 신뢰하고 있다.

어떠한 인생도 모두가 종교적으로 설계되어 있다. 만일 사람들이 이 사실을 부인하려고 한다면 일체는 혼란에 빠지고 말 것이다. 즉, 개체 인류 불멸성 따위의 여러 개념이 폐기되고 만다. _불안의 개념, 208쪽

비록 어떤 인간이 그의 의욕이 자라는 한 오래오래 부정否定을 계속한다고 해도, 그로써 그가 영원한 것을 자신의 생활 속에서 깡그리 제거해버릴 수는 도저히 없다. _불안의 개념, 303쪽

인간의 내면 깊숙한 곳에 신성한 것이 있고, 보다 내면적이 될

수록 신성한 것에 근접한다면, 결국 내면적으로 된다는 것이 곧 '진지하게 됨'을 의미한다. 보다 내면적일수록 보다 그리스도교의 근원적인 진리에 더욱 다가갈 수밖에 없기 때문이다. 이렇게 해서 보다 진지한 사람은 보다 내면적이고, 보다 내면적인 사람은 보다 진지한 사람인 것이 곧 크리스천의 진리가 되는 것이다. 그래서 어떤 것이 진정 내면적인 것이라면 이는 어떤 식으로든지 '영원성'을 반영해주는 것일 수밖에 없다. 그래서 그리스도교의 진리와 전혀 무관한 것이라 해도 그것이 진정 내면성의 표현이라면 여기에는 그리스도교적인 것과 일치하는 무엇, 즉 영원적인 것이 있다. 키르케고르는 예술작품의 예를 들면서 이를 '특정 종류의 영원성'이라고 말하고 있다.

특정 종류의 영원성은 기꺼이 그것들에게 귀속될 수 있을 것이며, 이것이 그들의 장점이다. 그러나 이런 영원성은 사실 진짜 예술 작품이라면 모두 소유하고 있는 영원한 순간일 뿐이며 …. _직접적이며 에로틱한 단계들 또는 음악적이고 에로틱한 것, 39쪽, 이하 인용출처는 '직접적이며 에로틱한 단계들'로 표기

인간이 예술이라는 형식을 통해서 심미적 실존의 차원에서도

어떤 영원성과 접촉할 수 있거나 영원성과 교감할 수 있는 것은, 인간은 본성적으로 영원한 것과 연관되어 있기 때문이다. 신성한 예술작품이란 곧 작가의 고유한 무엇, 즉 그의 내면을 표출하므로 진지한 것이며 또한 최소한의 신성한 무엇이 포함된 것이다. 그러기에 이는 '특별한 종류의 영원성'이라고 할 만하다. 하지만 종교적인 실존과 무관한 예술이 마주하는 영원성은 다만 '순간'으로서의 영원성일 뿐이다. 그렇기 때문에 키르케고르에게 '시인'의 실존은 여전히 진지성이 부족한 것이다. 예술은 잠시의 피안을 제공해줄 수 있지만, 진정한 영원성을 제공하기에는 여전히 진지함이 결여되어 있다.

3
개별성으로서의 진지함

크리스천에게 진정으로 진지하게 된다는 것은 절대자 앞에서 단독자로 나서는 것을 말하므로 이는 또한 세상의 모든 것에서 물러나는 것을 의미한다. 이러한 자를 키르케고르는 '믿음의 기사'라고 말하고 있는데, 믿음의 기사가 가지는 첫 번째 특성으로 바로 하느님에게로 나아가기 위한 일체의 것의 체념을 말한다.

무한한 체념은 믿음에 앞서 있는 마지막 단계다. 따라서 이 운동을 수행하지 못한 자는 모두 믿음도 가지고 있지 않다. 왜냐하면 무한한 체념 안에서만 비로소 나는 나 자신의 영원한 가치를 자각하기 때문이다. 그때라야 비로소 믿음을 통하여 이 세상을 파악한다는 것이 문제로 등장할 수 있기 때문이다. _공포와 전율, 92쪽

여기서 무한한 체념은 무엇을 의미하는 것일까? 무엇에 대한 체념인 것인가? 이는 말 그대로 일체를 말한다. 내가 세상을 살아가며 기대를 걸었던 모든 것, 가치나 관습이나 전통 나아가 이해력이나 보편성이나 객관성이나 앎 등 그야말로 일체를 포기하는 그러한 체념이다. 그렇기 때문에 그에게는 세상에서 가장 위대한 일이 믿음을 가지는 것처럼 보였다. 그는 "믿음이란 가장 위대한 것, 가장 어려운 것이다"공포와 전율, 104쪽, "믿음이란 사유가 끝나는 곳 바로 거기서부터 시작된다"공포와 전율, 107쪽라고 말한다. 일체의 것이 무화無化되는 믿음의 기사에게 결국 남는 것은 절대자와 개인뿐이다. 그렇기 때문에 '믿음의 사건'은 절대적으

로 개별적인 사건이며, 이성의 차원에서는 차원을 달리하는 하나의 비약이며, 공포와 전율을 일으키는 절대적인 사건이다. 이러한 것이 종교적 실존이 가지게 되는 세상에서 가장 진지한 일이다. 그렇기 때문에 그는 아브라함의 이야기를 역사적인 사건으로서가 아니라 바로 자신의 일로 생각하는 개별적인 믿음을 촉구하고 있다.

> 아브라함의 이야기를 한마디도 빼놓지 않고 암기한 사람이 무수히 많았지만, 그러나 이 이야기 때문에 잠을 이루지 못하게 되었다는 사람이 과연 몇 사람이나 있었을까? _공포와 전율, 49쪽

이러한 사유는 어떻게 보면 그리 놀라울 것도 없다. 진정한 불교도라면 부처의 역사적 사건이나 그의 설법을 얘기하는 것이 아니라, 부처가 했던 일을 자신도 현실 안에서 자신만의 삶으로 되사는 것이며, 진정한 선비라면 공자나 맹자의 말을 되풀이하는 것이 아니라, 현실적인 삶 한가운데서 그것을 자신만의 삶으로 되사는 것이다. 이것이 바로 실존주의가 지향하는 것이다. 진리를 학문적으로 수용하는 것이 아니라, 자신의 문제로 수용하고 현실 안에서 사는 것이 곧 실존적인 것이다. 그래서 키르케고르

는 믿음의 기사가 되고자 하는 대신에 종교를 마치 문화의 한 유형처럼 지니고 있는 사람들을 향해서 "품질이 똑같은 수백만 명의 그리스도인을 낳는다"순간, 19쪽라고 비판한 것이다.

이러한 키르케고르의 사유는 '실존주의란 곧 주체성'이라는 하나의 이념을 산출하고 있다. 주체적이란 스스로 책임지는 것을 말하며, 단지 어떤 하나의 사건이나 일에서가 아니라, 자신의 인생 그 자체에 그리고 전 생애의 의미에 대해서 스스로 책임진다는 것을 말한다. 바로 여기서 단독자의 개념이 진정한 의미를 가지게 된다. 그는 "하느님 앞에 홀로 서는 이 인간은 열심히 노력하고, 철저하게 책임지면서 오직 홀로 섬으로써 특정한 단독자가 되려고 하는 것이다"죽음에 이르는 병, 14쪽라고 말함으로써 하나의 사상을 말하는 것이 아니라, 자신이 추구하고 있는 자신의 삶의 의미를 요약해주고 있다. 그렇기 때문에 크리스천의 진지함에 비추어 볼 때, 진지함이 배제된 그 어떤 신학적 사상이나 박식함도 사실 허영에 지나지 않는다. "무관심한 지식의 초연함은 그리스도교적인 관점에서 보면 진지하기다기보다 허영이나 가식에 지나지 않는다. 그러나 진지함이란 교화적인 것이기도 하다"죽음에 이르는 병, 15쪽. 진지함이 교화적인 이유는 물론 신앙이 교육에 의해서보다도 전염에 의해서 형성되기 때문이다. 그는 철저하게 자신의 본질이 진리가 되지 못한다면 결국 진리를 배반할 수밖에 없을 것이라고 말한다.

문제는 어떤 인간이 가장 깊은 의미에서 진리를 인정하려고 하느냐, 그가 그의 전체 본질에 진리를 침투시키고 진리의 일체의 귀결을 몸소 받아들이고자 하느냐, 아니면 필요한 때는 자기 자신을 위하여 도피처를 보유하고 끝내는 진리의 귀결을 가룻 유다의 입맞춤으로 배반하느냐에 달려 있는 것이다. _불안의 개념, 277쪽

이러한 그의 너무나 단호한 것 같은 진지함은 그로 하여금 자신의 평생에 아브라함과 같은 믿음을 가진 진정한 믿음의 기사를 발견할 수 없었다고 고백하게 한다. "앞에서도 언급한 바와 같이 나는 아직 그런 믿음의 기사를 발견하지 못했다"공포와 전율, 75쪽. 그런데 우리는 이러한 키르케고르의 너무나 진지한 크리스천적인 태도를 어떻게 평가할 수 있을까?
'중용의 진리'를 들어 이러한 키르케고르의 '진지성'을 수용하기 힘든 '근본주의'라고 말할 수 있을까? 그럴 수는 없을 것 같다. 왜냐하면 '중용의 덕'이란 본질적으로 '방법론적 진리'를 말하는 것이며, 키르케고르의 진지성은 '내면적인 진리'를 말하기 때문

이다. 공자가 중용의 진리를 말할 때 이 중용이란 가장 시기적절하게 어떤 행위를 감행한다는 것이지, 행위의 주체가 '어중간한 진리'를 가진다는 것을 의미하지 않는다. '의로움'을 말하는 선비에게는 필요하다면 자신의 목숨을 걸고라도 '의로운 것'을 말할 수밖에 없는 것이 중용일 것이고, 불의를 보고도 물러설 수밖에 없다면 물러서는 것이 중용일 것이다.

중용의 진리가 상황 속에서 최선의 결과를 겨냥하는 것이라면, 키르케고르의 진지성은 주위 상황과 무관한 개별자의 내적인 태도를 말한다. 그렇기 때문에 이러한 진지성을 중용의 덕으로써 비판할 수는 없는 듯하다. 내적인 진실에서 일말의 타협이나 양보를 모르는 이러한 키르케고르의 정신을 당대 철학자들이 너무나 '종교적'이라고 비판한 것은 일리 있어 보인다. 하지만 이 '종교적'이라는 비판이 바로 '비—철학적'을 의미한다면 이는 부당해 보인다. 왜냐하면 모든 철학은 그 출발점에서 어떤 '형용사'를 가질 수밖에 없기 때문이다. 예컨대, '자연철학자'가 지칭하는 말은 '자연적인 철학'이라는 말이며, '관념주의 철학'이란 '관념적인 철학'을 의미한다. 이러한 형용사가 붙지 않는 '철학 자체'가 존재하지 않는 만큼 그의 철학 역시 하나의 철학이며, 어떤 관점에서는 '불교철학'이라는 것이 있는 만큼 그의 철학을 '그리스도교철학'

이라고 정당하게 이름을 붙이는 것도 타당해 보인다. 그러나 만일 다수 크리스천이 이러한 키르케고르의 사상에 대해서 '그리스도교철학'이라는 말에 거부감을 드러낸다면 우리는 그의 철학에 어울리는 이름을 '사랑의 철학'이라고 부르는 것이 낫다. 왜냐하면 그가 이렇게 절대적으로 진지하게 된 근원적인 이유를 그는 '진정한 사랑'의 발로라고 말하기 때문이다.

나는, 진리를 전파하기 위해서는 온갖 희생을 무릅쓰되, 조금이라도 진리를 손상하는 희생은 원치 않는 것이야말로 진정한 사랑이라고 믿고 있다. _불안의 개념, 295쪽

그의 사상에서 진정한 문제점은 이렇게 철저하게 진지한 태도가 철학하는 태도에서 선호할 만한 것인가 하는 점일 것이다. 즉, '철학함'이라는 차원에서 이러한 진지성을 어떻게 규정하고 판단할 수 있는가 하는 점이다. 아마도 키르케고르 자신은 진지성 그 자체는 규정하거나 판단하는 것이 불가능하다고 할 것이다. "진지성은 너무나도 엄숙한 것이기 때문에 이것을 정의하려고 한다는 것은 경박한 짓이다"불안의 개념, 295쪽. 따라서 우리는 이러한 키르케고르의 진지성 역시도 객관화하기보다는 각자의 철학

함의 의미를 가지고 개별적으로 수용하거나 거부할 수밖에 없다. 즉, 절대적인 것으로 나아가려는 이러한 키르케고르의 내적인 태도는 한 철학자가 가진 철학함의 '방법' 혹은 '기질'이라고 보아야 할 것이며, 이는 마치 '이데아'가 아닌 모든 것을, 즉 '일체'를 '그림자'에 지나지 않는 것으로 보려고 하였던 플라톤의 그것처럼 일종의 철학적 '낭만주의'로 이해해야 할 것이다. 만일 그렇지 않다면 우리는 키르케고르의 철학에서 그 어떤 주제를 취하든지 그의 이 진지성으로 말미암아 일종의 '정신적인 전체주의'를 발견하고 거북함을 느낄 수밖에 없을 것이다. 그것은 '예언자는 결코 고향에서 환영받을 수 없다'는 말이 있듯이, 키르케고르의 사상은 본성적으로 정신적인 게으름을 지닌 인간성 그 자체를 질책하는 예언자의 음성과 같기 때문이다.

4

권태로움과 실존의 단계들

같은 유신론적 실존주의자인 가브리엘 마르셀은 인간을 '문제적인 인간'이라고 하였다. 그리고 이 문제의 해결은 곧 '존재의 신비'를 밝히는 데서 주어진다. 그런데 키르케고르에게 이 문제를 해결하기 위한 첫 단계는 실존에 대한 자각이며, 그런 다음에 실존적으로 변모되는 것이다. 이러한 실존적인 변모는 몇 가지의 단계를 거치는데 그것은 심미적인 실존, 윤리적인 실존 그리고 종교적인 실존이다. 물론 이러한 과정은 누구나 종교적인 실존으로 도약하게 되는 필연적인 과정이라거나 모두가 반드시 그렇게 해야만 하는 의무적인 것은 아니며, 중요한 것은 어떠한 지평의 실존에 머무르든지 진정 '실존적으로 된다' 혹은 '실존적으로 살아간다'는 사실이다.

실존주의의 '선구자'라는 이름이 말해주듯이 키르케고르의 인간실존에 대한 분석은 매우 탁월하지만 많은 사람이 인간실존에 대한 그의 분석에 대해서 오해하는 것도 사실이다. 이미 앞장에서 말한 바 있듯이 진리를 추구하기 위해서는 종교적 실존의 단계로 상승하여야 한다는 그의 사상은 상대적으로 심미적인 실존과 윤리적인 실존에 대한 관심이 부족하다고 생각되기도 하며, 또한 순수성과 절대성을 요청하는 그의 지나친 진지성이 철학함에 적절한 방법이 아니라고 생각되기도 한다. 나아가 인간을 이해하는 데 철저하게 신적 존재와의 관계성을 염두에 두며, 개별자를 지나치게 강조한 그의 인간관이 사회적인 삶이나 공동체적인 삶에 대한 관심을 약화시킨다고 생각되기 때문이다.

하지만 이러한 부정적인 이미지는 어떤 관점에서는 선입견이라고 할 수 있다. 비록 키르케고르가 인간을 정신으로 규정하고 있기는 하지만, 그럼에도 인간적으로 산다는 것은 언제나 심미적 지평, 윤리적 지평 그리고 종교적 지평에서 유기적이고 복합적이며, 심미적 지평이나 윤리적 지평의 삶도 진리를 향해 나아가기 위해서 매우 소중한 매개체이다. 중요한 것은 어느 지평의 삶에 머물고 있는가가 아니라, 진정 '실존적이 된다는 것'이다. 그는 자연이 주는 말할 수 없는 기쁨을 체험하였고, 스스로 오페라에 심취하였으며, 예술에 대한 분석은 그 어떤 철학자 못지않게 탁월했다. 그리고 누구보다도 세상에 존재하는 선과 악의 문제에 대해서 진지하게 고민하였고, 이를 인간의 심리적 지평에서 깊이 분석한 철학자였다. 그가 인간실존을 분석하면서 매 단계마다 그 고유한 중요성과 역할을 '적당히' 취급한 적은 한 번도 없었다.

1
일상적인 권태와 실존적인 권태

인간실존의 첫 번째 특성은 '권태로움'이다. 그리고 이 권태는 참으로 모든 것의 원인이 된다. 키르케고르는 "무서운 것은 권태이다. ― 무서운 권태여! 나는 이보다 더 강한 표현을 모른다"이것이냐 저것이냐, 62쪽라고 말한다. 그런데 권태롭다는 것은 무엇을 의미하는가? 사람들은 어떤 경우에 권태롭다고 하는가? 키르케고르에 앞서 이미 2세기 전에 파스칼은 '권태의 개념'을 잘 설명하였다. 그는 『팡세』에서 권태에 대해 다음과 같이 말한다.

권태 ― 인간에게 열정 없이, 일도 없이, 기분전환도 없이, 열의도 없이, 완전한 휴식 중에 있는 것보다도 더 참기 힘든 것은 없다. 이렇게 된다면, 그는 아무것도 아님을, 포기를, 부족함을, 의존성을, 무기력함을, 공허를 느끼게 된다. 비록 의식하지는 못하겠지만 그의 영혼 깊은 곳에서 권태와 우울함과 슬픔과 눈물과 후회와 절망이 튀어나올 것이다. _ *Pensées*, p.85

파스칼의 권태에 대한 정의는 일상에서는 '무료함' 혹은 '따분함'을 의미한다. 할 일이 없거나, 흥미를 가질 만한 것이 없거나, 삶의 활력을 부여할 무엇이 전혀 없을 때 사람들이 떠올리는 그러한 '권태'이다. 하지만 키르케고르는 권태를 좀 더 깊이 분석한다.

일을 한다고 해서 권태가 폐기되는 것은 아니다. … 비록 그들 자신은 권태를 느끼고 있지 않지만, 그것은 그들이 권태라는 것이 무엇인지에 관해서 진정한 관념을 갖고 있지 못하기 때문이지, 그들이 권태를 극복했다고는 도저히 말할 수 없다. … 모든 인간은 권태로워하고 있다. _이것이냐 저것이냐, 478쪽

비록 분주히 일을 하고 있지만 권태로움이 여전하다는 것을 무엇을 말하는가? 모든 사람이 권태로워하고 있지만 이를 느낄 수도 없고, 극복하지도 못하는 이유는 무엇인가? 여기서 우리는 키르케고르가 말하는 '권태'가 '일상의 권태'와는 다른 것임을 알 수 있다. 우리는 이를 진정 '실존의 권태'라고 말할 수 있다. 권태에 대한 그의 분석은 '일상적인 권태로움'과 '실존의 권태'에 대해 구분하는 것으로 시작된다. 전자는 일상에서 무료함, 단조로움, 변화 없음, 아무 일도 발생하지 않음 등 주로 심미적 차원의 권태라

고 할 수 있으며, 실존의 권태란 이러한 일상의 권태가 사라진 이후에도 여전히 나타나는 '무의미함', '공허함'을 말한다. 가령 눈코 뜰 사이 없이 바쁘고, 주말에도 나들이나 연회를 즐기며 참으로 분주하게 살아가지만 '무의미함', '삶의 허망함'을 체험하는 사람들은 모두 '실존의 권태'를 체험하는 사람들이다. 일상의 권태는 다만 심미적인 차원에서만 발생하는 것이 아니라, 윤리적 실존, 종교적 실존에서도 발생한다. 가령 관습이나 습관에만 의존하는 윤리적 삶에 염증을 느낄 때나 율법적이고 형식적인 삶만을 지향하는 종교적 삶에 무의미함을 느낄 때 발생하는 권태 등이다. 비록 윤리·도덕적으로 매우 진지하게 살아가더라도 그리고 매우 엄격하고 진지한 종교적인 삶을 영위할지라도, 이러한 삶들이 자신의 개별적인 삶에서 절대적으로 소중한 무엇으로 자리 잡지 못한다면 그리고 인생의 중요한 의미가 될 수 없다면 이는 언젠가 '무료함', '공허함'으로 다가올 것이다. 이러한 것이 곧 '일상의 권태'를 의미하는 것이다.

그런데 '실존적인 권태'란 이러한 일상의 권태라는 사태를 진지하게 자각하고 있는 사람의 내적인 분위기를 말한다. 그렇기 때문에 권태를 느낀다는 것은 매우 중요하다. 일상의 권태를 지니고 있지만 이를 알지 못한다면 이들은 '실존의 권태'에 대한 관념을 가지고 있지 않기 때문이다. 만일 이들이 '실존의 권태'에 대한 관념을 가지고 있음에도 이를 극복하지 못한다면 그 어떤 이유로 이 실존의 권태를 스스로 부정하면서 살아가기 때문이다. 모든 것이 갖추어지고 누가 보아도 모범적으로 살아가는 사람이 어느 날 갑자기 삶에 대한 '무의미함'과 '공허함'을 느낀다는 것은 바로 이 '실존의 권태'를 자각하고 있다는 것을 말한다. 하지만 대다수 사람은 이러한 '무의미함'과 '공허함'을 인정하지 않는다. 자신은 누구보다도 잘 살고 있다고 스스로 위로하면서 지금껏 자신이 살아온 방식으로 더 열심히 살아가면서 이를 애써 회피하고자 하는 것이다. 그렇기 때문에 이들은 진정으로 권태를 극복하지는 못한다. 이러한 실존의 권태를 자각하고 이를 극복하고자 했던 대표적인 사례는 '고갱'의 일화일 것이다.

프랑스의 화가 '고갱'의 일생을 바탕으로 한 서머셋 몸의 소설 『달과 6펜스』에서 '고갱'은 아주 성공한 금융가이자 모범적인 한 가정의 가장으로 등장한다. 하지만 그는 이러한 모범적인 삶에서 '삶의 의미'나 '행복감'을 느끼지 못한다. 안정된 직장과 높은 보수, 아름답고 건강한 아내와 사랑스러운 딸, 누가 보아도 부러워할 이러한 삶의 환경에도 불구하고 고갱이 '무의미하고 공허함'을 느낀 것은 무엇 때문인가? 그것은 마음속 깊은 곳에 항상 갈망하는 그 무엇이 있기 때문이었다. 그 갈망은 바로 '그림을 그리는 것' 혹은 '화가가 되는 일'이었다. 서머셋 몸은 자신의 소설에서 고갱의 이러한 내적 갈망을 '달'에 비유하고 금융가로서의 고갱의 삶을 하찮은 '6펜스'짜리 동전에 비유하였다. 하지만 고갱은 자신의 내적 갈망을 숨기고, 안정적이고 모범적인 자신의 삶이 '행복하고 의미 있는 삶'이라고 여기며 보다 열심히 일과 가정에 충실하면서, 이러한 '내적인 공허함'을 애써 부정하고자 한다. 그는 '실존의 권태'를 느끼고 있지만 이를 인정하지 않고 스스로 부정하면서 권태를 극복하지 못한 것이다. 하지만 어느 순간 더 이상 자신이 비밀스럽게 간직하였던 그 내적 갈망을 느낄 수 없게 되자 그는 오히려 위기의식을 느꼈다. 일상의 분주함이 영혼의 갈망을 잠식해버렸다고 생각한 것이다. 그는 갈등을 느꼈고 결국 '거짓 행복', '위선적인 삶의 의미'에서 벗어나자 하였다. 모든 것을 버리고 화가의 길로 나선 것이다. 여기서 고갱은 진정 '실존적'이 된다. 실존의 권태를 자각하고 이를 극복하고자 하는 것, 이것이 곧 '실존적으로 되어짐'을 의미하는 것이다.

일반적으로 일상의 권태는 실존의 권태로 이어지기 마련이다. 하지만 반드시 그러한 것은 아니다. 고갱의 예에서 볼 수 있듯이 사람들은 일상의 권태를 외적인 일이나 분주함을 통해서 해결할 수 있다고 생각하기 때문이다. 이러한 사람들은 어떤 의미에서 자기 자신을 기만하고 살아가는 사람들이다. 이러한 사람들에게는 결코 '실존적인 권태'가 발생하지 않는다. 일상의 권태가 실존적인 권태로 드러나지 않는 것은 비유로 말하자면 '병'을 안고서도 이를 '병'으로 느끼지 않는 것이다. 병이 낫기 위해서는 '병'을 '병'으로서 인정하여야 한다. 반면 '실존적 권태'란 현재 자신이 행하거나 살고 있는 것에 '의미가 없음'을 자각하는 것이기에 이러한 자각으로부터 진정 '실존적이 되고자' 갈망하게 되는 것이다. 따라서 '실존적이 된다'는 것은 곧 의미 있는 삶을 되찾고자 고민하는 사람의 내적인 분위기를 형성하는 것을 말한다. 따라서 개인의 삶에서 중요한 것은 그가 어떤 실존의 지평에 있는가 하는 범주의 문제가 아니라, '진정으로 실존적이 된다'는 것에 있다. 이러한 관점에서 보면 심미적 차원에서도 실존적으로 된다는 것은 매우 중요하며, 인간적인 삶에서도 심미적인 실존의 삶은 매우 중요한 의의를 가지게 된다.

'권태롭다'는 것은 모든 인간이 체험하게 되는 삶의 문제요, 어떤 사람도 피해갈 수 없는 인간성의 문제이다. 인간 역사의 드라마는 '권태'로부터 출발한다. 구약성서 중 「전도서」는 '인생은 헛되고 헛되다'라고 여러 번 반복하고 있으며, 동양의 사유에서도

'인생일장춘몽'이라는 일반적인 정서를 발견할 수 있다. 이는 인생을 전체적으로 볼 때 모든 인간은 '권태'를, '실존의 권태'를 가질 수밖에 없음을 말해준다. 『이것이냐 저것이냐』의 초반부는 '자신의 삶에 대한 회의적인 태도'를 적나라하게 보여주는데, 이는 자신이 그만큼 '실존의 권태'를 자각하고 있다는 말이다. "어째서 나의 영혼과 정신은 이다지도 메말라 있는 것일까!", "나의 인생은 영원한 밤과도 같다", "나의 인생은 절대적으로 무의미하다", "나는 몸부림치고 저항하지만 헛수고다", "나는 한 번도 행복하다고 느껴본 적이 없다", "나의 불행은 다음과 같다" 등 비관적인 말을 고백하듯이 계속 이어가는데, 이렇게 적나라하게 자신의 내적인 심정을 여과 없이 표현하는 것은, 마치 고갱이 느꼈던 그 내적인 감정을 숨김없이 드러내고자 하였기 때문이다. 즉, 자신의 비참함을 자각하고 있기에 키르케고르 자신이 '실존적인 사람'이었다는 것을 말해주고 있다. 권태를 진지하게 자각하고, 그리고 이를 고뇌하는 것, 이것이 실존적인 사람의 특징이다. 이러한 실존적인 사람의 고뇌만이 진정 되어야 할 존재로, 나아가야할 길로 인도하는 것이기에 '권태를 느끼는 것'이야말로 진정 인간적으로 존재하는 것을 의미한다. 만일 키르케고르가 데카르트였다면 '나는 권태를 느낀다. 고로 나는 존재한다'라고 말하였을 것이다.

그런데 키르케고르가 체험한 권태는 고갱의 그것과는 근본적으로 차이가 있다. 고갱이 그림을 그리는 것에서 진정한 삶의 의미를 구할 수 있던 반면, 키르케고르의 권태는 세상 그 어떤 것으로도 해결할 수 없는 성격의 것이다. 그는 이러한 자신의 권태를 더 이상 잘 표현할 수 없을 만큼 심오하고 진지하게 표현한다.

> 내가 보고 있는 것은 공허뿐이고, 내가 그 속에서 연명하고 있는 것도 공허뿐이다. 나는 고통조차도 느끼지 않는다. … 비록 나에게 세상의 온갖 영광이 제공된다 해도, 혹은 세상의 온갖 고통이 주어진다 해도 내게는 마찬가지다. … 과연 이 세상에 나의 마음을 끌 수 있는 것이 있을까? … 나의 영혼이 지니고 있는 독기 어린 회의는 일체를 망쳐버린다. 나의 영혼은 새들도 그 위를 날 수 없는 죽음의 바다다. _이것이냐 저것이냐, 62쪽

이러한 고백은 「전도서」가 말하는 '모든 것이 헛되다'는 고백과 유사하다. 하지만 그럼에도 「전도서」의 고백과 동일하게 간주할 수는 없다. 어떤 의미에서 「전도서」가 고백하고 있는 것은 세상을 모두 체험한 뒤에 죽음을 앞둔 사람이 이 현세에 대해 평가

하는 고백과도 같으며, 이는 일반성 혹은 보편성의 지평에서 어떤 종교적인 진리를 말하고 있는 것이다. 하지만 키르케고르의 고백은 지금 현재 세상의 온갖 좋은 것, 온갖 가치에 대해서 의미를 상실한, 그럼에도 보다 의미 있는 그 무엇을 발견하지는 못하며 삶 그 자체에 대해 회의를 느끼고 있는 한 영혼의 특수한 상황을 의미한다. 여기서의 권태는 일상세계의 모든 유의미한 것을 초월하고 있지만, 더 의미 있는 그 무엇을 아직 발견하지 못하고 현재 자신의 삶을 괴로워하고 있는 한 영혼의 상태를 말한다. 사실상 어떤 의미에서 '구원'이라는 용어가 진정으로 그 의미를 가지려면 바로 이러한 절박한 '실존의 권태'를 자각한 영혼에게서만 가능하다. 인간적인 삶의 온갖 가치에 대한 회의를 느끼고 인생에 대한 허무를 경험하고 자각한 인간만이 계속 살아갈 수 있는 힘을 가지기 위해서 다른 어떤 의미를 요청하게 되고, 이러한 요청이 그로 하여금 새로운 실존, 즉 '종교적 실존'에 대한 갈망을 야기할 것이기 때문이다. 키르케고르에게 진정으로 크리스천이라고 말할 수 있는 사람이란 바로 이러한 절박한 실존의 권태를 통해서 '구원'을 갈망하고 있는 사람을 의미한다. 그래서 그는 "허다한 사람들이 자신들을 그리스도인이라고 부르고 또 그리스도인으로 간주하고 있는 엄청난 착각이 존재하고 있다"관점, 44쪽라고 말하고 있다. 물론 이러한 착각은 진정한 종교적인 실존으로 나아가지 않는 대다수 그리스도인이 범하고 있는 것이다.

> 내가 추측한 대로, 그리스도교계에 있어서는 대개의 사람들이 자신들은 그리스도인이라고 망상하고 있다면, 그들은 과연 어떤 범주 속에서 살고 있는 것일까? 그들은 심미적인 혹은 고작해야 심미적·윤리적인 범주 속에서 살고 있다. _관점, 42쪽

이러한 착각에서 벗어나는 길은 바로 모든 것이 '헛되고 무의미하다'는 실존의 권태를 자각하는 것이며, 이를 통해서 종교적인 실존으로 도약하는 것이다. 물론 여기서 한 가지 질문을 던져볼 수 있다. 진정한 크리스천이 모두 이러한 종교적인 실존을 지닌 사람을 의미하는가? 꼭 그렇지는 않을 것이다. 만일 종교적 실존을 가지는 것, 즉 단독자로서 절대자와 실제적인 관계성을 가지고 믿음의 기사처럼 사는 것만이 진정한 크리스천이라면 이 세상에 진정한 크리스천은 거의 없을지도 모른다. 다만 진정한 크리스천이라면 이러한 키르케고르의 너무나 진지한 사유를 '신의 손에 휘어잡힌 예언자적인 인간'이라고 바라보지 않을 수 없다는 점이다. 즉, 키르케고르를 마치 소크라테스가 그러했던 것

처럼 신의 특수한 사명을 받아 남다른 길을 걸을 수밖에 없었던 영혼으로 바라보아야 한다는 것이다. 이러한 사유가 모든 크리스천에게 진실이 될 수는 없을 것이다. 하지만 최소한 키르케고르 자신에게는 진실이라고 말할 수 있다. 그의 사상은 본질적으로 한 개인의 절대적으로 개별적인 삶의 체험을 통해서 형성된 것이며, 그러기에 실존적이다. 이러한 사실은 키르케고르가 누구보다도 잘 알고 있었다. 그는 어떤 삶의 단편적인 진실 혹은 진리를 말할 때에는 '삶이란 …' 혹은 '사람들은 …'이라는 일반명사를 주어로 사용하지 않고 거의 모든 곳에서 '나는 …'이라는 일인칭을 주어로 사용하고 있다. 이는 자신이 말하는 진리가 자기 자신이 삶에서 직접 체험한 진리에 대한 고백임을 말해준다.

그런데 키르케고르가 체험한 권태는 비록 '한 개인의 개별적인 체험'의 결과이겠지만, 그렇다고 해서 '인간일반'과 무관한 것은 결코 아니다. 그의 내적이고 심리적인 분석들을 통한 자신의 실존에 대한 이해는 또한 모든 인간이 어느 정도 공감할 수 있는 그 무엇이기 때문이다. 예를 들어서 그는 "권태의 경우에는 우리는 그것이 공허空虛라는 특징을 갖고 있기 때문에 … 권태는 현실에 널리 스며 있는 무無에 근거를 두고 있기 때문에 …"이것이냐 저것이냐, 479쪽라고 말하고 있다. 여기서 현실에 널리 스며 있는 '무

無'란 무엇을 말하는가? 만일 글자 그대로 무엇이 '없음'을 의미한다면, 무엇이 없다는 것인가? 분주하게 자신의 일을 하지만 그럼에도 느낄 수밖에 없는 어떤 '상실'의 감정, 분주한 사람이거나 할 일 없는 사람, 부자이거나 가난한 사람 등 예외 없이 누구나 느끼는 이 '상실의 감정', 여기에서 상실한 무엇이란 곧 '내적인 충만감', '삶의 의미' 등일 것이다. 자신의 삶이 무의미하다는 것, 그래서 무언가 존재가 충만하지 못하고 '공허'하게 느껴지는 것, 이것이 곧 권태이다. 이러한 내적인 상실의 감정은 누구나 느낄 수밖에 없는 것이다. 특히 현대인에게서 이러한 '상실의 감정', '공허함의 감정'은 그 어느 때보다 크게 느껴진다. 왜냐하면 현대는 그 어느 때보다도 우리의 오감을 자극하고 우리의 관심을 외부로 돌리는 물질문명과 기술문명이 발달되어 있기 때문이며, 그런 한 현대인은 내면성의 부재와 인간관계의 진실성의 부재 등을 체험할 수밖에 없기 때문이다.

그렇다면 왜 대다수 일반인은 키르케고르가 체험한 이러한 '실존의 권태'를 동일하게 체험하지 못하는 것일까? 그것은 일반인이 어떤 특정한 유형의 실존적 상황 속에 고착되어 있기 때문이다. 엄밀한 의미에서 이러한 인생의 진리 혹은 인간 실존의 진리는 오직 어떤 특정한 지평의 실존적 자각이 이루어진 뒤에야 가능하다. 실존의 지평들은 크게 심미적 실존, 윤리적 실존, 종교적 실존으로 구분되며, 실존의 권태에 대한 자각이 진정으로 이루어질 수 있는 곳 ―구원을 말할 수 있는 곳― 은 종교적 실존의 단계에서뿐이다. 즉, 실존의 권태가 가장 오리지널하게 발생할 수 있는 실존의 단계가 곧 종교적 단계이고, 여기에서 비로소 심미적 실존이나 윤리적 실존의 모습도 그 참된 면모를 가지게 된다.

말하자면 세 가지 실존의 단계는 마치 정상을 오르는 계단처럼 하나를 버리고 다른 하나를 취하는 그러한 것이 아니라, 하나의 단계에서 다른 하나의 단계로 나아가면서 존재함의 의미가 확대되고 포괄적이게 된다고 하는 것이 정확하다. 즉, 성인이나 믿음의 기사라고 하여 심미적 삶이나 윤리적 삶이 무의미하게 되거나 이러한 것에 대한 관심이 소멸되지는 않는다. 오히려 종교적 실존의 단계에 있는 믿음의 기사는 그 누구보다도 심미적 · 윤리적 실존의 삶을 충만하게 산다. 이러한 이상적인 믿음의 기사에 대한 묘사는 마치 도道를 깨친 도인의 삶을 연상시킨다.

그러나 나는 그런 기사를 생각해볼 수는 있다. 여기에 그가 있다. … 그의 걸음걸이는 싱싱하다. 유한성(이 세상)에 속한 것이다. … 그는 자기의 일에 열심이다. … 오후가 되면 그는 숲으로 간다. 그는 눈에 띄는 모든 것을 보고 기뻐한다. … 쥐 한 마리가 하수구 밑으로 살금살금 기어 들어간다. 어린애들이 놀고 있다. 그는 마치 열여섯 살 먹은 소녀이기나 한 것처럼 거기서 볼 수 있는 모든 것을 이 세상의 안락을 만끽하며 넋을 잃고 바라보고 있다. … 그는 마치 시름이 없는 게으름뱅이와도 같이 무사태평이다. _공포와 전율, 75-79쪽

종교적 실존의 단계에 있는 이 믿음의 기사는 외관상 여느 일반인과 다를 것이 전혀 없다. 아니 위의 묘사는 일반인 중에서도 자신의 삶을 가장 평화롭고 조화롭게 이끌어가고 있는 사람이 아니라면 볼 수 없는 순수한 사람의 모습이다. 하지만 이러한 지극히 평범한 일반인의 외관을 한 '믿음의 기사'는 그럼에도 이러한 삶을 눈에 보이지 않는 내적인 삶의 심오함과 고뇌를 통해서 획득하였다. 아래 진술에는 이러한 믿음의 기사에 대한 모든 비밀이 담겨져 있다.

그렇지만 그는 그가 사는 순간순간에 있어서 요긴한 시간을 가장 고귀한 값을 치르고 사들이고 있다. 왜냐하면 그는 어떤 하찮은 일이라도 부조리한 것의 힘을 빌려서만 수행하고 있기 때문이다. 그

리고 게다가 이 사람은 무한성의 운동을 이미 완수하였고, 또 순간 순간에 그것을 수행하고 있는 것이다. 그는 이 세상의 깊은 비애를 깡그리 들이마시고도 그것을 다시 무한한 체념 속에 토해내고 있 다. 그는 무한성의 축복을 알고 있다. 그는 모든 것을, 즉 이 세상에 서 가질 수 있는 가장 사랑하는 것까지도 단념한 고통을 맛보아 왔 다. … 그는 이 유한성보다 확실한 것은 없다고 믿고 있는 것처럼 보일 정도로 확신을 가지고 이 유한성을 즐기고 있는 것이다. _공포 와 전율, 79~80쪽

믿음의 기사가 아주 하찮은 일상의 삶까지도 부조리한 것의 힘 을 빌려서 수행한다는 것은 무엇을 의미하는가? 그것은 그의 삶 은 통상 '신의 섭리'라고 부르는 절대자의 '사랑의 역사逆事'로 이 루어지고 있음을 말한다. 그런데 이러한 삶이 어떻게 가능한가? 그것은 그가 '무한성의 운동'을 이미 완성하였기 때문이다. 이 무 한성의 운동이란 그가 가장 사랑한 것까지도 단념한 무한한 체 념을 통해서 이루어진 시간성과 무한성의 통일을 말하는 것이 다. 믿음의 기사가 일체의 것을 체념한 이유는 오직 한 가지다. 그것은 절대자와의 일대일의 완전한 관계성을 성립시키기 위해 서였다. 바로 이러한 과정을 거쳐서 이 믿음의 기사는 모든 것 안

에서 현존하는 절대자의 현존을 발견하고 모든 것을 신의 섭리라는 차원에서 이해하고 수용한다. 심미적 실존에서조차도 절대적인 기쁨을 맛본다는 것은 바로 이러한 무한성의 운동을 통해서만 가능한 일이다. 이러한 믿음의 기사에게서는 진정 '일체의 권태'가 극복되었다고 말할 수 있다. 그에게는 영원성이 매 순간 시간성 안에서 통합되어 현존하고 있기 때문이다.

권태에 대한 이러한 키르케고르의 사유에는 '권태'가 모든 인간적 사건의 동인처럼 등장하고 있다. 그는 모든 역사적 사건의 시작이 권태에서 비롯되었음을 강조하기 위해서 신의 세계창조나 이브의 창조도 권태 때문이라고 말하고 있다.

> 신들은 권태로워져서 인간을 창조하였다. 아담은 홀로 있었기 때문에 권태로워졌다. 그래서 이브가 창조된 것이다. 이렇게 해서 권태는 세상에 들어왔고, 인구의 증가에 정비례해서 권태도 늘어만 갔다. _관점, 471쪽

사실 신이 세상을 창조한 것이 '권태롭기 때문'이라는 표현은 전혀 그리스도교적 사유에 적합하지 않은 것이겠지만, 그럼에도 이러한 표현은 존재의 법칙을 설명하는 데 매우 유용한 측면이

있다. 그것은 정-반-합이라는 변증법적 원리에 의한 '존재의 확장'이다. 즉, 권태를 무엇이 존재하기 위한 '형이상학적인 조건'처럼 고려하고 있는 것이다. 모든 것이 완전하게 충족되고 모든 것이 충만한 사람에게 무엇을 새롭게 기획할 수 있는 단 한 가지 조건이 있다면 그것은 오직 '그가 권태롭다'는 사실뿐이다. 따라서 권태롭다는 것은 무언가 새로운 것이 존재하기 위한 필요조건이 된다. 인구가 늘어날수록 권태도 늘어간다는 것은 모든 인간에게서 그들의 존재하는 첫 조건 혹은 일반적인 조건이 곧 권태로움을 지니는 것임을 의미한다.

이러한 키르케고르의 사유는 중세철학자들의 사유와 일맥상통하는 점이 있다. 가령 토마스 아퀴나스에게 존재는 그 자체 선이고, 충만하며, 완성이다. 하지만 그 자체 존재인 것이 아닌 모든 '존재자(피조물)'는 존재 자체로부터 분리되어 나온 것이라는 이유로 존재 자체는 아니다. 왜냐하면 "창조란, 보편 존재Ente universali로부터 모든 다른 존재가 흘러나오는 것을 의미하며"신학대전, I, q.45, 그렇기 때문에 "세계란 존재를 지니고 있음habens esse이지 존재 자체suum esse는 아니기 때문이다"신학대전, I, q.3. 마찬가지로 인간 역시도 어느 정도 존재를 지니고 있는 것이지 존재 자체는 아니다. 존재로서 무언가 존재가 망각되어 있다는 것, 그리하여 존재를 갈망한다는 것, 이것이 선을 추구할 수밖에 없는 인간의 운명이라는 것이 중세철학자들의 사유이다. 바로 이 '존재의 부족', 이것이 곧 모든 인간이면 예외 없이 가지고 있는 '실존의 권태'인 것이다. '존재가 부족'하기에 부족한 만큼 '비어 있음', 즉 '공허'이고, 그렇기 때문에 키르케고르는 "현실에 널리 스며 있는 무無"라는 표현을 사용하고 있는 것이다. 따라서 이러한 실존의 권태는 일반인이 느끼는 '무료함'으로서의 권태가 아니라, 인간으로서의 근원적인 조건이다. 만일 누군가가 이러한 인간존재의 근원적인 조건으로서의 권태가 어디에서 기인하였는가 하는 물음을 던진다면 철학적으로 답을 줄 수는 없을 것이다. 왜냐하면 모든 근원적인 것은 경험적으로 파악될 수 없는 것이기 때문이다. 파스칼 역시 인간이 가지는 근원적인 조건으로서의 권태를 '인간의 고유한 본성'처럼 고려하고 있다. "이처럼 인간은 권태의 어떠한 이유도 가지지 않으면서도 권태롭게 될 만큼 그의 성격의 고유한 상태로 인하여 매우 불행한 존재이다"*Pensées*, p.89. 하지만 인간의 근원적인 조건이 권태이며 그래서 매우 불행한 존재라는 진술은 하나의 사태에 대한 부정적인 측면만을 보는 것이다. 왜냐하면 키르케고르에게 권태는 그 자체로 불행의 한 요소이지만 또한 인간으로 하여금 '실존적'이게 하는 하나의 계기이며, 인간으로 하여금 질적인 비약을 가능하게 하며, 궁극적으로 인간으로 하여금 구원을 갈망하도록 하는 것이기 때문이다.

2
권태의 양면성과 실존주의자의 신앙

만일 '실존의 권태'가 인간존재의 근원적인 토대라고 한다면 이러한 실존의 권태가 야기하는 국면은 어떠한 것인가? 그리고 사람들은 왜 이러한 실존의 권태를 알아차리지 못할까? 나아가 인간적으로 살아간다는 것 혹은 진리를 산다는 것과 이러한 실존의 권태는 어떠한 상관관계가 있는 것일까?

키르케고르에게는 이러한 '실존의 권태'를 알아차리지 못하는 것이 곧 대중이 범하는 오류이다. 우선 일반인의 삶이 무의미하고 비-정의롭고 진리와 동떨어져 살고 있다면 그 이유는 그들이 '실존의 권태'에 대해서 자각하지 못하고, 그 결과 이러한 실존의 권태를 전혀 해결하지 못하고 있기 때문이다. 그래서 그는 "권태로움이 모든 악의 근원이다"이것이냐 저것이냐, 470쪽라고 말하고 있다. 이러한 악의 발생에 대해서 그는 다음과 같이 기술한다.

> 권태의 결과를 곰곰이 생각해보라. 인간성은 처음에는 이브 때문에, 다음으로는 바벨탑 때문에 그 존귀성을 잃었다. … 사람들은 국회의 소집을 제안하였다. 참여하는 사람들 자신에게나, 그것을 읽거나 들어야만 하는 사람들에게 이 이상 권태로운 일이 있을까? 사람들은 재정을 절약해서 국가의 재정 상태를 개선해야 한다고 제안하고 있다. 이 이상으로 권태로운 일이 있을까? _이것이냐 저것이냐, 472쪽

위 진술에서 악이라고 하는 것은 '인간의 존엄성'을 훼손하는 모든 행위로 이해된다. 낙원에서의 사건이나 바벨탑의 사건은 인간이 인간으로서의 위치를 망각함으로써 가지게 되는 '비참함'을 보여주는 상징적인 사건들이다. 이 비참함은 결국 인간이 애초에 지녔던 인간다움이나 존엄함을 상실한 것을 의미한다. 이러한 사유는 그리스도교적 철학자들의 사유에서 전형적으로 볼 수 있다. 파스칼 역시 인간이 인간적인 것 이상이 되고자 하는 것에서 오히려 인간이 인간 이하의 것이 된다는 것을 역설하고 있다. "인간은 천사도 아니고 짐승도 아니다. 그리고 불행(재난)은

천사가 되고자 하는 사람을 짐승으로 만든다"*Pensées*, p.151. 이러한 그리스도교의 인간관은 비록 이를 수용하지 못할지라도 충분히 공감할 만한 것이다.

그런데 사람들이 국회를 소집하거나 혹은 국가재정 상태를 격정하는 일 등은 인간의 자기위치를 망각하는 행위와는 근본적으로 다르다. 그럼에도 이러한 것이 매우 권태로운 것이며, 따라서 마치 악처럼 고려하는 것은 무슨 이유에서인가? 이러한 것들이 인간의 현 상황에 대한 자각, 즉 실존의 권태를 느낄 수 없게 하기 때문이다. 다시 말해 실존의 권태를 자각하는 일만이 이러한 권태로부터 벗어나는 일임에도 외적인 일들에 골몰하느라 실존의 권태를 망각하기 때문이다. 그래서 키르케고르는 "남을 권태롭게 만드는 사람들은 시민이고 군중이고, 일반적으로 무한한 인간의 집단이다"이것이냐 저것이냐, 476쪽라고 말하고 있다. 우리는 이러한 사유에서 "우리는 무리(집단)입니다"라고 말한 성경 속 '악마'의 말을 떠올릴 수 있다. 권태를 망각하는 일이 악처럼 고려되는 근본적인 이유는 물론 인간성의 왜곡에 있고 이러한 '인간성의 왜곡'은 인간으로 하여금 더 이상 인간의 근본적인 위치나 절대자를 추구하지 못하도록 하기 때문이다.

근본적으로 그리스도교적 유신론을 그의 세계관으로 지니고 있는 키르케고르에게 이러한 실존의 권태는 종교적인 의미를 함의하고 있다. 이러한 실존의 권태가 종교적 의미에서 문제가 되는 이유는 '실존적 권태'에 대한 회피가 더 이상 '신을 추구하지 않는 상황'과 동일한 것이기 때문이다. 그는 이를 '범신론의 데모니시한(악마적인) 측면'이라고 말하고 있다.

권태는 범신론의 데모니시한 일면이다. 만약 우리가 권태 그 자체에 머문다면 그것은 악의 원리가 된다. 만약 우리가 그것을 폐기하면 우리는 그것을 진실하게 정립하게 된다. _이것이냐 저것이냐, 477쪽

범신론이란 무엇인가? 그것은 '존재하는 모든 것의 총체가 곧 신이요, 신이 곧 모든 것'이라고 생각하는 이론이다. "스피노자의 말을 빌리자면, '하느님이 곧 실체요, 곧 자연이다'"힐쉬베르거, 서양철학사(하), 223쪽. 스피노자식의 이러한 범신론은 존재하는 모든 것이 신 안에 있으며, 또한 신은 모든 것 안에 있으므로 우리를 초월하는 창조주로서의 인격신을 추구하는 것은 무의미하며 무지한 자들의 공허한 몸짓에 지나지 않는다. 따라서 범신론을 자신의 사상으로 지니는 사람이 인간의 구체적인 삶에 개입하는 신적인 존재를 추구하는 일은 결코 있을 수 없다. 바로 이러한

'상태'를 키르케고르는 범신론의 '데모니시한(악마적인) 일면'이라고 말하며 이러한 국면이 인간으로 하여금 신에 대한 무관심을 유발하게 하는 것이기에 악의 원리라고 하는 것이다. '미신'이 나쁜 이유가 있다면 그것은 미신이 진정한 신에 대한 추구를 방해하기 때문일 것이다. 그것이 무엇이든 '우상'이라는 것은 진정한 '신의 존재'를 대신하여 마치 '신'처럼 간주하게 되는 일체의 것이다. 일체의 우상과는 반대로 키르케고르의 신은 그의 생명이자 삶의 의미이기도 하다. 진정으로 신을 추구하고 있는 자신의 삶에서 가장 소중한 의미가 바로 신神적 실존에 대한 추구인 것이다. 풀키에는 『실존주의』에서 이러한 키르케고르의 신에 대한 사유를 다음과 같이 명쾌하게 설명해주고 있다.

> 키르케고르에게 진리는 주관적이다. … 나는 진리가 내 속에서 생명이 될 때 진리를 인식한다는 의미에서만 아니라 … 키르케고르의 신앙은 신념론 중에서도 가장 절대적인 것이다. '하느님은 증명되는 관념이 아니고 사람이 그를 위하여 사는 존재이다. _실존주의, 164-165쪽

따라서 종교적인 차원에서 '권태'란 더 이상 신을 필요로 하지

않으며, 신을 추구하지 않는 상황 그 자체라고 할 수 있다. 다시 말해서 '신'이라는 존재가 더 이상 자신의 현실적인 삶 안에서 아무 의미를 주지 않거나 소중한 무엇이 되지 못하는 상황이라고 할 수 있다. 키르케고르에게 이러한 상황은 가장 심각한 종교적인 죄처럼 고려되고 있다. 그에게 철학적으로 죄라는 것은 '진정한 존재'가 되지 않는 것, 즉 실존적이고자 원하지 않는 것이며, 종교적인 죄란 진정으로 신을 추구하지 않는 것에 있다. 그리고 이 두 가지는 그것이 정상적으로 추구되기만 한다면 일치할 수밖에 없는 것이다. 왜냐하면 항상 진실한 자기 자신에 머물러 있는 자연적인 존재들은 오직 하느님의 나라만을 구하는 것이기 때문이다. "백합과 새는 하느님의 나라를 구하고 다른 어떠한 것도 구하지 않습니다"들의 백합 공중의 새, 128쪽.

하지만 인간은 다르다. 인간은 항상 자기 자신으로 머물러 있을 수 없다. 아니 인간은 본질적으로 자기 자신을 떠나 되어야 할 존재로 되어야만 하는 존재이다. 이것이 권태를 근본지반처럼 가지게 된 이유이며, 질적인 비약을 할 수밖에 없는 이유이다. 그렇기 때문에 되어야 할 존재로 되지 않고 머물러 있는 것, 이것이 곧 철학과 종교에 공통되는 죄의 의미가 되는 것이다. 바로 이러한 이유로 키르케고르는 본질적으로 심미적인 실존에 머물러 있고자 하는 시인들을 그 자체로 일종의 종교적인 죄인처럼 고려하였던 것이다.

실존주의자에게는 어떤 식으로든지 권태가 자각되고 또 극복되어야 한다. 실존주의는 결코 비관주의나 회의주의에 안주할 수도 없고, 또한 '니힐리즘'을 최후의 삶의 진리로 받아들일 수도 없다. 세계에 대한 비관적인 사상들은 키르케고르의 시선에서는 본질적으로 '실존의 권태'를 상징적으로 표현한 것에 지나지 않으며, 반드시 극복되어야만 하는 것이다. 아마도 키르케고르의 시선에서는 '세상의 모든 것에 회의'를 느낀 니체의 니힐리즘은 가장 진지한 '실존의 권태'를 표현하는 사상으로 보일 것이다. 하지만 니체의 문제는 이 실존적 권태의 극복방법에 있다. 그것은 진정한 종교적 실존으로의 도약을 통해 권태를 극복하기보다는 또 다른 '권태'를 유발하는 '초인 사상'을 제시하였다는 데 있다. 왜냐하면 키르케고르에게 이러한 '초인 사상'은 여전히 그 바탕에 '그가 원하는 바의 것이 될 수 없다고 하는 절망'이 깔려 있기 때문이다. 즉, 초인 사상은 키르케고르에게 여전히 심미적인 것과 윤리적인 차원에 머물고 있으며 진정한 종교적인 실존에는 이르지 못하고 있는 것이다.

그렇다면 이러한 실존의 권태는 어떻게 극복될 수 있는가? 그것은 진정으로 '실존적이고자' 하는 의지에 있다. 그리고 이러한 실존적이고자 하는 의지는 점진적으로 실존의 단계를 상승시킨다. 이것이 곧 '실존의 질적인 도약'이다. 심미적 실존에 있는 사람은 '윤리적 실존'으로 도약하고, '윤리적 실존'에 있는 사람은 '종교적 실존'으로 도약하게 되는 것이다. 이러한 점진적인 상승은 곧 '권태의 극복'이라는 형식으로 주어진다. 그리고 종교적인 실존으로 나아간 존재만이 비로소 구원이라는 말이 그 진정한 의미를 가지게 된다. 이러한 실존의 지평은 한 개인의 삶을 전체적으로 규정하고 특징짓는 것이라 매우 중요하다. 바로 이러한 이유로 키르케고르는 결코 종교적 실존으로 끌어 올릴 수 없었던 약혼녀 '레기나 올센'과 파혼할 수밖에 없었고, 그 이유를 설명하기 위해서 『유혹자의 일기』를 저술하였다.

키르케고르는 애인을 종교에까지 이끌어 올릴 힘이 자기에게 있는 것일까 하고 생각하였으나, 자기의 무력無力을 깨닫고 절망하였다. 시름은 때를 만난 듯이 그의 절망을 배가시켜 그를 짓눌렀다. _들의 백합 공중의 새, 109쪽

아마도 평범한 일반인이라면 이러한 결정에 대해서 많은 질문

을 던질 것이다. 종교적 실존에 이른 사람은 반드시 종교적 실존에 이른 사람과 결혼하여야 하는 것인가? 한 인간은 다른 한 인간의 실존을 도약하는 데 전혀 무기력한 것인가? 하나의 실존의 지평에서 다른 하나의 지평으로 도약하는 데 타인이 아무런 도움을 줄 수 없는 것인가? 결국, 이러한 질문들은 실존의 문제는 절대적으로 개별적인 문제인가 아니면 인간관계라는 상호성을 통해서 공동의 문제로 이해할 수는 없는가 하는 질문으로 요약될 수 있다. 물론 키르케고르는 이러한 질문을 야기하지도 않았고, 또 이러한 질문이 주어져도 이에 대해서 답변을 하지는 않았을 것이다. 그의 사유는 근본적으로 그 자신의 삶의 체험으로부터 형성된 것이기 때문에 '일반적인 이론'으로 환원하기를 거부하였을 것이다. 자신이 체험하지 못한 일체의 것에 대해서 '일반적인 이론'으로 형성한다는 것만큼 '무의미한 것'은 없기 때문이다. 즉, 실존주의자에게 '진리'란 곧 '주관성'의 진리를 말하는 것이기 때문이다.

그에게 신앙한다는 것, 그것은 곧 자기에게 다가오는 삶의 문제들을 절대적으로 맞이하고 절대적으로 살아간다는 그것에 있다. 왜냐하면 그것이 무엇이든 '절대적인 차원'에 있는 것은 이미 신적 존재 앞에 단독자로 나선다는 것을 의미하기 때문이다. 만일 '레기네 올센'이라는 한 여성을 만나지 못하였다면, 그래서 한 인간을 절대적으로 사랑하지 못하였다면 그는 '사랑의 영원성'에 대해서도 깨닫지 못하였을 것이며, 단독자로서 절대자 앞에 나서는 일 따위는 결코 꿈꾸지 못하였을 것이다.

아주 작은 현실의 일들에서 절대적인 삶의 의미로 다가갈 수 있다면 바로 거기에서 '절대자'와 마주할 수 있다. 이것이 바로 실존주의가 가진 신앙의 의미이다.

5

실존적인 사건과 심미적 실존

1
존재하기와 실존하기

권태를 극복한다는 것, 이것이 곧 실존하는 것이며, 이는 또한 자기 자신이 되는 것이며, 나아가 신에게로 나아가는 것을 의미한다. 따라서 '권태의 극복', '실존하기', '자신이 됨', '신에게로 나아감', 이 네 가지는 동일한 의미를 함의하며, 어떤 의미에서 동의어라고 할 수 있다. 이 네 개념의 의미와 그 국면을 잘 이해한다면 우리는 키르케고르가 분석하는 세 가지 실존(심미적, 윤리적, 종교적)의 국면과 이들 사이의 상호관계를 역시 잘 이해할 수 있을 것이다.

우선 우리는 실존하기, 즉 '실존적으로 되어짐'에 대해서 이해하기 위해서 '존재하기'와 '실존하기'라는 것에 대한 개념적인 구분을 시도할 필요가 있다. 전통적으로 '존재하다être'의 한 의미는 자기 자신에게 동일하게 거주한다는 것을 말한다. 내가 누구인 것에 적합하게 남아 있을 때, 나는 존재하는 것이다. 가령 데카르트가 '나는 사유한다. 고로 나는 존재한다'고 하였을 때, 이는 인간은 '사유하는 존재'이며, 사유할 때 비로소 '존재한다'는 것을 의미한다. 마찬가지로 시인은 '시를 쓰면서' 자기답게 존재한다. 시인이 시 쓰는 것을 포기하고 노동을 하고 있다면 비록 그가 시인이라는 직함을 가지고 있더라도 그는 '존재하지는' 않는 것이다. 즉, 시인으로서의 그는 '부재'한다. 만일 한 시인이 상황이 어려워 비록 노동하고 있지만 틈틈이 시를 구상하고 여전히 시인으로서의 삶을 유지하고 있다면 그는 '어느 정도' 존재하는 것이 된다. 따라서 이러한 의미에서 존재하는 것은 '자기 자신'이라는 자기의 동일성에 충만하게 살아가는 것을 말한다. 한 화가가 비록 경제적으로 어려움을 겪고 있지만 이에 굴하지 않고 전업 작가로 나선다는 것은 곧 '존재하고자' 열망하는 것이다. 그에게는 '그림 그리는 것' 이것이 곧 '존재하는 것'을 의미하기 때문이다. 따라서 존재하는 것은 곧 자신에게 의미 있고 가치 있는 삶을 가지고자 하는 것이다.

하지만 어떠한 인간도 전적으로 자기 자신에 동일하게 남아 있을 수는 없다. 즉, 누구도 '자기 동일성'에 완벽하게 의미 있고 소중한 삶을 영위하지는 못한다. 모든 인간은 어느 정도 존재하고 어느 정도 존재하지 않을 수밖에 없다는 것이 인간의 조건이기 때문이다. 이러한 관점에서 항상 자기 자신의 동일성에 충만하게 남아 있는 존재, 즉 항상 존재로서 남아 있는 것은 '신'뿐이다.

인간은 '되어지고' '변화하고' '진보하는' 그러한 존재이기 때문이다. '실존하다'는 것이 바로 이러한 것이다. 실존한다는 것은 '변화하고' '변모하고' '추구하고' '갈망하는' 것 등을 의미한다. 무엇을 갈망하는 한, 인간은 충만하지 못하고 무엇인가 '부족함'을 느끼고 있다는 말이다. 즉, 모든 인간은 무엇인가 갈망하고 있다는 의미에서 '존재'의 부족을 느끼며, 존재하고자 원한다. 다른 말로는 어느 한곳에 안주하지 못하고 추구하고 갈망한다는 것은 곧 '의미'를 추구하는 것이다. 무엇인가 자기 자신을 충만하게 할 것을 바라는 것이다. 따라서 실존하기의 궁극적인 목적은 곧 '존재하고자' 하는 것이며, 그런 한 '자기 자신'을 추구하는 것이 된다.

인간은 실존하지만, 신은 실존하지 않는다. 신은 존재 자체이기 때문이다. 인간은 그의 존재를 추구하고 있다는 의미에서, '비–존재' 혹은 '어느 정도 존재'이며, 존재를 향해 '되어지는' 혹은 '나아가는' 존재이다. 인간은 어느 정도 자기이지만 '절대적인 자기'를 향해 변모한다. 한 개별자는 자기 자신에 대한 의식을 가지면서 최소한 조금은 더 자기 자신이 된다. 하지만 이러한 자기 '자신이 되기'는 절대자와 대면하지 않고서는 완성에 이르지 못한다.

키르케고르에게 '개별자'가 '인류'와 구분되는 것은 바로 이 '자기 자신' 때문이다. 그는 "동물의 종족은 비록 수천 세대를 통하여 지속된다고 할지라도 결코 하나의 개체를 등장시키지 못한다"불안의 개념, 62쪽라고 말하는데, 이는 개별자가 된다는 것은 인간성의 고유한 특성이자 의무라고 하는 것과 같다. 그는 인류의 상징적인 존재인 '아담'에 대해 말하면서 아담이 곧 인류라고 말한다. "아담은 그 자신인 동시에 인류다. 그러므로 아담을 해명하는 일은 동시에 인류를 해명하는 일이고, 또 거꾸로 인류의 해명은 곧 아담의 해명이다"불안의 개념, 52쪽. 하지만 아담은 인류로 남아 있지 않았다. 그는 곧 자기 자신, 즉 개별자가 되고자 하였다. 인류라는 '보편성으로서의 자기'에 머물지 않고 '개별자로서의 자기 자신'이 되고자 하는 것, 이것이 키르케고르가 해명하는 최초의 죄, 즉 원죄에 대한 철학적인 해명이다. 이 최초의 죄는 따라서 이중적이다. 순수한 자기로부터 멀어진다는 차원에서 '최초의 죄'가 되겠지만, 또한 '개별자로서의 자기'를 추구한다는 의미에서 최초의 실존적인 사건이다. 즉, 인간이 본질적으로 죄를 안고 있다는 것은 인간은 본질적으로 '자기 자신'이 되고자 한다는 그것에 있다. 따라서 이러한 죄성을 전혀 갖지 않은 인간이 있다면 그것은 원죄를 짓기 이전의 아담뿐이다. "아담만이 죄성에 물들어 있지 않은 유일한 인간이다. 왜냐하면 죄성은 아담에 의하여 생겨난 것이기 때문이다"불안의 개념, 45쪽. 따라서 모든 인간은 순결한 '인류'라는 '인간성으로서의 자기 동일성'을 지니고 있지만, 또한 아담이 했던 것처럼 동일한 행위를 되풀이하지 않으면 안 된다. 그것은 곧 '무'에서부터 출발하여 '자기 자신'을 찾고자 하는 여행을 떠나지 않으면 안 되는 것이다. 인생이란 '자기 자신'을 찾아 떠나는 여행이라는 것, 이것이 키르케고르가 통찰한 인간성의 근원적 조건이다. 이러한 조건 하에서 인간이 지니고 있는 '죄의 본성'이라는 것은 "인류의 진전을 형성하고 있는 죄성罪性"불안의 개념, 45쪽이며, 죄로 하여금 인류는 질적인 비약을 시작한 것이다. 이러한 의미에서 '복된 죄여!'라고 말한 아우구스티누스의 말이 키르케고르에게 역시 진실이 되는 것이다.

　모든 인류와 구별되는 고유한 '자기 자신'을 찾아서 떠나야 한다는 것, 바로 이것이 인간이 '실존' 안에 위치하고 있다는 것이며, 이러한 보다 큰 존재를 향하여 나아갈 수 있다는 것이 곧 '정신'으로서의 인간의 특성이다. 아무리 보잘것없는 인간일지라도 정신을 가진 존재인 한 모든 인간은 실존적이다. 인간이 권태로울 수 있다는 것은 곧 정신으로 변화될 수 있다는 것을 의미한다. 그리고 이렇게 조건 지워진 존재라는 한에서 인간은 다른 모든 생명보다 위대한 것이다. 권태로움의 최고 단계라고 할 수 있는 '절망'에 대해서 말하면서 키르케고르는 기독교인이 뛰어난 점을

'절망에 주의할 수 있기 때문'이라고 말한다.

이 병에 걸릴 수 있다는 것이 인간이 동물보다 우수하다는 장점이다. 이 병에 주의하고 있다는 것이 기독교인들이 자연 그대로의 인간보다 뛰어나다는 장점이다. 이 병에서 치유될 수 있다는 것이 기독교인들에게는 지극한 축복이다. _죽음에 이르는 병, 25쪽

진정한 그리스도인이 자연인과 다른 점은 최고의 권태를 극복할 수 있다는 데에 있다. 사실 이 최고의 권태를 극복할 때에만 심미적 실존에서도 윤리적 실존에서도 온전하게 실존적일 수 있다. 이렇게 해서 인간은 실존을 통하여 존재에 혹은 존재 자체, 즉 절대자에 도달하고자 원하는 것이다. 따라서 '실존한다'는 말은 '존재하기 위한 것'이라고 할 수 있으며, 시적으로 표현하면 '실존하고자' 하는 것은 곧 '잘 존재하고자' 하는 것이다. 잘 존재한다는 것은 잘 사는 것과 다르다. 통속적으로 말해 잘 살고자 하는 것은 '외적인 것'과 관계하고 잘 존재하고자 하는 것은 '내적인 것'과 관계된다. 외적으로 더 잘 살기 위해서 사람들은 온갖 것을 추구한다. 하지만 이러한 온갖 것은 곧 '권태롭기 때문'이며, 화려한 외적인 삶은 권태를 해결하는 데 전혀 도움이 되지 않는다.

사람들은 시골에서 사는 것이 권태로워지면 도시로 이사를 가고, 조국에서의 생활에 싫증을 느끼면 외국으로 여행을 가고, 유럽이 지겨워지면 미국으로 간다. 그런 식으로 계속하다가 사람들은 끝내는 감상적인 희망에 사로잡혀 별에서 별로 가는 무한한 여행길을 떠난다. 운동이 다르기는 하지만 역시 바깥을 지향하는 점에는 변함이 없다. _이것이냐 저것이냐, 480쪽

은이 아무리 많아도 금이 될 수 없듯이, 양적인 것은 아무리 많아도 질적인 차이를 가져다주지 못한다. 마을길을 산책하는 것이나 별과 별 사이를 여행하는 것이나 양적으로만 다를 뿐, 외적인 운동이라는 차원에서 질적으로는 동일하다. 마을 산책길에서 진정한 기쁨을 발견하지 못하는 사람은 별과 별 사이를 여행하면서도 진정한 기쁨을 느낄 수 없다. 진정한 기쁨은 내면적인 어떤 것이기 때문이다. 질적인 도약이 없다면, 즉 내면적이 될 수가 없다면, 사람들은 이 우주의 모든 것을 소유한다고 해도 진정으로 권태를 해결할 수가 없을 것이다.

내면적으로 되는 것, 이는 곧 실존적이 되고자 하는 것이며, 나아가 잘 존재하고자 하는 것이다. 따라서 잘 존재하고자 하는 것은 하나의 실존 단계에서 보다 상위적인 실존 단계로 나아가게

하겠지만, 그렇다고 해서 실존의 상승이 곧 잘 존재하는 것을 의미하지는 않는다. 즉, 윤리적 실존의 단계에 거주하는 사람이라고 해서 반드시 심미적인 실존의 단계에 거주하는 사람보다 '더 잘 존재하는 것'은 아니다. 어느 단계의 실존에 머물든지 중요한 것은 진정으로 실존하고자 하는 것이다. '잘 존재한다는 것'은 형식의 문제, 질적인 문제, 내면성의 문제 나아가 실존적인 분위기의 문제이지, 범주의 문제가 아니기 때문이다. 만일 이 점을 제대로 이해하지 못한다면 우리는 결코 키르케고르가 말하는 실존의 모든 단계의 핵심이나 그 국면을 제대로 이해하지 못할 것이다.

2
심미적 실존과 순수한 기쁨

'심미적 실존'은 무엇인가? '심미적'이라는 것은 '감각적인 것'과 관계한다. 특히 감각적 혹은 감성적 차원에서 '미적인 것', 즉 '아름다운 것'을 추구하는 것과 관계되는 것을 '심미적인 것'이라고 한다. 하지만 근원적으로 '실존'이라는 이름을 가진다는 것은 어떤 특수한 범주 속에 제한될 수 없는 것이다. 그렇기 때문에 심미적 실존의 단계에 머물러 있는 사람이라고 해서 '윤리적', '종교적' 관심이 완전히 배제되어 있는 것은 아니다. 다만 이들에게는 삶의 중요한 중심원리가 심미적 실존이며, 이를 중심으로 모든 것이 질서 지워진다. 따라서 심미적 실존의 단계에 있는 사람에게 윤리적 관심이나 종교적 관심은 다분히 '심미적 성향'을 띠게 된다.

모든 실존의 범주에서와 마찬가지로 심미적 실존의 단계에서도 '실존적이고자 하는 것'은 중요하다. 실존을 가진다는 말은 곧 권태를 자각하고 권태를 극복하고자 하는 것을 말하기 때문이다. 심미적 실존에서 이러한 '실존적인 태도'가 지향하고 산출하는 것은 '기쁨'이다. 심미적 실존의 단계에서 기쁨이란 권태를 극복한 사람들의 유일한 특성이며, 권태의 극복이 곧 기쁨으로 나타나기 때문이다. 그렇기 때문에 키르케고르에게 '기쁨' 혹은 '즐거움'은 최초의 실존적인 사건을 의미한다. 왜냐하면 인간은 기쁨을 통해서 심미적 차원에서의 삶의 의미를 맛보기 때문이다.

인간에게 미학적 자질은 이러한 의미에서 매우 중요하다. 그는 "여자 가정교사를 고를 때는 그녀의 근엄하고 충실하고 유능한 점만을 볼 것이 아니라, 어린애들을 즐겁게 해줄 수 있는 미학적인 소질의 유무도 고려해야 한다"이것이냐 저것이냐, 470쪽라고 말하는데, 이는 실존적인 사건의 첫 출발점이 곧 '기쁨'을 가지는 것이라고 말하는 것과 같다. 그래서 그는 기쁨을 가지는 것을 '의무'라고 말하기까지 한다. "우리는 우리 자신을 즐기지 않고서는 권태를 폐기할 수 없다. 그러므로 우리 자신을 즐긴다는 것은 우리의 의무다"이것이냐 저것이냐, 470쪽.

그런데 여기서 우리는 타인에게 '기쁨' 혹은 '즐거움'을 주기 위해서는 왜 미학적인 소질이 필요하며, 여기서 말하는 미학적인 소질이란 무엇일까라고 질문할 수 있다. 심미적 실존에서 중요한 것은 '기쁨'을 가지는 것이지만, 이 기쁨은 우선 자기 자신을 즐기는 것이다. 왜냐하면 기쁨이란 가르칠 수 있는 것이 아니라, 오직 자신이 기뻐하면서만이 타인에게 가르칠 수 있는, 전염되는 것이기 때문이다. 키르케고르는 "기쁨이란 옳는 것이며, 따라서 스스로 기뻐하는 사람보다 더 훌륭하게 기쁨을 가르쳐 줄 사람은 없다"들의 백합 공중의 새, 157쪽라고 말한다. 이는 기쁨을 주는 것이 어떤 기술을 요하는 것이 아니라, 자신의 '실존적인 상황'과 관련된 것임을 말해준다. 이는 타인에게 기쁨을 줄 수 있는 미학적인 소질이 다른 어떤 학문적인 기술과 다른 것임을 말한다. 즉, 여기서 '미학적인 소질'은 '농담'이나 '유머' 혹은 '우화'나 '에피소드'를 통해서 의도적으로 즐거움을 유발하는 그러한 기술이 아니라, 스스로 기뻐하면서 타인을 기쁘게 하는 것을 말한다.

타인에게 기쁨을 주기 위해서는 우선 자신이 기쁨이 되지 않을 수 없다는 것, 바로 여기에 기쁨의 존재론적인 국면이 부각되고 있다. 그는 "자기의 기쁨이 어떤 조건에 달려 있는 사람은 기쁨 자체가 아닙니다"들의 백합 공중의 새, 159쪽라고 말하는데, 이는 내가 기쁨을 가지는 것이 오직 나의 내적인 조건의 변화, 나의 실존적인 양태의 문제라고 하는 것과 같다. 나에게 기쁨이 없다면, 즉 내가 내면적으로 기뻐하지 않는다면 타인을 기쁘게 할 수가 없다는 것은 비단 기쁨에서뿐 아니라 모든 존재론적인 사태에서 동일하다. 그것이 '온유함'이든 '의로움'이든 '우정'이든 '사랑'이든 혹은 '무소유'든 모든 존재론적인 것은 내가 진정으로 가지고 있지 않으면 남에게 줄 수 없기 때문이다. 바로 여기에서 심미적 지평에서도 실존적이 된다는 것이 매우 의미 있게 되며, 사회적 삶에서도 매우 중요한 일이 된다. 무의미하고 메마르고 건조한 일상에서 나의 내면에 환한 기쁨을 가질 수 있는 것, 이것이 곧 심미적인 실존을 가지는 것을 의미한다. 그리고 이러한 심미적 실존은 단순히 주어져 있는 인간의 조건, 즉 일상의 조건이 아니라 하나의 '사건', 즉 일상의 획일적이고 따분한 삶으로부터의 '탈출' 혹은 '초월'을 의미하는 '특별한 사건'처럼 고려되는 것이다.

이미 주어져 있는 인간의 본성이 자연적으로 이러한 기쁨을 가질 수 없는 이유는 인간성이 타락하였기 때문이다. 그리고 이러한 자연인의 모습을 타락으로 고려하는 것은 그리스도교의 사상에서 전형적인 것이다. "계시는 인간이 자기 자신으로서는 결코 알 수 없는 것, 곧 인간성이 얼마나 깊이 타락해 있는가를 가르쳐 줄 필요가 있을 것입니다"들의 백합 공중의 새, 23쪽. 인간의 자연적 조건에 대한 이러한 사유는 파스칼의 사유에서도 분명하게 드러난다. 파스칼은 "만일 인간의 조건이 진정으로 행복한 것이었다면, 인간에게는 자신을 행복하게 하기 위한 유흥을 생각할 필요가 없었을 것이다"Pensées, p.95라고 말한다. 자연적인 조건에서 인간은 진정으로 행복하지 않다는 것은 곧 자연 상태에서는 진정한 기쁨을 가질 수 없음을 말해주고 있다.

사실이 이러하다면 일상의 권태를 해결할 수 있는 이러한 기쁨은 어떠한 것이며, 어떻게 획득할 수 있는 것인지 묻지 않을 수 없다. 즉, 이러한 기쁨을 가질 수 있는 개개인의 실존적인 상황이 어떠한 것인지를 질문해야 한다. 이러한 질문에 답하기 위해서는 키르케고르가 생각하는 '기쁨' 혹은 '즐거움'이 무엇인가에 대해서 보다 깊이 생각해보아야 한다. 우선 그는 기쁨을 마치 있는 그대로의 자연적인 질서에서 발견되는 것으로 고려한다. 그는 이를 『들의 백합 공중의 새』에서 여러 번 되풀이하여 주장한다.

여러분을 즐겁게 해주기 위해 봄이 오는 것, … 여러분이 그들을 싫어하지 않게 하기 위해 새들이 떠나가는 것, … 만일 이러한 것들이 전혀 사람들이 기뻐할 만한 것이 못 된다면, 사람이 기뻐할 수 있는 것은 하나도 없다고 말입니다. _들의 백합 공중의 새, 163쪽

이와 같이 백합과 새는 기쁨의 교사입니다. _들의 백합 공중의 새, 164쪽

만일 여러분이 절대적으로 기뻐할 수 없다면, 그 잘못은 여러분에게 있다는 것입니다. _들의 백합 공중의 새, 169쪽

위의 말들은 마치 '자연주의'를 연상케 하지만, 이러한 진술은 명백하게 자연주의를 넘어서고 있다. 여기서 우선적으로 '백합과 새'로 상징되는 자연이 왜 인간에게 기쁨을 주는 것인지를 묻지 않을 수 없다. 다시 말해 왜 키르케고르는 인간적인 감정이 전혀 없는 자연에 인간의 고유한 특성인 '기쁨'을 부여하는 것일까?
있는 그대로의 자연적 대상들이 미학적으로 혹은 존재론적으로 '중립적인 것'이 아니라, '아름다운 것'이며 또한 '선한 것'이라

고 보는 시각은 유신론적 사유의 특징이다. 신이 창조한 것은 그 자체 좋고 아름다운 것일 수밖에 없는데 그것은 세계의 창조가 신의 사랑의 결과이기 때문이다.

그런데 왜 어떤 사람들은 자연을 보고도 아무런 감흥이 없는 것일까? 왜냐하면 인간은 원래의 창조적 질서에서 이탈하였기 때문이다. 순수한 '인류'라는 유적인 본질을 떠나 인간은 '자기 자신'이 되고자 하였기 때문이다. 이러한 개별자로의 여정은 인생에서 필연적으로 고뇌를 동반하게 된다. 키르케고르에게 이러한 고뇌의 첫 번째 증상은 '근심'으로 나타난다.

자연적인 질서 속에 있는 모든 것은 '안정된 것'이라는 의미를 지닌다. 하지만 근심은 사람을 불안하게 한다. 사실상 창조된 모든 것 중 자연적인 질서를 벗어나 있는 것은 인간뿐이지만, 그럼에도 인간은 초-자연적인 존재가 아니다. 인간은 '자연적이면서 동시에 탈자연적인 존재', 즉 이중적인 존재이며 그런 한 불안한 존재이다. 불안하다는 것은 안정되어 있지 않다는 것이며, 이러한 불안정은 '자기 자신이 정립되어 있지 않음'을 의미하는 일종의 '자아의 부재' 혹은 '자기동일성의 부재'처럼 나타난다. 자기 자신을 찾아 '낙원'을 떠나왔지만 여전히 자신을 발견하지 못한 자의 불안이다. 이와 관련하여 그는 현대인의 불행의 원인을,

불안을 진정으로 해소하는 것이 아니라 불안을 잊어버리기 위해 자기 자신의 바깥으로 향하기 때문이라고 진단한다.

불행한 사람이란 이상과 자신의 삶의 내용과 자신의 의식의 충실과, 자신의 존재의 본질을 어떤 방식으로든지 자기 자신 바깥에 갖고 있는 사람을 말한다. 그는 항상 자기 자신에 대하여 부재不在고, 결코 현존하지 않는다. _이것이냐 저것이냐, 369-370쪽

'인간성의 타락'은 바로 이러한 '자기의 부재' 그 자체로 드러난다. 즉, 되어야 할 존재로부터의 '배제' 혹은 '소외'되어 있는 상황 그 자체가 곧 '추락된 상황'을 의미한다. 하지만 엄밀히 말하면 이러한 '소외'의 상황은 그 자체로 '타락'이나 '추락'이라고 할 수 없다. 왜냐하면 어떤 의미에서 아직 목적지에 도달하지 못한 상황은 모든 인간에게 동일한 상황이며, 올바른 여정의 길에 놓여 있다면 이는 '타락'이나 '추락'이라고 말할 수 없기 때문이다. 즉, 진정한 타락은 여정의 중도에 있는 것이 아니라, 여정의 길에서 이탈하였음을 말하는 것이다. 현대인이 마치 타락한 인간처럼 나타나는 것은 현대인이 자기 자신을 가지지 못한 것에 있는 것이 아니라, 진정한 자기 자신으로의 길에서 비켜나 있다는 것을 의

미한다.

그렇다면 '자기 자신이 된다'는 것은 무엇을 말하며 어떻게 가능한 것일까? 그것은 곧 신과 인간의 관계성 정립에 있다. 왜냐하면 이미 말한 바 있듯이 "인간으로 존재한다는 것은 신성(신성)과 연결되어 있다는 뜻"이것이냐 저것이냐, 176쪽이기 때문이다. 이러한 신과 인간의 진정한 관계의 정립이 바로 진정한 '종교적 실존'을 가지는 것을 의미하며, 마찬가지로 '진정한 그리스도인'이 된다는 것을 의미한다. 그리고 진정한 그리스도인이 된다는 것은 곧 윤리·도덕적으로 올바른 인간이 된다는 것을 뜻한다. "인간의 정신력 안에는 이기적인 것이 도사리고 있어서, 참으로 하느님=관계가 획득될 때에만 비로소 말소가 된다"사랑의 역사(하), 239쪽.

다시 심미적 실존의 문제로 돌아와 보자. 심미적 실존에서 실존적으로 된다는 것은 무엇을 의미하는가? 자전거를 타면서 자전거를 배우고, 수영을 하면서 수영을 배우듯 실존적으로 되는 것은 '실존하면서'이다. 그런데 '실존하다'는 말은 무엇을 의미하는가?

다양한 방식으로 설명될 수 있겠지만 크게 두 가지 의미로 해석할 수가 있다. 첫째는 실제로 삶을 산다는 의미이며, 둘째는 내면적으로 된다는 의미이다. 우선 '실제로 삶을 산다'는 것은 무엇을 말하는가? '실제로'는 여기서 '추상적abstract' 혹은 '관념적ideal'인 것과 대립하는 말이다. "자신의 삶을 실존적으로 살지 않고 사변 속에서 삶을 영위하는 환상적인 사변에서 떠나라"관점, 121쪽라고 말할 때, 이는 머릿속에 알고 있는 진리를 실제적인 삶에서 실현하라는 의미일 것이다. 따라서 여기서 '실제적practical'은 '구체적concrete'이라는 말과 동일한 의미를 지닌다. 지성 속에서 어떤 것을 인정하는 것이 아니라, 그것을 나의 실존적인 의미로서 받아들이는 것, 그리하여 현실에서 '실재實在'가 되게 하는 것을 말한다. 이는 자연의 아름다움을 말하는 것이 아니라, 자연의 아름다움에 교감 혹은 일치하는 것을 말하며, 정의를 말하는 것이 아니라, 정의로운 사람이 되는 것을 말한다. 앞서 우리는 인간이란 '자연적이면서 또한 탈-자연적이며, 그리고 신성과 연결된 존재'라고 말한 바 있다. 그렇다면 실제적인 삶을 산다는 의미 안에는 가장 먼저 자연과 세계 속에 주어져 있는 진정한 자기 자신을 자각하는 일이며, 이를 사는 것을 말한다.

그렇다면 자연적인 질서 안에서의 인간의 진정한 모습과 삶이란 어떠해야만 할까? 그것은 곧 근심을 내려놓는 것이다.

여러분의 모든 염려를 하느님께 맡기십시오베드로 I, 5:7. 보십시오.

백합과 새는 절대적으로 그렇게 하고 있습니다. _들의 백합 공중의
새, 166쪽

근심을 내려놓아야만 하는 이유는 근심이 되어야 할 존재로
나아가는 데 방해되기 때문이다. 이 되어야 할 존재란 우선적으
로 인간 역시도 '자연의 부분'이라는 점이다. 비록 자연적인 존재
들을 떠나왔지만 인간은 '초-자연적인 존재'가 아니라, '자연 속
의 자연을 넘어서는 존재'이다. 자연이란 여전히 인간의 가장 근
원적인 지반이기 때문이다. 이러한 의미에서 '절대적으로 근심
을 내려놓는다는 것'은 절대적으로 '현재를 살아야 한다'고 말하
는 것과 같다. 근심이란 미래에 닥쳐올 어떤 불행이나 어려움에
대한 현재의 염려를 말하는 것이기 때문이다. 만일 인간이 미래
에 대한 모든 근심을 내려놓을 수 있다면, 그리하여 절대적으로
현재를 살 수 있다면, 현재의 삶을 기쁘게 맞이할 것이다. 우리는
이러한 절대적인 현재를 사는 존재를 새와 백합에서 발견할 수
있다.

새와 백합은 오직 하루를, 그나마 아주 짧은 하루를 사는 데 지나지
않지만, 그들은 그럼에도 불구하고 기쁨입니다. 왜냐하면, 이미 설

명 드렸듯이, 그들은 올바른 방법으로 존재하기 때문이며, 이 오늘에 있어서 자신에게 현재적으로 존재하기 때문입니다. _들의 백합 공중의 새, 172쪽

새와 백합이 올바른 방법으로 존재한다는 것은 곧 '절대적으로 현재를 사는 것'을 말한다. 순수한 기쁨의 첫 조건은 곧 현재를 사는 것, 그것도 절대적으로 현재를 사는 것에 있다. 이는 사람에게서도 마찬가지다. "모든 염려를 참으로 내던지지 않는다면, 사람은 염려의 대부분을, 또는 얼마를, 또는 약간을 남겨 놓게 되고 기쁘게 될 수가 없다"들의 백합 공중의 새, 167쪽. 그런데 '새와 백합'으로 상징되는 자연적 존재의 존재방식은 어떻게 규정될 수 있을까? 왜 이들이 그 자체로 기쁨을 주는 것일까? 그것은 곧 '심미적 실존' 혹은 '미학적 실존'의 존재방식이며, 심미적 혹은 미학적 실존의 순수한 존재방식이 기쁨을 향유하는 것이라고 할 수 있다.

근심이란 본질적으로 이성적인 어떤 것이다. 내일의 어떤 불행을 생각하는 것은 이성의 역할이지 감각이나 감성의 역할이 아니다. 따라서 근심을 절대적으로 내려놓는 것은 절대적으로 감각적 혹은 감성적 차원에서 자연을 맞이하는 것이다. 이것이 곧 심미적 혹은 미학적 실존의 존재방식이고, 이는 곧 기쁨을 향유

하는 삶이다. 루소가 "생각하는 동물은 이미 타락한 동물이다"고 했을 때, 바로 이러한 진실을 자각한 것은 아닐까? 즉, 인간은 사유하는 '이성적 존재'이기 이전에 먼저 자연과 일치하고 있는 '심미적 존재'라는 사실을 망각하고 이성의 사유로서 자신의 삶을 마음대로 규정할 때 본래의 자기로부터 멀어지게 된다는 ….

우리는 여기서 '심미적 실존의 범주에 머문다'와 '심미적 범주에서 실존적으로 산다'는 다른 것임을 알 수 있다. 즉, 심미적인 차원에서도 '실존적으로 산다는 것'은 진지하게 삶의 의미로서 산다는 것이다. '밥을 먹을 때는 밥이 되라'는 불교의 격언처럼 심미적인 차원에서는 이성이 진리를 발견하는 것과 동등한 무게와 동등한 진지함으로 나의 전 존재의 의미가 심미적인 것에 집중하는 것을 말한다. 그래서 키르케고르는 "백합과 새는 하느님의 나라를 구하고 다른 어떠한 것도 구하지 않습니다"들의 백합 공중의 새, 172쪽라고 말한다. '백합과 새'가 하느님의 나라를 구하고 있다는 것은 무엇을 의미하는 것일까? 그것은 절대적으로 되어야 할 자신이 되는 것을 말한다. 자연적인 존재는 절대적으로 자연적이다. 자연 안에서는 '자연스럽지 않은 것'이 하나도 없다. 자연 속 존재가 자연적인 질서에 완전하게 순종한다는 것, 이것은 곧 신의 섭리에 완전히 일치하는 것을 말하며, 그러기에 이들은 신의 나라를 추구하고 있는 것이다. 마찬가지로 인간에게도 자연적인 질서에 완전히 일치하는 부분이 있다. 흔히 동양철학에서 인간이 '자연의 일부'라고 하는 것은 서구적 관점에서 보면 범주를 혼동하는 오류이다. 인간의 실존은 자연과 완전히 일치하는 부분이 있지만 자연의 일부는 아니다. 오히려 인간의 일부가 자연이다. 즉, 인간에게는 자연과 완전히 일치하는 부분이 있지만 또한 인간의 실존은 자연을 무한이 넘어서고 있다.

사실 스콜라철학의 관점에서 보면 존재하는 모든 것에는 이미 '자연적인 것'을 무한히 넘어서는 무엇이 있다. 하지만 이를 감지하고 파악하는 것은 오직 인간의 지성에 의해서이다. 에티엔 질송은 이러한 스콜라철학의 '존재 개념'을 다음과 같이 설명하고 있다.

> 그들(스콜라 철학자들)에게 *existere*(실존하다)는 고유하게 *ex alio sistere*(다른 것을 통해서 있는)를 의미하였다. *existantia*(본질)가 *essentiam cum ordine originis*(근원의 질서에 따른 본질)를 상기하는 것과 마찬가지로 *existere*는 그들의 언어 안에서 우선적으로 한 주체가 그의 기원의 덕분에 그것을 통해서 '존재'에 진입하는 행위acte 를 의미한다. _*L'Être et L'Essence*, p.16

중세인은 존재하는 모든 것은 스스로 존재하지 않는다고 생각하였다. 그 이유는 어떤 한 본질essentia(무엇인 것)도 자신의 존재를 산출하는 능력이 없기 때문이다. 질송은 여기서 '실존'을 근원의 질서에 따른 본질, 즉 모든 존재는 근원적으로 다른 것에 의존하여서 존재한다는 본질을 가지며, 다른 것에 의존하여 존재를 가지게 되는 이 행위를 '실존'이라고 한 것이다. 이러한 사유는 실존의 의미를 인간뿐 아니라 존재하는 모든 것에 확대시킨 것이다.

하지만 키르케고르는 실존의 의미를 인간존재에 국한시킨다. 그 이유는 '실존'이라는 것을 단지 다른 존재에 의존하면서 존재를 가지는 행위로 본 것이 아니라, 모든 것을 지지하는 이 근원적인 존재, 즉 신적 존재를 '향해서 나아가는 행위'라고 보고 있기 때문이다. 따라서 자연적인 존재들 역시도 '실존'이라고 할 수 있는가 하는 문제는 '자연의 존재도 인간과 마찬가지로 절대자를 향하여 나아가고 있는가?'에 달려 있다. 하지만 키르케고르의 시선에는 오직 인간만이 '권태'와 '절망'을 가질 수 있었으며, 그런한 인간만이 절대자를 향해 나아가는 존재이다. 가브리엘 마르셀의 경우에는 베르그송H. Bergson의 사유를 분석하면서 세계 안에 현존하는 신의 현존 발견하고 있는데, 이를 역사 속의 '초-역사적인 깊이la profondeur trans-histoire'라고 부르고 있다.

우리는 베르그송을 통하여 이 대상세계에 대한 규정들과 범주들은 시간의 재현에 적용될 뿐 아니라 내가 나의 삶 혹은 나의 역사라고 부르는 것에 적용된다는 것을 보았다. 이를 통하여 역사의 '초-역사적인 깊이'라고 부를 수 있는 것을 인정할 수 있게 되었다. 여기엔 의심의 여지없이 영원l'étemel을 향해 방향을 잡을 수 있는 최상의 함축적인 것이 있다. _존재의 신비 I, 237쪽

가브리엘 마르셀에게 '영원을 향하여 방향을 잡을 수 있는' 존재는 사실 인간이다. 실존주의자들에게 '실존하는 존재'는 인간뿐이다. 따라서 우리는 다음과 같은 결론을 인정하지 않을 수 없다. 실존주의의 관점에서 인간의 존재는 이중적이다. 한편으로 자연적인 질서에 완전히 충실한 지평이 있으며, 이를 통해 자연과 하나가 될 수 있다. 여기서 자연과 마찬가지로 한 인간은 모든 근심에서 해방되어 순수한 기쁨을 가질 수 있다. 다시 말해 절대적으로 기뻐할 수 있다. 물론 이러한 순수한 기쁨의 근원은 자연 안에 자연적 존재들의 존재를 지탱하고 있는 절대자의 현존이다. 하지만 이와 동시에 인간 안에는 자연을 무한히 넘어서는 무엇이 있다. 바로 이것이 '정신적으로 될 수 있는 가능성'이다. 이 잠들어 있는 정신의 가장 탁월한 능력은 자연이 알지 못하는 자

연 속의 '절대자의 현존'을 알 수 있다는 것이다. 어떤 의미에 있어서 '실존적이 된다는 것'은 바로 이러한 자연 속에 존재하는 자연을 무한히 넘어서는 절대자를 발견하는 것에서 시작된다.

이 '자연을 넘어서는 무엇'은 곧 신의 현존 외에 다른 것이 아니다. 이러한 신의 현존은 다만 자연의 존재에게만 현존하는 것이 아니라, 자연을 그 일부로 지니고 있는 인간의 존재에게도 현존하고 있다. 그러기에 그는 "사랑에는 많은 신비가 있다. 속된 사랑도 그리워하는 처음 단계의 기분은 역시 신비인 것이다"유혹자의 일기, 69쪽라고 말하고 있다. 그리워하는 최초의 기분이 왜 신비적인 것인가? 그것은 이 그리움이 지향하는 것이 존재의 근원에 대한 그리움이기 때문이다. 모든 존재의 근원이 곧 신적 현존이기에 이 그리움 역시 ―비록 무의식적이라 할지라도― 그 대상은 곧 모든 존재하는 곳에 내적으로 현존하는 신적 현존인 것이다. "백합과 새는 절대적으로 기뻐하고 있다"들의 백합 공중의 새, 165쪽는 말의 이면에는 바로 이러한 신적 존재의 현존에 대한 통찰이 있다. 기쁨의 존재론적인 국면, 그것은 '그들이 신적 현존과 완전히 일치하고 있다는 것에서 주어지는 존재의 충만감'이다. 그래서 새와 백합에게는 실존의 권태라는 것이 있을 수 없다. 그들은 완벽하게 그들의 본질에 적합하게 실존하고 있기 때문이다. 그 누구라도 신적 현존과 완전히 하나 됨을 체험하는 자는 기뻐하지 않을 수 없을 것이다. 왜냐하면 여기서는 모든 근심이 소멸하기 때문이며, 존재의 충만을 체험하지 않을 수 없기 때문이다. 이러한 이유로 심미적인 실존의 단계에서 역시도 진정 '실존적이 된다는 것'은 절대적으로 중요한 것이다.

그런데 어떤 의미에 있어서 '새와 백합'이라는 상징적인 존재를 통해서 자연을 심미적인 실존으로 발견한다는 것은 곧 인간의 실존에 대한 발견이다. 왜냐하면 백합이나 새가 기뻐한다는 것은 어디까지나 감정이입 내지는 은유적인 표현이지 사실 자체로 볼 수는 없기 때문이다. 즉, 자연적인 질서에 완전히 충만하면서 신적 현존과 일체가 되는 것이 '절대적인 기쁨'으로 나타나는 것은 곧 이러한 상황 속에 있는 한 개인의 실존적 분위기를 투사한 결과라고 말할 수 있다.

우리는 여기서 진정한 예술이 지니는 '특정 종류의 영원성'의 개념을 떠올릴 수 있다. 이 특정 종류의 영원성은 원래적 의미의 영원성은 아니겠지만 그럼에도 절대자와 대면하고 있는 예술가의 심미적 실존의 무엇이라고 말할 수 있다. 이는 자연을 매개로 하여 예술가의 실존이 발견한 신적 존재에 대한 체험의 결과이다. 이는 이성적 개념을 통해 규명하기가 불가능한 무엇이며, 그럼에도 부정할 수 없는 하나의 '실재實在'이다. 우리는 이를 미학적 실재라고 부를 수 있다. 그리고 이러한 미학적 실재를 통찰하고 이를 표현할 수 있는 예술가의 실존을 또한 미학적 실존實存이라고 부를 수 있다. 따라서 미학적 실존이란 진정으로 실존하고자 하는 심미적 실존의 최상의 양태이다.

하지만 이러한 '미학적 실존'이 인간의 '실존의 권태'를 온전하게 해결할 수 있는 것은 아니다. 왜냐하면 자연에 대한 '실존적 투사existential reflect'는 자연을 순수하고 절대적인 기쁨으로만 포착하는 것이 아니라, '근심' 역시도 포착하기 때문이다. 그 이유는 이를 포착하는 인간의 근원적인 실존적 상황이 근심이기 때문이다. 그래서 키르케고르는 마치 자연에도 근심이 있다는 모순된 것 같은 진술을 하는 것이다.

하지만 그럼에도 불구하고 백합과 새에게도 근심이 있습니다. 그것은 전 자연에게 근심이 있는 것과 꼭 마찬가지입니다. 모든 피조물은 그들이 본의 아니게 굴복하고 있는 허무에 탄식하고 있는 것이 아닙니까? 만물은 허무에 굴복하고 있습니다로마, 8:20. _들의 백합 공중의 새, 164쪽.

'자연이 탄식하고 있다'는 이러한 표현은 일체의 것이 결국 소멸하며, 이 지상에서 영원한 것은 어디에도 없다는 것에 대한 인간의 통찰을 의미하며, 이러한 진리를 자각하고 있는 인간실존의 자연에 대한 '실존적인 투사existential reflect'의 결과이다. 따라서 이러한 '실존적인 투사'는 자연의 실존과 인간의 실존이 본질적으로 다르다는 것을 동시에 말해준다. 왜냐하면 모든 것이 결국 소멸한다는 이러한 진리는 오직 사유를 통해서만 깨달을 수 있기 때문이다. 때문에 사실상 인간은 결코 —최소한 현실의 삶에서는— '백합과 새'처럼 그렇게 절대적으로 기뻐할 수는 없을 것이다. 그래서 그는 "자연이 기쁘게 될 수 있는 조건들도 우리 인간에게는 많은 시름과 염려를 가져다준다"들의 백합 공중의 새, 159쪽라고 말한다. 이러한 말은 한두 가지 예를 통해서도 충분히 이해할 수 있다. 가령 폭풍우가 몰려오는 여름이나 폭설이 내리는 겨울, 자연은 이 폭풍우나 폭설을 염려하지는 않겠지만, 인간은 이를 염려한다. 아마도 하이데거라면 '자연은 결코 죽음을 근심하지 않겠지만, 인간은 죽음을 근심하는 존재'라고 말할 것이다. 이러한 의미에서 인간은 결코 자연과 같이 그렇게 절대적으로 기뻐할 수 있는 조건 속에 있는 것은 아니다. 바로 여기에 인간만의 독특한 '심미적 실존'의 의미가 숨어 있다.

'심미적 실존'은 그가 실존적이라는 한에서 자연적인 존재와의 교감을 통해서 —비록 지속적이거나 영원하지는 않겠지만— '절대적인 기쁨'을 맛보는 것이다. 그리고 이러한 미학적 실존은 자연이 가진 의미를 최상으로 발견하게 해준다. 미학적 실존을 지니는 사람이 자연에서 발견하는 것은 지질학자나 생물학자가 발견하는 것보다 무한히 크고 심오한 것이다. 왜냐하면 이들은 물질이나 신경의 다발보다 더욱 심오하고 깊은 절대자의 현존을 발견하기 때문이다. 가령 고흐는 강렬하게 종교적인 욕구를 느낄 때면 밤에 별들을 그렸다고 한다. "그래도 내가 지독한 욕구, 굳이 말하자면 종교적 욕구를 느끼는 것을 어쩔 수 없었다. 그럴 때면 나는 밤에 밖에 나가서 별들을 그렸다"^{1883년 9월의 편지 중에서, 『반 고흐 효과』, 84쪽}. 하지만 이러한 실존적인 상황은 동시에 결코 절대적이거나 영원하지 않다. 어떤 의미에서 이러한 절대적 기쁨은 '순간'에서 맛보는 영원성과의 대면이라고 할 수 있다. 인간이 예술이라는 형식을 통해서 심미적 실존의 단계에서조차도 어떤 영원성과 접촉하거나 교감할 수 있다면, 이는 영원성과의 시간성이 교차하는 '순간' 안에서의 영원성이라 해야 할 것이다. 따라서 심미적 실존에서 맛보게 되는 기쁨은 기쁨 자체이거나 절대적인 기쁨은 아니다.

그렇다면 왜 키르케고르는 우리에게 '절대적으로 기뻐하라'고 요청하는 것일까? 만일 이러한 키르케고르의 엄명이 진실을 반영하고 있다면 그것은 한 가지 이유뿐이다. 심미적 실존에서는 결코 절대적으로 기뻐할 수 없음에도 이를 요구한다는 것은 심미적 실존을 초월하라고 요청하는 것이다. 한 단계 들어올려진 실존적 지평, 즉 '윤리적 실존'으로 나아가라는 요청인 것이다. 그리고 이는 곧 내면성으로 향하라는 것과 같다.

> 인간은 시인적인 것에서 빠져나와 실존적이고 윤리적인 것 속으로 들어가야만 한다. … 내면성은 세상에는 관심이 없기 때문이다. _관점, 207쪽

심미적이란 본질적으로 감각적이고 외적이다. 사람들이 심미적 실존의 권태를 극복하기 위해서 끊임없이 대상과 상황을 바꿀 수 있겠지만, 이는 결국 감각성과 외향적인 변화에 지나지 않는다. 이러한 변화는 결코 권태를 완전하게 해소할 수 없다. 왜냐하면 사람들은 영원히 이러한 변화를 시도할 수 없을뿐더러, 그렇다 하더라도 끊임없는 변화 그 자체가 이미 변화를 요구하는 '권태'를 가정하기 때문이다. 결국 이러한 권태를 극복할 수 있는 만

족이나 충만은 외향적인 것에 있지 않으며, 내향적인 것에 있다.

내면성에로의 방향을 취하여 자신의 정신력을 정신력이 허용하는 한계에까지 긴장시키지 않는 사람은 아무것도 발견하지 못하고, 보다 깊은 의미에서는 하느님의 존재도 발견하지 못한다. _사랑의 역사(하), 239쪽

자연에도 신의 현존은 나타나 있지만, 이러한 신의 현존은 어디까지나 심미적인 실존의 차원에서이다. 인간은 보다 깊은 의미의 신의 현존을 추구하여야 한다. 인간은 본질적으로 이러한 심미적인 실존의 현존으로는 만족할 수 없는 존재이기 때문이다. 최상의 심미적인 기쁨 속에서도 인간은 '자기 자신'이 되어야 함을 어렴풋이 자각하고 있다. 모든 예술가가 궁극적으로는 자기 자신을 표현하여야 한다고 느낄 수밖에 없는 이유도 여기에 있다. 한 예술가가 보다 순수하게 예술에 집착할수록 보다 실존적으로 되며 또한 보다 '자기 자신'이고자 하게 된다. 모든 것에 초연해지고 오직 예술에만 집착한 반 고흐도 그럴수록 '자기 자신'이 되고자 하는 강렬한 욕구를 느끼게 되었다.

결국 무엇이든지 간에 나는 어떤 대가를 치르고서라도 전진하고 싶다. 나 자신이고 싶다. 나 스스로 고집스러움을 느끼고, 사람들이 나나 내 작품에 대해서 뭐라고 말하든 전혀 연연하지 않기 때문이다. _1885년 편지 중에서, 『반 고흐 효과』, 108쪽

자기 자신이고자 하는 이러한 갈망은 인간이 결코 절대적으로 심미적인 실존에 머물러 있을 수 없다는 것을 말해준다. 앞서 언급한 바 있듯이 키르케고르의 경우에는 이러한 윤리적인 실존이 '참회자'의 모습으로 나타난다. 참회자라는 말은 그 자체 윤리적 특성을 지닌다. 그가 말하는 이 참회자의 의미는 인간이 본질적으로 죄성罪性을 지닌다는 존재론적인 자각을 의미한다. 보다 실존적이 될수록, 보다 더 근원적인 것으로 침투할수록 인간은 이러한 죄성으로 말미암아 보다 '불안'을 느끼게 된다. 이것이 키르케고르가 본 자연과 인간의 차이점이다. 사실상 참회가 '원죄'에 대한 것일 때, 이미 인간은 종교적인 실존에 맞닿아 있다고 보아야 할 것이다. "우리는 인간이 근원적이면 근원적일수록 그의 불안도 그만큼 더 깊다고 해야만 한다. … 아담도 그가 단순히 하나의 동물이었다면 아무런 불안도 느끼지 않았을 것이었으리라는 식으로 이해되어야만 한다"불안의 개념, 100쪽. 모든 인간이 개별자

가 되어야 한다는 사실이 반드시 '참회자'임을 통감하게 되는 것인가? 아니면 이는 키르케고르가 개별적으로 갖게 된 일종의 종교적인 소명이었는가? 이에 대해서 답하는 것은 사실 매우 어렵다. 아마도 정도의 차이를 가질 수밖에 없다는 답변이 적절할 것이다. 분명한 것은 이러한 참회자에 대한 자각이 클수록 보다 내면적이 되지 않을 수 없다는 점이다. 참회는 자신의 양심의 소리, 즉 내면의 소리에 깊이 침잠할 때에만 가능하기 때문이다.

우리는 심미적 실존의 의의를 크게 두 가지로 요약할 수 있다.

첫째는 심미적 실존의 삶 그 자체가 인간에게 무한한 기쁨을 줄 수 있다는 것이다. 인간이라면 어쩔 수 없이 봉착하는 현실의 다양한 권태, 무의미, 환멸, 분노, 절망감, 공허 등에서 의미와 충만감을 회복하고 순수한 기쁨을 얻을 수 있는 것은 곧 '심미적인 실존' 혹은 '미학적 실존'을 가지는 데 있다. 이러한 측면에서 "예술가적 삶의 절대적인 필요성을 믿는다"1888년 3월 10일자 편지 중에서, 『반 고흐 효과』, 84쪽라는 고흐의 말은 키르케고르에게 역시 진실이다.

둘째는 심미적 실존에서의 삶은 다른 실존의 차원으로 나아가는 '관문'과도 같으며 또한 '지참금'과도 같다. 말하자면 누구도 심미적 실존에서 충만하게 실존적이지 못하다면 윤리적 실존과 종교적 실존의 삶으로 제대로 도약할 수 없다. 왜냐하면 심미적 실존에서 윤리적 실존으로의 도약은 진정으로 실존적이고자 하는 사람이 봉착하게 되는 '역설' 혹은 '이율배반'에 의해서이기 때문이다. 즉, 한편으로 절대적인 기쁨을 가지고자 갈망하나, 그러나 동시에 심미적인 실존에서는 이것이 불가능하다는 것을 체험하게 되는 '이율배반'이다. 키르케고르에게는 이 역설, 즉 '절대적으로 희망할 때라야 비로소 이것이 불가능한 것임을 절감한다는 것', 이것이 바로 모든 실존적 지평에서 불변하는 법칙이며, 심미적인 실존에서 보다 차원 높은 지평으로 도약의 계기가 된다. 누구도 이러한 이율배반을 자신의 실제적인 삶 안에서 생생하게 체험하지 않고서는 진정으로 차원 높은 단계의 실존으로 도약할 수 없는 것이다.

그러므로 종교적인 저술가는 먼저 사람들과의 연계를 맺어야 한다. 즉, 그는 심미적인 성과물을 가지고 시작해야 한다. 이것은 계약금인 셈이다. 그 성과물이 훌륭하면 할수록 그에게는 유리하다.
_관점, 44쪽

세창사상가산책 | SØREN AABYE KIERKEGAARD

6

윤리적 실존과
중단 없는 삶의 도약

1

공허한 행복론과 윤리적 실존의 자기 동일성

키르케고르에게 심미적 실존이 도약하는 다음 단계는 윤리적 실존이다. 이 윤리적 실존에서 '윤리'라는 말은 전통적인 윤리학이 말하는 윤리와는 다른 의미를 내포한다. 아리스토텔레스는 『니코마코스 윤리학』에서 윤리적 삶의 궁극적인 목적을 행복이라고 생각하였고, 토마스 아퀴나스 역시 윤리를 보다 큰 행복을 위해 필요한 무엇으로 고려하였다. 파스칼도 『팡세』에서 인간을 본질적으로 행복을 추구하는 존재처럼 고려한다. 따라서 우리는 윤리적 혹은 도덕적으로 되는 게 힘들더라도 인간이 인간답게 살고 행복을 추구하기 위해서는 반드시 필요하다고 생각할 수 있다.

하지만 '행복론'에 기초한 이러한 전통적인 윤리학의 개념은 더 이상 현대인의 정신에 의문의 여지없이 수용되지는 않는다. 대다수 현대인은 더 이상 '행복'이 무엇인가를 질문하지 않는다. 그것은 행위의 동기가 행복보다는 생존에 있는 경우가 많기 때문이다. 가령, 진화론이나 유전자 생물학을 삶의 유일한 진실처럼 생각하는 많은 현대인에게 문명을 이룩한 인간의 노력은 결국 보다 잘 생존하기 위한 것일 뿐이다. 굳이 이러한 과학적인 시각이 아닐지라도 대체로 자본주의가 매우 발달한 현대사회는 '윤리·도덕적인 삶이 진정 행복을 보장하는가?' 하는 질문에 매우 회의적이다. 누군가 행복한 삶을 위해서는 도덕적으로 살아야 한다고 말한다면, 사람들은 즉각 도덕적으로 산다는 것이 '자동차'나 '아파트'를 줄 수 있는가, 이러한 삶이 연봉을 조금이라도 올려줄 수 있는가라고 반문할 것이다. 사실 오늘날 그 누구도 '도덕적이기만 하다면' 행복할 수 있다고 강하게 주장할 수는 없는 것이 현대인의 삶이다. 아무리 도덕적인 사람이라도 '오늘 직업을 상실하거나, 불치병에 걸리게 되면' 더 이상 행복한 삶을 말할 수 없는 것이 현대사회의 현실이기 때문이다. 하지만 이러한 사실이 윤리·도덕적인 것에 대한 전통적인 사유가 틀렸다거나 오류라고 말하는 것은 아니다. '고전적인 행복론'이 가진 문제점은 이러한 사유가 '선한 사람은 복을 받는다'는 격언처럼 너무 원론적인 것이며, 공허한 진술에 지나지 않기 때문이다. 행복이 무엇이며, 행복하다는 것은 어떠한 상태를 말하며, 또한 행복한 삶을 위한 조건들이 무엇인지에 대한 구체적인 성찰과 나아가 윤리·도덕적인 삶이 이러한 행복한 삶의 조건에 왜 필요한 것인지를 진지하게 성찰할 때 의미 있는 사유로 와 닿을 것이다.

키르케고르의 윤리적 실존에 관한 사유는 윤리의 문제를 '행복론'에 기초하지 않는다. 그에게 윤리적 실존의 문제는 '삶의 의미'나 '진리'의 문제와 관련되어 있다. 인간은 '되어야만 하는 존재로 되어야 한다는 것', '진정한 자기존재'를 회복하여야 한다는 것, 그리하여 마침내 구원에 이러야 한다는 것, 이것이 키르케고르의 인간관이며 여기서 윤리적으로 된다는 것, 혹은 윤리적인 실존을 가진다는 것은 바로 이러한 '되어야 할 존재'로서 필연적으로 거쳐야 할 과정과도 같기 때문이다. 따라서 행복론에 기초한 전통적인 윤리학과 키르케고르가 생각하는 윤리적인 것과의 차이는 그의 윤리적 실존이 목적하는 것은 '행복'이 아니라는 사실이다.

키르케고르는 행복에 관한 한 매우 부정적인 생각을 지니고 있었다. 매우 긍정적인 외적인 조건들에도 불구하고 그는 한 번도 행복한 적이 없었다고 생각하였고 또 인간은 살아 있는 동안은 행복할 수 없다고 말하였다.

나는 한 번도 행복하다고 느껴본 적인 없다. 그러나 겉으로는 마치 행복이 줄을 지어 나를 따라다니는 듯 보이고…. _이것이냐 저것이냐, 67쪽

인간이란 자신이 죽기 전까지 자기 자신의 행복 여부를 단언할 수
없다. _사랑의 역사(하), 195쪽

행복의 조건은 사람들마다 다를 수 있다. 만일 오늘날 일반인
이 생각하는 그러한 조건이었다면 키르케고르는 참으로 행복한
사람이었을 것이다. 하지만 사람들이 선호하는 그 어떤 외적 조
건도 키르케고르의 행복을 위해서는 무용하였다. 왜냐하면 그는
죽기 전까지 인간은 행복 여부를 판단할 수 없다고 말하고 있기
때문이다. 이는 말하자면 키르케고르의 생각에는 근본적으로 인
생에서 행복은 있을 수 없으며, 허상에 지나지 않는다는 것이다.
키르케고르가 행복에 대해서 말하지 않은 것은 아니다. 하지만
행복에 관해서는 거의 소극적으로만 말한다. 즉, 그는 어떻게 살
면 행복할 것이라고 말하지 않고 어떻게 하면 불행을 줄일 수 있
다고 말할 뿐이다. 그는 현대인이 불행한 이유를 '현대인은 모든
면에서 '적당히' 살아가고 있기 때문이라고 한다. 그리고 보다 현
재를 완전하게 살 수 있다면 불행한 날이 적을 것이라 말하고 있
다. "여러분이 오늘 존재한다는 것이 보다 진실해질수록, 여러분
이 오늘 있음에 있어서 여러분 자신에 대하여 더욱더 완전히 현
재적일수록 그만큼 여러분에게는 내일이라는 불행한 날이 존재

하지 않는 것입니다"들의 백합 공중의 새, 161쪽.

　이러한 행복에 관한 키르케고르의 사유들은 사실 비체계적이다. 한편으로는 이 세상에서는 행복이 있을 수 없는 것같이 말하면서도, 또한 어떠한 조건 안에서는 행복할 것이라고 말하고 있기 때문이다. 이러한 그의 사유는 사실상 아리스토텔레스나 토마스 아퀴나스가 말하고 있는 고전적인 행복론과 매우 유사하다. 아리스토텔레스나 토마스 아퀴나스의 행복론에서는 단적으로 행복이란 인생의 '궁극적인 목적'이며 궁극적이기에 삶의 과정에서는 주어질 수 없는 것이다. 이 궁극적인 행복에 해당하는 그리스어는 '에우다이모니아eudaimonia'인데 이는 실제적인 삶 안에서 주어지는 행복이라기보다는 그것을 향해서 인간의 모든 행위가 실행되는 지향점이라고 할 수 있다. 마찬가지로 토마스 아퀴나스가 사용하는 궁극적인 행복에 해당하는 라틴어의 '베아티투도beatitudo'란 이 지상의 삶에서 획득할 수 있는 것이 아니며, 천국에서 얻을 수 있는 것으로 한국어로는 통상 '지복至福'이라고 번역한다. 그리고 우리가 일상을 살아가면서 맛보게 되는 작은 행복들에 해당하는 라틴어 말에는 '펠리치타스felicitas'가 있다. 프랑스어에는 라틴어의 펠리치타스에서 기원을 갖는 '펠리시타시옹felicitation'이라는 말이 있는데, 이는 '축하'라는 의미이다. 즉, 일상의 축하할 만한 일이 있을 때, 우리는 이를 행복한 상태라고 말할 수 있다. 따라서 '에우다이모니아'나 '베아티투도'는 삶이 지속되는 한 주어지지 않는 것이며, 그것이 무엇이든 살아가면서 느낄 수 있는 행복은 '펠리치타스'라고 할 수 있다. 키르케고르가 말하는 '죽기 전까지는 단언할 수 없는 행복'은 바로 이 '궁극적인 행복'인 '베아티투도'라고 할 수 있으며, 그리고 어떠한 조건이 만족되면 얻을 수 있는 행복은 '펠리치타스'라고 할 수 있다.

어쨌든 실존주의자인 키르케고르에게 '행복한 사람'은 거의 관념적인 용어, 즉 현실적으로 실재하지 않는 것에 대한 용어처럼 고려되고 있다. 사실 모든 실존주의자에게 인간적 삶이란 '인간으로 존재하는 조건 자체'로 인하여 불행한 상황 속에서 살아가는 것으로 보일 수밖에 없다. 왜냐하면 행복이라는 말 자체가 충만하고 안정된 어떤 상황을 가정할 것인데, 인간적인 삶이란 항상 불안하고 무언가를 갈망하고 추구하는 '과도기적인 삶'처럼 나타나고 있기 때문이다. 가브리엘 마르셀이 인간적인 삶의 현실을 '깨어진 세계'라고 진단하는 것이나, 하이데거가 인류의 삶을 '존재 망각의 역사'라고 진단하는 것이나, 키르케고르가 인간의 정신을 '고침을 받아야 할 병적인 상태'라고 표현하는 이면에는 인간적인 삶이란 '불행한 조건 속의 삶'이라는 의미를 함의하고 있다. 이러한 비극적인 조건의 인간적인 삶에 대한 키르케고르의 분석은 그의 인간관 자체로부터 분명하다. 키르케고르에게 인간이란 자기 자신이 되고자 애쓰지만 결국 자기 자신이 된다는 것이 불가능하기에 절망할 수밖에 없는 그러한 존재이다. "자기가 자기 자신이 되지 못할 때 자기가 그것을 알고 있든 모르고 있든 자기는 절망 속에 있는 것이다. … 자기가 자신일 수 없다는 그것이 바로 절망이다"죽음에 이르는 병, 48쪽. 자신이 된다는 것, 그것은 자기 자신에 대해서 동일하게 존재한다는 것, 즉 항상 자기 자신으로 존재한다는 것이다. 하지만 항상 자기 자신으로 남아있는 존재란 절대적인 존재인 신뿐이다.

인간은 추구하고, 진보하고, 변모하며, 무언가가 된다. 그러기에 인간은 실존하는 것이다. 이는 말하자면 인간적인 삶이란 자기 자신의 존재를 추구하고 자기 자신의 존재가 되고자 하는 것이며, 이는 또한 '개별자'가 된다는 것을 말한다. 이 개별자는 정신적으로 자립하는 존재이며, 자기 세계가 있고, 통일된 자아를 지닌 존재로서 어떤 의미에서는 끊임없이 '되고 있는' 과정 중의 존재이다. 그렇기 때문에 실존하는 인간은 항상 새롭게 '무無'에서 출발하여 중단 없이 자기 동일성을 추구하는 존재이다. 인간이란 실존으로부터 존재로 나아가는 도상에 있는 존재이며, 이러한 과정은 힘겨운 것이다. 결코 충만하게 이것 혹은 저것이 되지 못하며, 진정한 자기 자신에 대해서는 언제나 어느 정도 거짓된 존재로 남는다. 왜냐하면 "자기 자신에 있어서는 자기는 아직 자기 자신으로부터 멀리 떨어져 있거나 혹은 다만 반쪽만 자기 자신에 불과하기 때문이다"죽음에 이르는 병, 60쪽.

실존하는 인간은 시간성과 영원성이라는 대립하는 두 원리로부터의 고통스런 종합을 통해서 길을 추구하지만 결코 분명하고 구체적으로 길을 발견하지 못하므로 고통스러워하고 절망을 체험하게 된다. 절망이란 언제나 한계에 대한 체험으로서의 절망이다. 바로 이러한 절망으로부터 불안이 발생하며 불안은 인간으로 존재하는 조건처럼 주어져 있다. '구원'이 주어지기 이전에는 이러한 절망과 불안이 완전히 사라지지 않는다.

이것이 키르케고르가 통찰한 인간적인 삶의 진면목이다. 그러기에 그에게 '행복'이라는 용어는 인간적 삶에서 ―최소한 실존적으로 되고자 애쓰는 인간에게는― 어울리지 않는 용어이다. 사실상 이러한 인간의 근원적인 상황에 대한 키르케고르의 사유는 그리스도교의 세계관에서는 충분히 납득할 만하고 또한 일반적인 종교적 세계관을 가진 모든 이에게서 공감이 가는 것이라 할 수 있다.

그리스도교에서 인간은 원죄를 지어 불행한 상황 속에 놓여 있으며, 불교에서도 '인생은 고통의 바다'라고 본다. 종교가 인간의 자연 상태의 조건을 비극적으로 보는 것은 논리적으로 당연하다. 왜냐하면 종교는 '인간의 구원'에 대해서 말하며, 구원을 말하기 위해서는 '죄의 상태' 혹은 '추락의 상태'를 가정할 수밖에 없기 때문이다. 따라서 '구원'을 목적으로 하는 모든 종교는 어떤 의미에서 인생에 진정한 행복이란 없다고 하는 것과 같다. 왜냐하면 단적으로 '행복'이란 '구원된 상태'를 말하고 있기 때문이다. '당시의 시대 상황에 적합한 유일한 종교적 저자'라고 하이데거가 평하듯이, 종교적 저자로서의 키르케고르가 인간의 자연적 조건을 비극적으로 바라보는 것은 참으로 자연스러운 것이다.

그렇다면, 무엇이 윤리적 실존이 지향하고 있는 것인가? 그것은 다름 아닌 '진정한 자기 자신' 혹은 '참된 자신'이다. 이러한 참된 자신은 '내적인 자기'를 의미하는 것이기도 하다.

> 인간은 시인적인 것에서 빠져나와 실존적이고 윤리적인 것 속으로 들어가야만 한다. … 내면성은 세상에는 관심이 없기 때문이다. _관점, 207쪽

'시詩적인 것'을 빠져나와 '실존적이고 윤리적인 것' 속으로 들어가야 한다는 것은 무엇을 말하는 것인가? 왜 시적인 것을 넘어서야만 윤리적인 것으로 나아갈 수가 있는 것인가? 여기서 키르케고르가 시적인 것, 즉 심미적인 것과 대립시키고 있는 윤리적인 것은 곧 '내면성'을 가진다는 것이다. 심미적인 지평의 삶에서 실존적으로 된다는 것은 곧 내면성을 가진다는 것이며 이는 곧 '윤리적'으로 된다는 것을 의미한다. 윤리적으로 된다는 것이 '내면성'을 가지는 것이라는 이러한 사고는 다소 생소한 것 같지만, 조금만 깊이 생각해보면 충분히 납득할 수 있다. 특히 진지하게 사는 것을 진리의 지표로 삼고 있는 키르케고르의 사유에는 지극히 당연한 것이다. 여기서 우리는 키르케고르의 사유가 인간의 심리적인 분석에 기초해 있음을 알 수도 있다.

사람들이 '내면적'으로 되는 순간은 어떤 때인가? 내면적으로 되는 순간은 다양할 수 있다. 어떤 것을 깊이 생각할 때, 어떤 감동적인 것을 보고 마음속에 파문을 느낄 때, 어린 시적의 추억이나 그리운 사람들을 마음속에서 떠올릴 때 등이다. 이러한 순간들이 내면적인 것은 본질적으로 그것이 나의 내면에서 발생하며, 외적으로 드러나지 않아서 타인들은 알 수 없기 때문이다. 그런데 사람들이 일상 중에서 이러한 내면적인 일들을 가장 자주,

가장 분명하게 느낄 때는 윤리·도덕적인 판단을 내릴 때이다. 가령 우리는 어떤 위선자나 권위주의자들과 대면할 때 겉으로는 웃음 짓고 악수하고 있지만 속으로는 그를 경멸하거나 비판하고 있을 수 있다. 마찬가지로 사람들이 나의 행위에 대해서 오해하거나, 부당한 일을 강요하거나 할 때, 가장 강하게 내적으로 갈등을 느끼게 된다. 윤리·도덕적인 것은 그것이 어떤 것이든 나의 내적인 가치 판단을 동반하는 것으로 그 자체로 내적인 것이다. 왜냐하면 이러한 가치 판단은 그 판단의 주체인 양심의 행위이기 때문이다. 심미적인 것이란 그것이 감각적인 것의 지평에 있다는 것으로부터 '외적인 것'이며, 윤리적인 것이란 그것이 인간의 양심에 관련된다는 것으로부터 '내적인 것'이다. 그러기에 이 둘은 서로 대립된다. 사실 키르케고르는 '양심'에 관하여 논한 바가 거의 없다. 하지만 우리는 그의 저서들 안에서 양심에 관하여 말하고 있는 부분을 한두 곳에서 발견할 수 있다. 그는 양심을 하느님의 벗이라고 언급하는가 하면, "하느님의 벗인 자신의 양심과 화해하고 …"사랑의 역사(하), 158쪽, 또한 양심을 자신의 죄를 단죄하는 유일한 것이라고 말하고 있다.

여러분을 단죄하는 사람은 아무도 없기 때문입니다. 여러분이 양심의 가책을 받는지 안 받는지는 여러분만이 알아야 할 것입니다. … 여러분이 양심이 가책을 받고 있는지는 다른 사람과는 전혀 상관이 없습니다. 왜냐하면 이 다른 사람도 오직 자기의 양심, 곧 단죄하거나 변명하는 생각에 깊이 잠겨 있기 때문입니다. _들의 백합 공중의 새, 75쪽

양심이 하느님의 벗이라는 것은 우리가 신의 음성을 들을 수 없을 때 행위의 지표는 곧 양심의 소리를 듣는 것이라는 말이다. 그리고 양심이 유일한 자기 자신의 죄악을 판단하는 척도라는 것은 윤리·도덕적인 행동의 판단은 오직 자기 자신만이 할 수 있다. 사람들은 타인의 양심을 알 수 없다. 따라서 양심과 관련된 모든 행위는 지극히 내적이며, 개별적이다. 내면성을 가진다는 것은 우리의 행위의 척도가 되는 내적인 원리를 가진다는 것이며, 자신을 규정하는 정체성이나 동일성이 이 내적인 원리에 의해서 정립된다는 것을 말한다. 그렇기 때문에 내면성을 가진다는 것은 곧 윤리적인 지평에서 의미를 두고 삶을 산다는 것을 의미한다.

내면적으로 된다는 것은 곧 진지하게 된다는 것을 의미한다. 진지하게 된다는 것은 '적당하게 사는 것'과 반대되며, 이는 어떤 의미로 '내적인 자신'과 '외적인 자신'이 일치되게 사는 것을 말한

다. 그렇기 때문에 내면성을 가진다는 것은 곧 소극적인 의미에서 절대적인 차원에 이르는 것을 말한다.

예를 들어보자. 자신의 죄를 고백하기 위해서 교회에 들어간 사람이 진정 신 앞에 홀로 나선다면, 여기에는 적당한 것이 있을 수 없다. 오직 자신의 내면에 충실하게 될 것이며, 모든 세상의 시선을 벗어나 절대적으로 신 앞에 자신을 드러내게 될 것이다. 적당한 고백은 더 이상 고백이 아닐 것이며, 이는 모든 것을 꿰뚫어보는 신을 기만하는 것이 될 것이다. 그렇기 때문에 진정 내면성을 가지고 사는 사람은 세상에는 무관심하게 되는 것이다. 물론 여기서 무관심이란 사랑의 반대를 의미하는 '방관함'을 의미하지 않는다. 이 무관심은 '절대자 앞에 홀로 나섬', '전적으로 스스로에게 결백함'을 의미하는 윤리적 실존의 '내적인 태도'를 말한다. 다시 말해 오직 '참된 나'만을 고려하기 위해서 세상으로부터 규정된 나로부터 완전히 이탈하는 것이다. 모든 실존주의자의 공통된 특징은 '진정한 자기 자신'을 정립한다는 것이라고 할 수 있으며, 이는 곧 세상이 인정하는 자신 혹은 이미 나 자신이라고 규정된 모든 것으로부터 벗어나 끊임없이 진정한 나 자신을 추구한다는 것을 의미한다.

이러한 진정한 자기 자신에 대한 추구는 일체의 적당한 타협으로부터 떠나게 된다. 자신이 진정 진실한 것이 아니라고 생각하는 것을 자신의 것으로 수용할 수가 없는 것이다. 그렇기 때문에 현대인의 불행이 '적당하게 사는 것'에서 출발한다는 그의 사유는 지극히 당연하다. 특히 그는 이러한 적당하게 사는 것을 그리스도교에서는 모든 죄의 근원처럼 고려하고 있다.

 '이것이냐, 저것이냐'는 천국으로 들어갈 수 있는 열쇠다. 반면 인간의 불행이란 무엇이며 무엇이었으며, 또 무엇일 것인가? 악마가 지어낸 말인 '적당히'라는 말이, 이것이 일단 그리스도교에 적용되면 그리스도교가 군소리로 둔갑한다! _순간, 15쪽

어떤 것을 적당하게 취급한다는 것은 이를 자신의 삶에서 참으로 의미 있는 무엇으로 고려하지 않는다는 것이며, 진리의 입장에서 보자면 비非-진리이다. 이러한 이유로 심미적 실존의 상징인 '시인의 실존'은 진리의 입장에서 보면 '비-진리'이며 그러기에 '죄 그 자체'처럼 나타나고 있다. 왜냐하면 본질적으로 내면적인 것을 지향하는 윤리적 실존의 시선에는 외적인 것을 지향하는 심미적인 실존이 그 자체 '참되지 못한 것', 즉 비-진리로 나타나기 때문이다.

그리스도교적으로 생각해볼 때, 모든 시인의 실존은 죄다. 존재하는 대신에 시를 짓고, 상상에 의하여 선과 참에 관계할 뿐, 선과 참이 되려고 하지 않는, 그러기 위하여 실존적으로 노력하지 않는 죄다. _사랑의 역사(하), 107쪽

이제 우리는 왜 윤리적인 삶을 가지는 것이 심미적인 삶에 대해서 '실존적으로 되는 것'을 의미하는지 충분히 이해할 수 있으며, 또한 윤리적 삶이 왜 '내면성'을 가지는 것인지도 이해할 수 있다. 실존적이 된다는 것은 곧 진정으로 의미 있는 삶을 살아가는 것인데, 본질적으로 외면성에 근거하고 있는 심미적인 실존에 있어서는 자신이 행위하고 말하고 있는 것을 결코 자신의 진지한 내적인 의미로 수용할 수가 없기 때문이다. 심미적 실존의 권태는 결코 완전하게 극복되지 않는다. 심미적 실존의 권태는 항상 또 다른 심미적 사건을 요구하게 되고 이는 질적인 도약이 없이 항상 외형적인 다름, 양적인 다름을 요구하는 것이기 때문이다. 근본적으로 내면성이 부재不在하는 심미적인 것은 내면적인 것이 상실되어 있다는 그 사실로부터 '지속적'이지도 않다. 그렇기 때문에 심미적인 실존의 지평에서 진정 권태를 극복하기 위해서는 윤리적인 지평으로의 전향, 즉 '실존적이 되고자' 하고 '내

적으로 되고자' 하는 의지의 전향에만 가능한 것이다. 키르케고르에게 중요한 것은 어느 지평의 삶에 있든지 '실존적으로 된다는 것'이다. 심미적인 지평에서도 실존적으로 되고자 하는 것이 중요한데, 그 이유는 그럴 때에만 '윤리적 지평'의 삶으로 도약할 수 있기 때문이다.

앞서 우리는 심미적인 삶의 지평에서 '실존하다'는 것은 근심으로부터 벗어나 '절대적으로 현재'를 사는 것이며, 이는 현재의 나의 심미적인 실존을 절대적인 의미로 수용할 때, 자연과 같이 순간 안에서의 영원성과 마주할 수 있음을 의미하는 것임을 말한 바 있다. 그리고 이러한 지평에서만 권태를 극복하고 '절대적으로 기뻐하라!'는 언명이 실현될 수 있음을 알 수 있었다. 하지만 심미적 실존에서 맞이하는 영원성이 순간 안에서의 영원이라는 그 사태로부터 인간은 심미적 실존의 지평에서는 결코 완전하게 실존적일 수 없음을 알 수 있었다.

인간이 심미적인 실존에서 윤리적인 실존으로 도약하지 않으면 안 되는 이유는 바로 이 '지속성' 때문이다. 인간은 결코 자연의 존재들처럼 그렇게 순간 안에서 만족할 수가 없다. 인간은 자신의 충만함과 행복을 지속적으로 가지기를 원하고 나아가 영원히 가지고자 원한다. 인간 그 자체가 '영원성과의 관계성' 중에 있는 존재이기 때문이다. 윤리적 실존은 '규범이나 관습'을 통한 사회적 삶의 본질을 의미하는 것이 아니다. 그에게 윤리적 실존은 진정한 자기 자신을 추구하기 위한 내적인 삶을 가지는 것 자체를 말하는 것이며, 여기서 중요한 것은 지속하는 '자기 자신'을 정립하는 것이다. 또한 이는 선과 악이라는 의로움의 문제와 긴밀히 관련되어 있다. 즉, 키르케고르에게 윤리적 실존의 가장 깊은 의미는 '진정 나는 어떤 사람인가'라는 내적이고 존재론적인 문제, 즉 자기 동일성의 문제와 깊이 연관되어 있는 것이다.

2
윤리적 실존과 절망이라는 병

시인이 '자유와 정의'를 노래하는 사람이라면 윤리적인 사람이란 '자유와 정의'를 자신의 내적인 삶으로 살고 있는 사람이다. 그렇기 때문에 윤리적 실존은 곧 '자기 자신의 존재'를 지니는 것, 혹은 '자신의 내적인 존재'를 가지는 것을 의미하며, 이는 곧 자기 동일성을 확보하는 것을 의미한다. 이러한 자기 동일성을 상실하였을 때, 이는 곧 자기 자신을 속이는 것이요 자신을 기만하는 것이 된다. 그는 자연이 오히려 인간보다 더 행복한 것으로 고려하면서 자연은 인간에게 '기쁨을 가르치는 교사'처럼 고려한다. 이는 자연이 자기 동일성을 간직하고 있기 때문이다.

순진한 어린이가 자기를 속일 수 없듯이, 백합은 자기를 속일 수가 없습니다. 자기를 속일 수 없다는 것은 백합에게는 하나의 행복입니다. 왜냐하면, 자기를 속일 줄 아는 재주는 참으로 비싼 대가를 주고 살 수 있는 것이기 때문입니다. _들의 백합 공중의 새, 164쪽

백합은 왜 자기를 속일 수 없으며, 자기를 속이는 것이 왜 비싼 대가를 지불해야 하는 것인가? 자연을 상징하는 백합은 그 자체로 참된 것이다. 왜냐하면 자연적인 것이란 인위적이지 않다는 것이며, '있는 그대로의 존재'를 의미하기 때문이다. 자연이 자신을 속일 수 없는 것은 '내면성'을 가지고 있지 않기 때문이다. 자연은 항상 주어진 자신의 모습에 충실하다. 반면 본질적으로 정신을 가지고 있으며, 사유하는 존재인 인간은 '내적인 자기', 즉 '내면성'을 형성하는 존재이다. 그렇기 때문에 인간은 자신을 속일 수가 있는 것이다. 즉, 그렇게 되기보다는, 그렇게 살기보다는

'그러한 사람'으로 인정받기를 원할 때 인간은 자기 자신을 속이는 존재가 된다. 외적으로 드러나는 것과 내적인 자기가 일치하지 않기 때문이다. 외형적으로만 의로운 사람, 세상이 의롭다고 인정하는 사람일지라도 그의 내면의 존재, 진정한 자기 자신은 결코 의로운 존재가 아닐 수 있다는, 이것이 자연과 달리 자신을 속일 수 있다는 인간존재의 특수성인 것이다.

그런데 자신을 속이는 행위가 왜 비싼 대가를 지불하여야만 하는 것인가? 지불해야만 하는 비싼 대가는 무엇을 말하는 것인가? 그것은 '참된 자신'이 되는 것을 포기한다는 것이다. 이는 실존주의자에게 가장 두려운 '절망', '진정한 자기 자신이 되는 것을 포기하는 절망'이다.

키르케고르는 『죽음에 이르는 병』에서 절망의 3가지 의미를 말하면서 두 번째 절망인 '자기 자신이 될 수 없다는 절망'을 가장 무서운 절망으로서 '죽음에 이르는 병'이라고 표현한다.

자기에 대해 절망한다는 것, 절망해서 자기 자신으로부터 벗어나고자 하는 것, 이것이 모든 절망을 위한 공식이다. … 절망은 절망에 빠진 사람인 자기를 먹어치울 수 없다는 것에서, 그것이 곧 절망에 있어서의 모순의 고통이라고 하는 것에서 인간 안에 영원한 것이 있음을 증명할 수 있다. … 그러한 것이 절망의 본질이며, 자기에게 있어서의 병인 이 절망이 죽음에 이르는 병이다. _죽음에 이르는 병, 34-35쪽

절망은 공포와 전율과 함께 종교적 실존에서 가장 중요한 개념의 하나로서 윤리적 실존의 단계에서 진지하게 다룰 수 있는 문제가 아니다. 하지만 절망의 의미는 진정한 종교적 실존으로 도약하는 윤리적 실존의 가장 강력한 실존의 느낌이기 때문에 이를 말하지 않을 수는 없다. 첫 번째 절망은 "절망해서 자기를 가지고 있음을 자각하지 못하고 있는 경우"이며, 두 번째 절망은 "절망해서 자기 자신이기를 바라지 않는 경우"이며, 세 번째 절망은 "절망해서 자기 자신이기를 바라는 경우"이다.

첫 번째 절망은 대다수 현대인의 삶에서 볼 수 있는 것으로 엄밀한 의미에서는 절망이 아니다. 이 첫 번째 의미의 절망은 인간이 영원성과의 관계를 지니고 있다는 근본적인 진리를 인정하지 않는 모든 경우이다. 이는 보다 일반적으로 말해서 모든 유물론적 혹은 무신론적인 사상이 지닌 근원적인 특성이다. 키르케고르가 이러한 무신론적인 사유를 '절망'으로 이해하는 것은 인간 본성의 근원적인 문제가 드러내고 있는 깊은 심리적인 통찰에서

이다. 즉, 인간에게 어떤 영원과의 관계성 혹은 신적인 요소가 전혀 없다고 판단하는 현대의 유물론적인 사유의 이면에는 인간은 결코 신적인 존재가 될 수 없으며, 이러한 것을 갈망할 수 없음에 대한 절망이 도사리고 있다고 본 것이다. 유물론자는 그것이 무엇이든 인간이 고안한 이상적인 것, 이데아적인 것, 선한 것, 의로운 것 등에 대한 관념은 인간의 무지 혹은 나약함이 만들어낸 허상이라고 생각하며, 진실은 오직 물질과 신경의 조합일 뿐이라고 생각한다. 하지만 키르케고르는 이러한 유물론자의 심리 깊은 곳에는 인간이란 결코 이러한 '이상적인 것', '이데아적인 것', '선한 것' 혹은 '의로운 것'에는 도달할 수 없는 존재라는 절망이 깔려 있다고 분석한다. 우리는 이러한 종류의 사람들의 무의식적인 행위를 현실 안에서 발견할 수 있는데, "신이 존재한다면 왜 세상에 악이 만연하는가?" 하는 질문이 그것이다. 이는 세상의 악함, 즉 인간의 이기적인 삶을 보면서 인간은 신이 창조한 존재가 아니라고 판단하는 것이다. 이러한 논의의 이면에는 인간은 결코 인간이 갈망하는 그러한 선한 존재, 이상적인 존재, 신성을 간직한 존재가 될 수 없다는 것에 대한 절망이 도사리고 있다.

두 번째 절망은 첫 번째 절망보다 더 심각한 것이며, 이것이야말로 진정한 정신의 병, 죽음에 이르는 병이다. 절망해서 자신이기를 바라지 않는 경우란 어떤 경우인가? 이는 인간성의 진리를 알고 있지만, 즉 인간이 무엇이며 어떤 존재로 되어야 하는가를 알고 있지만, 그 어떤 이유로 이러한 진리에 도달할 수 없다고 판단하거나 이러한 진리로 나아가기 위해서는 너무나 많은 희생을 치러야 한다고 생각하거나 혹은 이러한 진리를 추구하기에 자신이 소유하고 있는 세속적인 가치들이 너무나 매력적으로 보이기 때문이다. 이러한 영혼은 의지적으로 이러한 자신의 진리가 아닌 다른 자기 자신을 고안하고 어떤 의미에서 '허상'의 자신을 추구한다. 첫 번째 의미의 절망이 '무지'나 '무의식'에 의한 것이라면, 두 번째의 것은 '의식적'이며, '의지적인 것'이다. 이러한 두 번째 의미의 절망의 예를 철학사에서 든다면, '초인이 되고자' 한 니체나, 인간을 '자유'라고 선언한 사르트르나 푸코 등이 있을 것이다. 일체의 신적인 것을 제거하고 오직 인간 스스로가 작은 신이 되고자 하는 이러한 것은 가장 심각한 정도의 '절망'이다. 사실상 이러한 절망을 최초로 감행하였던 존재는 신과 동등한 존재가 되고자 자신의 직분을 이탈한 대천사 '루시퍼'의 신화이다.

마지막 세 번째의 절망은 앞선 두 가지 절망이 결코 인간에게 구원이나 행복을 줄 수 없다는 자각에서 발생하는, 그리하여 인간의 모든 노력이 결국 '진정한 의미 있는 삶'이나 '진정한 행복'을 가져다줄 수 없다는 것에 대한 절망이다. 엄밀히 말해서 진정한 인간의 위치나 처지를 자각하고 순수하게 절대자 앞에 나서는 한 개인의 겸손을 의미한다.

이러한 세 가지 경우의 절망은 대부분 사람의 인생 행로를 보여주는 '변증법'적인 과정이라고 할 수 있다. 즉, 인간은 진정한 인간적인 존재가 되기 위해서 이러한 세 가지 절망의 과정을 거치게 된다는 것을 말하는 것이다. 그래서 키르케고르는 이러한 절망을 체험하는 것이 곧 인간이 가진 탁월한 점이라고 말한다.

이 병에 걸릴 수 있다는 것이 인간이 동물보다 우수하다는 장점이다. 이 병에 주의하고 있다는 것이 기독교인들이 자연 그대로의 인간보다 뛰어나다는 장점이다. 이 병에서 치유될 수 있다는 것이 기독교인들에게는 지극한 축복이다. _죽음에 이르는 병, 25쪽

아리스토텔레스가 말하고 있는 전통적인 윤리적 덕목에는 용기와 절제, 겸손과 인내, 배려와 신중함 등 많은 것이 있다. 하지만 키르케고르의 시선에서는 '절망한다는 것'의 행위는 이러한 모든 덕목을 함축하고 있다. 한 인간이 자신은 나약한 존재라고 인정한다는 것은 매우 용기 있는 일이며, 인류보다 더 위대한 존

재가 있다는 것을 긍정한다는 것은 매우 겸손한 행위이다. 나아가 인간을 단순히 물리적이고 생물학적인 존재로 고찰하지 않는다는 것은 무절제한 기술 만능으로부터의 절제를 의미하는 것이다. 그리고 이러한 세 가지 절망을 모두 극복해내면서 구원으로 향하는 것은 매우 큰 '인내'가 필요하며, 또한 이 모든 것을 이해하기 위해서는 매우 신중하게 인간의 삶을 고찰하지 않으면 안 된다. 그렇기 때문에 키르케고르에게서 절망할 수 있다는 것, 그것도 매 순간 절망에 대해서 의식하고 있다는 것은 유일한 윤리적 덕목처럼 고려되는 것이다. 절망하는 자란 내적인 존재의 가장 큰 특징이며, 절망은 그 자체로 내면적인 사건이다. 매 순간 절망을 체험한다는 것은 매 순간 인간의 나약함을 체험하며, 자기 자신을 형성하기 위해서 절대자에게로 시선을 돌리는 실존적이고 진지한 사람의 특성이 된다.

여기서 우리는 용기 있는 진정한 절망과 자기의 이익을 위하여 타인에게 절망을 요구하는 위선적인 절망을 구분할 필요가 있다. 진정한 절망은 '자신의 근원적인 한계'에 대한 체험을 통해서, 절대자에게로 나아가기 위해 '일체를 체념'하는 것을 의미한다. 반면 '위선적인 절망'은 자신의 치부나 결함을 숨기기 위해 타인으로 하여금 일체의 가치판단을 중지하라고 요구하는 것이다.

절망은 어떤 경우에도 절대적으로 한 개인의 내밀한 실존의 문제이며, 한 개인이 다른 개인에게 절망을 요구할 수 없다. 절대자가 아닌 한, 누구도 타인으로 하여금 '절망'을 요구할 수 없다. 만일 절망의 요구가 가능하다면, 이는 결코 타인에게 향할 수 없으며 오직 자기 스스로에게만 가능할 것이다. 왜냐하면 절망은 절대적으로 '내면적인 사건'이기 때문이다. 만일 '절망'을 가르칠 수 있다면, 이는 기쁨이나 행복과 마찬가지로 스스로 절망하면서 '타인'에게 전염될 수 있는 방식으로만 전해질 수 있을 뿐이다.

따라서 '윤리적'으로 된다는 것 혹은 윤리적 실존을 가진다는 것은 자기 자신의 내적인 존재를 가진다는 것이며, 이는 또한 궁극적으로 참된 자기 자신 혹은 완전한 자기 자신을 구현할 수 있는 신적 존재와의 관계성을 지향하는 것이 된다. 절대적으로 나 자신인 것, 혹은 진정한 나 자신의 존재는 오직 절대자와의 완전한 관계가 회복될 때에만 가능하다. 왜냐하면 절망이 완전히 치유되는 유일한 때가 곧 절대자와의 투명한 관계가 성립될 때뿐이기 때문이다. "자기가 정말 절망했다고 하는 그것 때문에 자기 자신을 투명하게 하느님의 내부에서 자기 자신의 근거를 찾게 될 때에 그는 건강하고 또 절망에서 해방되었다고 말할 수 있기 때문이다"죽음에 이르는 병, 49쪽. 따라서 실존적이고자 하는 것 혹은 윤리적 실존을 가지고자 하는 것은 궁극적으로 신을 지향하는 것이 된다.

물론 이러한 절대자로 향한다는 것은 아직은 종교적 실존을 가지게 됨을 의미하는 것은 아니다. 다만 여기서 부각되는 것은 윤리적 실존이란 어떤 의미에서 '절대적으로 자기 자신'이 되고자 하는 것, 자기 자신에게 절대적으로 진실하게 된다는 '진정한 존재' 혹은 '참된 존재'가 되고자 지향함을 의미하는 것을 말하며, 이는 성경의 '믿음의 기사'가 가진 '의인의 도덕적 특성'을 말해준다. 자기 자신에게 절대적으로 진실하고자 하는 이러한 윤리적 실존의 특성이 곧 '내적인 자기 동일성'을 의미하며, 우리는 이를 '내면과 외면'이 일치하는 도덕적 순수성이라고 말할 수 있을 것이다. 윤리적 실존의 첫 번째 지향성 그것은 바로 이러한 '도덕적 순수성의 삶'을 획득하는 것이다. 그러기에 키르케고르는 고뇌하는 자를 동정하는 자의 위대함이 외적으로 무엇을 해준 것에 있는 것이 아니라, "고뇌하는 자와 같을 정도로 괴로워하는 것"들의 백합 공중의 새, 184쪽에 있다고 말한다. '내적인 동일성' 혹은 '도덕적 순수성'을 추구하는 것, 이것이 윤리적 실존의 지평에 있는 사람의 가장 큰 특징인 것이다.

3
윤리적 실존의 지평과 선악善惡의 문제들

만일 우리가 윤리적 실존에 관한 키르케고르의 사유를 '윤리학'이라고 부를 수 있다면 그의 윤리학은 본질적으로 '행위론'보다는 '존재론'에 그 무게가 있다. 왜냐하면 윤리적 실존이 지향하는 것은 '내적인 자기 동일성'이기 때문이다. 윤리적인 실존이 우선적으로 문제 삼는 것은 어떤 선행이나 의로운 행위가 아니며, 나의 내면이 어떠한 태도를 지니고 있는가 하는 내적인 양태이다. 키르케고르의 이러한 윤리관은 전통적인 윤리관과는 구분되는 독창적인 것이라 할 수 있다. 가령 아리스토텔레스의 윤리학에서 윤리적으로 성숙한 사람은 타인을 위해서 선을 행하는 자이다. "자유로운 인간은 선善을 위해서 증여할 것이다"*Ethique à Nicomaque*, 1120a 24, p. 172. 하지만 키르케고르에게 중요한 것은 '선행' 그 자체가 아니라 진정으로 선한 존재가 되는 것이다. 외적인 선행은 다만 하나의 징표나 증거에 불과할 뿐이다. 그에게는 스스로 의인이라고 생각하는 평범한 사람보다는 자신이 죄인임을 알고 있는 죄인이 더 윤리적인 사람이다. 외면성과 내면성의 일치라는 이러한 동일성은 키르케고르가 여러 번 되풀이하여 강조하고 있다. 그는 가르침을 주는 교사에게서도 중요한 것은 "자신이 가르치는 바의 것"들의 백합 공중의 새, 160쪽이 되어야 한다고 하는가 하면, "불행한 사람이란 자신의 삶의 내용과 존재의 본질을 자신의 바깥에 갖고 있는 사람"이것이냐 저것이냐, 870쪽이라고 말한다. 바로 이 때문에 심미적인 것이 도덕적인 것과 대립하고 있을 때는 항상 도덕적인 것이 우선적이어야 한다. 심미적인 것을 도덕적인 것을 위해 희생할 수는 있어도 도덕적인 것을 심미적인 것 때문에 희생할 수는 없다. "상대방인 애인이 심미적으로 도덕적인 것을 해치는 자이어서는 안 된다는 사실을 잘 알고 있다"유혹자의 일기, 153쪽. 심미적인 것이 외적이고 직접적인 것에 관여하고 있다면, 도덕적인 것은 내적이고 '진정한 자기 자신'을 의미하는 내적인 존재에 관여하고 있기 때문이다. 앙드레 클레어는 심미적 실존을 넘어 윤리적인 실존으로 도약하지 않고서는 '인간적인 삶'을 가질 수 없다는 키르케고르의 사유를 다음과 같이 요약한다.

감각적이고 심미적인 삶을 의미하는 이 직접성은 욕망의 지속적이고 규정되지 않는 움직임의 삶이며, 거부된 삶이다. 왜냐하면 이 삶은 어떠한 일관성도 없으며, 지나가는 순간 외에 어떠한 실재도 없기 때문이다. 이 삶은 사라져가는 삶이며 기회에 따라서 급변하는 삶이며, 고정된 지점이 전혀 없는 삶이다. 정확한 의미에 있어서 이러한 삶은 진정한 인간적인 삶이 아니다. _Existence et Ethique, p.72.

이러한 이유로 키르케고르에게서 윤리적 실존의 부재不在는 곧 죄의 근원인 '악惡'처럼 나타나고 있다. 따라서 자신의 진정한 존재에 대해 무관심하고 외향적인 것만을 지향하는 세상의 모습이 마치 '악의 현존'처럼 보이는 것이다. 그는 "세상이 슬기라고 찬양하는 것은 실인즉 악에 관한 이해이고 …"사랑의 역사(하), 123쪽라고 말한다. 세상이 찬양하는 것들은 본질적으로 외적인 것이다. 부, 명예, 권력, 건강 등 세상이 찬양하고 추구하는 것은 모두 외향적인 것이며, 이러한 것에 보다 더 많이 관심을 가질수록 '참된 자신'을 의미하는 '내적인 것'은 멀리하고 외면하기 때문이다. 심지어 그는 자신이 불행한 이유를 "세상이 시시하고, 정열을 가지고 있지 않기 때문"이것이냐 저것이냐, 47쪽이라고 말한다.

세상이 자신의 참된 모습을 추구하는 정열을 가지고 있지 않기 때문에 이러한 세상 안에서 산다는 것이 곧 권태를 유발하고 그래서 이러한 세상에 사는 자신이 불행하게 느껴지는 것이다. 항상 자기 자신의 참모습을 지향하는 것이 실존적인 삶이라면 이와 반대로 세상이란 항상 외적인 것, 자신을 장식하는 있는 것에만 관심을 가지고 있으며, 이를 곧 자기 자신이라고 여기는 착각에 사로잡혀 있기 때문이다. 자신을 장식하고 있는 외적인 것은 본질적으로 타인들과 비교하면서 주어지는 것이며, 세상의 인정을 통해서 그 가치가 유효한 것이다. 부나 권력, 직위나 명성 따위는 모두 이를 인정해주고 선망하는 세상의 시선들을 가정할 때만 그 가치가 지속된다. 이러한 것은 사람들로 하여금 허영심을 유발하게 하고 이러한 허영심은 사람들을 진정한 자신으로부터 멀어지게 한다. 여기에서 우리는 "얼마나 많은 악과 죄가 세상이나 남들과 그릇된 비교 관계에서 비롯되고 있는 것인가를 분명히 알게 된다"사랑의 역사(하), 122쪽. 오직 진정으로 자기 자신의 참된 존재에 관심을 가지고 깊이 추구해 본 사람만이 현재의 자신이 '참된 자신'과 얼마나 멀리 떨어져 있는 것인지를 절감하게 된다. 이것이 바로 모든 인간이 지닌 한계이다. 그래서 그는 "문자 그대로 여러분만이 홀로 하느님과 함께 있을 때, 비로소 여러분이 하느님과 얼마나 멀리 떨어져 있는가를 발견하게 될 것"들의 백합 공중의 새, 200쪽이라고 말한다.

윤리적인 인간됨의 조건은 이러한 자신의 한계를 발견하는 것에 있으며, 이것이 '절망'이라고 하더라도 이러한 절망을 외면한다면 구원으로의 도약이 불가능하다. 하지만 당시의 시대정신은 '인간됨의 조건인 한계'를 부정하고 나아가 '자신의 진정한 존재'를 부정해버리는 방향으로 나아가고 있었다. 키르케고르에게는 이것이야말로 '죽음에 이르는 병', 즉 '2차적인 절망'이었던 것이다. 그는 이러한 시대상 앞에 마치 '예언자'처럼 등장하였다. 앙드레 클레는 이러한 키르케고르의 사유를 다음과 같이 요약한다.

실존적인 사유는 한계들에 대한 철학이라고 할 수 있다. 이 철학은 이 한계들을 다른 것(즉 개념)으로 환원하는 것이 아니라 오히려 개별자가 되는 과정 안에 하나의 부–조화적이고 비연속적인 방식으로 실존적인 요소들로서 긍정하면서 철학에 다시 도입하고 있다.

_ *Existence et Ethique*, p.8

키르케고르에 의하면 철학은 결코 대립하고 모순된 것들을 종합을 통해 해결해주는 변증법적인 사유가 아니었다. 철학은 역설과 한계를 발견하는 사유이며, 실존하는 자의 조건으로서 극복할 수 없는 긴장과 모순, 이해 불가능한 존재의 잔여를 보여주는 것이다. 왜냐하면 실존이란 결코 관념으로 환원될 수 없으며, 보편적인 것으로 환원이 불가능한 개별성이 들어 있기 때문이다. 이 개별적인 존재는 설명하거나 해결해야 할 문제가 아니라, 각자의 의지를 통해서 실현해야만 하는 것이며, 그렇기 때문에 실존하는 개별자는 결코 하나의 사유로 환원될 수 없고, 열정이어야 하는 것이다. 자신의 개별적인 존재, 진정한 자기 자신에 대해서 고민하고 추구하지 않는다면, 그가 아무리 박식하고 방대한 체계를 가지고 있더라도 여전히 심미적 실존에 머무는 자이며, 이러한 자는 윤리적 실존의 관점에서 볼 때 하찮고 보잘것없는 것에 지나지 않는 것이다.

진정한 윤리적 실존으로 나아가지 못한 문명은 그 자체 진리에 대해서는 하나의 악처럼 혹은 모든 악의 근원처럼 나타나고 있다. 왜냐하면 참된 자신과의 간격이 멀어질수록 가치 있는 것은 사실 무의미한 것들에 지나지 않고, 무의미한 삶을 추구하는 삶은 그 자체 실존적인 권태를 의미하며, 또한 실존적인 권태를 양산하기 때문이다. 그래서 "권태로움이 모든 악의 근원이다"이것이냐 저것이냐, 470쪽. 사실 산업혁명의 막바지에 살았던 키르케고르의 눈에 당시 시대의 정신은 마치 욕망의 수레바퀴 위에서 끊임없이 질주하는 '권태' 그 자체처럼 보였을 것이다. 근대의 절정에 달한 시대정신에는 오직 끊임없이 생산하고, 끊임없이 소비하는 중단 없는 어떤 행위성만이 존재하였고, 부지런함이 미덕이요 게으름이 악의 근원이라고 습관적으로 말하였기 때문이었다. 게으름은 곧 한가함을 말한다. 하지만 키르케고르의 시선에서 한가함이 전혀 권태를 동반하지 않을 때, 이는 오히려 '신성한 어떤 것'이다. 인간에게서 한가하다는 것은 진정한 하나의 선善이다. 한가함이 주어질 때 인간은 비로소 깊이 사유할 수 있다. 정신적인 휴식을 허락하지 않는 끊임없는 행위성은 인간으로 하여금 사유하지 못하는 병에 걸리게 하고, 이것은 인간을 동물적인 것으로 만든다. 이는 정신적인 세계로부터 인간을 추방한다. 그의 눈에는 당시의 사회를 지배하던 근대의 절정 그것은 곧 절망이었다. 왜냐하면 "인간이 정신으로 규정되어 있다는 것을 자각하고 있지 않다는 것, 그것이 바로 절망"죽음에 이르는 병, 42쪽이기 때문이다. 키르케고르에게 악은 어떤 나쁜 행위를 하는 데서 주어지는 것이 아니라, 자기 자신의 진정한 모습을 부정하고 끊임없이 참된 자기로부터 멀어져가는 시대의 정신 그 자체에 거주하고 있다. 죄란 바로 이러한 것을 자신의 삶의 형식으로 받아들이는 그것에 있다. 키르케고르가 자신을 스스로 '참회자'라고 규정한 것은 진정한 자기 자신과 멀리 떨어져 존재할 수밖에 없는 인간의 조건 그 자체에 대한 깊은 통찰에서 기인한 것이다.

그렇다면 '선善'이란 어떻게 규정되는 것일까? 어떤 사람이 선한 사람인 것인가? 어떤 의미로 키르케고르에게는 이 세상에서 단적으로 선한 사람은 어디에도 없다. 왜냐하면 "무한성과 유한성의 통합, 시간적인 것과 영원한 것과의 통합"죽음에 이르는 병, 22쪽을 의미하는 인간은 누구나가 어느 정도 진정한 자신과 동떨어져서 존재할 뿐이며, 진정한 자신과의 괴리가 곧 악의 근원이기 때문이다. 그래서 그는 누구나 "자기 자신이 알지도 못하는 정신의 병을 안고 산다"앞의 책, 37쪽라고 하는가 하면, "정신의 직접적인 건강은 존재하지 않는다"앞의 책, 42쪽라고 말하기도 한다. 그의 저작 중에서 선에 관하여 말하고 있는 곳은 매우 드물며, 이 역시 매우 소극적인 방식으로만 말하고 있다. "선량하다는 것은 그렇게도 어리석은 일이고 선을 믿는다는 것은 그렇게도 옹졸한 일이며"사랑의 역사(하), 122쪽, "지혜는 善에 관한 이해다"앞의 책, 123쪽라고 말한다. 나아가 그는 "축복은 선善 그것입니다"들의 백합 공중의 새, 88쪽라고 말한다. 이는 인간에게 단적으로 선한 것이란 있을 수 없으며, 단적으로 선한 것이란 곧 신으로부터 오는 것뿐임을 말한다. 그는 또한 "제단에 있는 성직자는 여러분에게 축복을 전해주기 위해 아무 일도 할 수가 없습니다. … 그곳에 친히 계신 그분(하나님)만이 그 일을 하실 수 있습니다"앞의 책, 93쪽라고 말한다. 이러한 사유는 인간성이란 그 자체 죄 중에 있는 존재이며, 구원을 받아야만 할 존재라는 그리스도교의 근원적인 인간관에 철저하게 밀착되어 있다. 이러한 관점에서 키르케고르를 너무나 '세속적'이라고 비판한 당시의 종교인들이 얼마나 그를 오해하였는지 알 수 있다.

선과 악에 대한 이러한 그의 사유는 중세철학자들의 사유와 크게 다르지 않으며, 다만 무게 중심이 다를 뿐이다. 예를 들어 토마스 아퀴나스는 "선이 아닌 것은 존재가 아니다Nihil est bonum nisi ens"*Summa Theologiae*, I, q.5, a.2라고 생각하였고, 또한 "모든 존재는 존재하는 만큼 선하다"*Summa Theologiae*, I, q.5, a.3라고 하였다. 이는 말하자면 단적으로 선한 존재란 존재 자체*Ipsum Esse*인 신神뿐이며, 다른 모든 존재자는 어느 정도 존재를 망각하고 있으며, 존재가 부족한 만큼은 '선'이 아니지만, 존재를 가지고 있는 만큼은 선하다는 것이다. 그렇기 때문에 모든 인간은 존재가 부족한 만큼 악하며, 존재를 지니고 있는 그 만큼 선한 것이다. 그런데 이러한 사유는 모든 인간이 어느 정도 진정한 자기 자신과 동떨어져 있기 때문에 그만큼 악하다고 생각하는 키르케고르의 사유와 근본적으로 구분되는 것이 아니다. 토마스 아퀴나스가 존재자들에 대해서 긍정적인 측면(존재를 어느 정도 가지고 있음)에서 무게를 두고 있다면, 키르케고르는 존재자들의 부정적인 측면(존재를 어느 정도 망각하고 있음)에 더 무게를 두고 있을 뿐이다. 전자가 존재자들에 대해 '낙관적인 사유'를 지니고 있다면, 후자는 '존재자들에 대한 비극적인 사유'를 지니고 있다고 할 수 있다. 어쨌든 윤리적 지평에서 인간의 존재가 한편으로 선하고 한편으로 악하다고 하는 이러한 이중적인 지평은 유신론적인 사상가들에게서는 부정할 수 없는 인간의 현 상황이다.

윤리적인 인간이란 있는 그대로의 인간의 모습, 특히 현대문명에서의 인간의 삶을 '되어야 할 자신의 모습'을 외면하고 자신의 존재를 상실하고 있음을 인정하며, 이러한 자신의 모습에 대해 절망하며, 이로써 자기존재를 되찾고자 하는 정열을 가지는 자이다. 그렇기 때문에 진정한 자기 존재를 회복하기 위해서 윤리적 실존이 감행하는 절망은 바로 삶의 도약을 위한 것이며, 이는 종교적 실존의 정상에 이르기까지 중단 없이 감행하여야 하는 것이다. 즉, 절망은 비극적 인간조건을 초월하기 위한 유일한 원동력과도 같다.

7

사랑의 윤리학

1

인간의 죄罪와 개별성

키르케고르에게 진정한 자기 존재를 되찾고자 하는 열정은 윤리적 인간의 특성이다. 그렇다면 윤리적 인간이 가지는 구체적인 윤리적 덕목은 무엇일까? 만일 키르케고르의 윤리학에서 윤리적인 덕목이라는 것이 있다면 오직 단 하나의 덕목만이 있다. 그것은 곧 사랑이다. 하지만 엄밀한 의미에서 사랑은 윤리적 덕목이라기보다는 모든 윤리·도덕적인 덕목을 산출하는 원리이다. 그렇기 때문에 그의 사상에서 윤리학을 말할 수 있다면, 이는 곧 '사랑의 윤리학'일 수밖에 없다. 만일 인간의 현 상황이 그 자체 '절망'을 체험할 수밖에 없고, '고침'을 받아야만 하는 존재라고 한다면, 무엇이 이를 가능하게 하는 것인가? 즉 구원은 어디서 오는가? 이러한 질문에 응답하는 과정이 곧 '사랑의 윤리학'이다. 물론 사랑이 곧 종교적 의미의 구원을 뜻하는 것이 아니다. 왜냐하면 구원이란 한 개별자를 절대자로서의 신 앞에 데려가는 믿음la foi 에 의해서만 가능하기 때문이다. 키르케고르에서 믿음과 사랑의 관계는 신앙과 윤리의 관계라고 할 수 있다. 전자가 아브라함이 겪었던 '두려움'과 '전율'이라는 단독자의 체험을 통해서 개별자와 절대자 사이에 진정한 관계성을 성립하게 하는 것이라고 한다면, 후자는 이러한 단독자로서의 불확실성과 역설을 면제해주면서 종교적 삶의 확실성을 보장해주는 것이라고 할 수 있다. 즉, 사랑은 신적 사랑 안에서 인간과 인간 사이의 관계성을 회복해주며, 공동체적인 일치를 가능하게 하는 삶의 원리를 제공하는 것이다. 키르케고르에게 이러한 종교적인 삶의 원리는 '사랑'이라는 이름 외에 다른 것이 될 수 없다. 그렇기 때문에 우리는 '사랑의 이론'에 관한 그의 사유를 '사랑의 윤리학'이라고 부를 수 있는 것이다.

물론 우리는 믿음과 사랑을 서로 다른 두 가지 독립된 원리로서 생각할 수는 없다. 진정한 사랑은 항상 믿음의 행위를 전제하는 것이다. 왜냐하면 사랑이 윤리적인 의미에서 취해질 때, 이는 한 개인의 숨겨진 내밀하고 개별적인 것을 드러낸다는 것을 의미하기 때문이다. 앙드레 클레어는 이러한 키르케고르의 생각을 잘 보여주고 있다.

일반적인 것으로서의 윤리는 일반적이라는 그 의미로부터 (외부로) 나타냄을 의미한다. 개별적인 인간은 직접적으로 감각적이며, 심리적이고 마치 숨겨진 존재처럼 비-규정이다. 따라서 그의 윤리적인 사명은 그의 비밀로부터 떠나, 일반적인 것 안에서 이를 드러내는 것이다. 그러므로 그가 그의 비밀 안에 남아 있고자 하는 매 순간에 그는 죄를 짓는 것이 되며, 전율하게 된다. 오직 이를 외부로 나타내면서만이 이 전율로부터 벗어날 수 있는 것이다. _Existence et Ethique, p.74

여기서 '전율'이란 무엇인가? 그것은 유한자가 무한자를 시간적인 존재가 영원한 존재를 대면할 때 가지게 되는 내적인 떨림, 즉 모순된 감정이나 이해 불가능성을 말한다. 한마디로 '패러독스'이다. 보다 문학적으로 말하자면 '신의 부르심'을 마주하는 한 종교인의 '당혹감'이다. 한계를 가진 한 개별자가 감당할 수 없는 무한하고 막대한 심연에 마주하여 느끼게 되는 '떨림'이다. 윤리는 개별적이고 내밀한 것을 일반화하고 보편화하는 작업이다. 이는 이성적으로 이해할 수 있는 것으로 해석한다는 의미도 있으며 그런 한 외면화하고, 본질화하는 것이다. 따라서 진정한 윤리적 실존은 그 자체로 '존재 자체'와의 거리감을 함의한다. 존재 그 자체와의 거리감은 또한 '직접성'의 부재를 의미하며, 그렇기 때문에 대다수 인간에게서 절대자와의 대면은 결코 '직접적으로'

수용될 수 있는 것이 아니다. 다시 말해서 당혹하고 감당할 수 없을 것 같은 신의 부르심을 단김에 수용한다는 것은 결코 일반적인 인간의 행위로는 이루어지지 않는다. "정신의 직접적인 건강은 존재하지 않는다"고 키르케고르가 말하듯이 이러한 '전율'에 마주하여 인간의 정신은 방황할 수밖에 없다. 왜냐하면 부르심에 대한 선택은 삶의 어떤 부분이 아니라 자신의 전 삶, 전 존재로서 투신함을 의미하기 때문이다. 전혀 이해할 수 없는 심연으로 전 존재를 데려간다는 것은 결코 인간 정신에서 합리적인 것도 자연스러운 것도 아니기 때문이다. 그렇기 때문에 영웅적이고 예외적인 인물이 아니라면 누구나 방황하고 절망하게 된다. 하지만 방황과 절망이 부르심에 대한 거부를 의미하는 것은 아니다. 그렇기 때문에 이러한 '절망'을 가질 수 있다는 것이 또한 인간의 위대함이요, 이 절망을 치유하는 과정이 바로 축복인 것이다.

축복이란 절망의 치유를 의미하지만 ─예외적인 영혼이 아니라면─ 이 축복은 수많은 고뇌와 인고의 시간을 필요로 한다. 보다 큰 행복이 보다 큰 대가를 요구하듯이 사람에 따라서는 키르케고르가 그러했던 것처럼 평생이 걸릴 수도 있다. 영원성이 시간성을 초월하고 있는 것인 만큼 대다수 그리스도교인에게 이러한 축복은 전 생애를 걸쳐 완성되어진다고 하는 것이 정확할 것이다. 절망하지 않는 사람은 치유도 필요치 않는 사람이기에 전혀 절망하지 않는 사람은 이미 기독교인은 아닌 것이다. 삶의 과정이 절망과 절망에 대한 치유로 나타나고 이러한 인고의 시간이 전 생애를 요구한다고 할 때, 그리스도인이 된다는 것은 참으로 힘겹고 비극적인 삶을 선택하는 것을 의미할까? 이러한 비극의 끝에는 비교할 수 없는 찬란한 보상이 기다리고 있다는 것으로 위로가 될 것인가? 그렇지 않다. 절망과 치유의 과정에서 주어질 인고의 시간은 그 자체가 비교할 수 없는 가치이며, 가장 탁월한 윤리적인 삶이다. 그리고 진정한 위로는 윤리적 실존이 지닌 유일한 덕목인 '사랑'에 있다. 사랑의 효력은 참으로 탁월한 것이다.

> 인간 속에 깃들이고 있는 죄가 사랑에 에워싸일 때, 죄는 생존에 필수 불가결한 요소를 빼앗기게 된다. _사랑의 역사(하), 142쪽

> 그대는 모든 것을 용서받는다. 만일 그대가 적게 사함받는다면, 그것은 그대가 적게 사랑하기 때문이다. _들의 백합 공중의 새, 265쪽

사랑이 그것에 주는 해석에 따라서 일체는 의의를 갖게 됩니다. _유혹자의 일기, 160쪽

위의 말들은 '사랑'에 대한 규정 없이 그 효력을 말하므로 논리적으로 보면 공허한 것 같기도 하다. 하지만 실존의 사상이란 무엇에 대해서 '규정'하거나 '정의' 내리기 이전에 이 무엇에 대한 분석과 이해를 전제한다. 규정은 이해 이후에야 가능한 것이다. 그렇기 때문에 사랑을 규정하는 것은 사랑의 효력에 대한 충분한 이해를 전제하지 않고는 불가능하다. 물론 우리는 마치 도가道家에서 '도를 규정할 수 없'듯이 키르케고르의 사상에서도 '사랑을 규정할 수 없는 것'이라고 생각할 수 있다. 하지만 그러기에는 그가 말하는 사랑은 참으로 구체적인 무엇이다. 사랑이 가지는 효력에 대해 충분히 분석해본다면 사랑을 규정할 수 있을 것이다.

먼저 사랑이 죄가 존재할 수 있는 필수적인 요소를 빼앗아버린다는 것은 무슨 까닭일까? 이를 이해하기 위해서는 '죄'가 무엇인지를 먼저 고찰해야 한다. 마찬가지로 사랑이 용서를 낳는다는 것은 사랑이 죄를 없이한다는 것을 의미한다. 이처럼 사랑은 죄를 극복하는 유일의 힘이다. 사실 키르케고르가 말하는 사랑의 개념은 성경에서 말하는 그 사랑의 개념과 다르지 않다. 하

지만 다분히 신화적이고 시적詩的으로 말하는 성경 속 사랑의 개념을 키르케고르는 인간의 현존재라는 실존분석을 통해서 탁월하게 해명한다. 특히 그의 사랑에 관한 이론은 '죄의 개념'과 불가분하다. 그에 의하면 '죄'란 인간의 현존재 혹은 현사태를 해명하는 탁월한 개념이다. 그는 그리스 윤리학을 제1의 윤리학, 그리스도교 윤리학을 제2의 윤리학이라고 말하면서 그리스 윤리학은 '죄의 개념'에 도달하여 한계에 부딪히고 있다고 한다. "제1의 윤리학은 개인의 죄성罪性에 부딪쳐 난파하였다"불안의 개념, 36쪽. 그리고 이러한 죄성을 해명할 수 있는 윤리학이 곧 그리스도교 윤리학이라고 말한다. "죄의 개념은 본래가 그 어떤 학문에도 속하고 있지 않다. 오로지 제2의 윤리학만이 죄의 개시開示를 다룰 수가 있지만, 그 유래를 다룰 수는 없다"불안의 개념, 37쪽. 이러한 키르케고르의 분석은 충분히 긍정할 만하다. 왜냐하면 그리스 윤리학의 핵심은 덕을 논하는 것이며, 덕이란 일종의 살아가는 기술을 말하는 것으로 인간본성의 근원적인 문제를 다루고 있지는 않기 때문이다. 사실 아리스토텔레스의 니코마코스 윤리학이 말해주는 온갖 덕 그리고 이 모든 덕을 잘 실천할 수 있는 '사려 proudentia'의 덕까지도 잘 갖추고 있다고 해도, 근본적으로 이기적인 본성을 지닌 인간이 이러한 덕만으로 선을 실천하는 데에는 한계가 있다. 덕의 소유는 내가 선의지를 가지고 선을 실천하는 데 탁월하게 행하게 할 수 있는 방법을 갖추었다는 것을 말하는 것이지, 덕이 곧 선의지를 산출하지는 않기 때문이다. 온갖 덕을 잘 갖추고 있음에도 '죄'를 지을 수 있는 가능성의 인간에 대해서 말하거나, 이를 해결하는 데는 전혀 무력한 것이 그리스 윤리학이다. 반면 사랑은 이러한 인간의 죄성을 해결할 수 있는 유일한 개념이다. 그리고 그는 진정한 윤리학은 인간이 가진 근본적인 '죄성'에 대해서 무관심해서는 안 된다고 말한다.

> 윤리학은 죄를 무시하지 않는다. 그리고 이 윤리학의 관념성은 관념적으로 그 요구를 하는 것이 아니고, 오히려 현실성을, 죄의 현실성을 투철하게 의식함으로써 존재한다. _불안의 개념, 35쪽

진정한 윤리학이 죄의 현실성을 투철하게 인식해야 함에도 그리스 윤리학에는 이러한 것이 없다. 즉, 그리스 윤리학은 죄를 무시하고 있지만, 그리스도교 윤리학(교의학)은 죄의 가능성을 해명하고 있다. 그리고 나타난 죄에 대해서 죄를 해결하는 유일한 덕목이 사랑이다. 키르케고르에게서 죄의 기원은 윤리학이 해명할 수 있는 문제가 아니다. 윤리학의 사명은 다만 이미 나타나 있는

죄를 확인하는 것이 전부이다. "죄가 어떻게 해서 현실에 존재하게 되었는가 하는 점은 윤리학의 관심사가 아니다. 죄가 죄로서 이 세상에 나타났다는 사실이 확인되기만 하면 윤리학으로서는 충분하다"불안의 개념, 39쪽.

정확히 말하면 윤리학은 나타난 죄에 대해서 규명하고, 심리학은 나타날 죄의 가능성을 규명하고, 교의학은 죄의 이념적인 가능성(원죄)을 해명한다. 따라서 철학의 한 분야로서 윤리학은 죄의 근원이나 기원에 대해서 교의적으로 이해하지 않는다. 하지만 키르케고르는 『불안의 개념』에서 죄의 근원이나 가능성에 대해서 아주 심오하게 해명한다. 이러한 해명은 단순하고 신실한 그리스도교인의 입장에서 보면 믿음의 내용을 거스르는 매우 교묘한 이성의 말장난처럼 보일 수도 있다. 아마도 이러한 이유로 인해서 그가 종교인들로부터 '세속적'이라 비판을 받았을 것이다.

오늘날에 최소한의 이성적 사유를 하는 사람이라면, 최초의 인류가 선악과를 따먹은 사건을 실제로 있었던 일이라고 믿는 사람은 누구도 없을 것이다. 키르케고르 역시 이 사건을 '죄의 가능성'을 해석하는 일종의 설화라고 말한다. 그는 창세기에 나오는 최초의 죄의 발생, 즉 원죄설을 설명하는 교의적인 해석은 너무나 손쉬운 해명이며 잘못된 것이라 보고 있다. 이 교의적 해명은 최초의 인간이 죄를 지었고 이후 이 원죄의 상처가 혈통을 통해서 대물림되고 있다는 해석이다.

저 창세기의 설화야말로 변증법적으로 시종일관된 유일한 해석이다. 창세기의 설화의 내용은 본래 다음과 같은 명제 안에 집약되어 있다. 죄는 하나의 죄를 통하여 이 세상에 왔다는 명제로 집약된다.
_불안의 개념, 57쪽

하지만 이러한 교의적인 해명은 전혀 아담의 죄를 해명하지 못하며, 또한 원죄설이 함의하는 본질적인 의미를 해명하지 못한다. '죄'란 본질적으로 정신적이므로 생물학적인 것과는 질적으로 다르며, '유전'되는 것이 아니다. "최초의 죄는 질적인 규정이다. 최초의 죄는 죄 그 자체이다. … 만일 최초의 죄가 숫자적인 의미에서 한 개의 죄를 의미한다면, 거기에는 아무런 역사도 생기지 않게 된다"불안의 개념, 54쪽. 또한 "아담의 죄를 해명하지 못하는 원죄의 해명이나 원죄를 해명하지 못하는 아담의 죄의 해명은 아무런 소용도 없다"불안의 개념, 49쪽. 그렇다면 아담의 죄나, 원죄의 개념은 어떻게 해명하여야 할까? 한마디로 최초의 죄는 어디서 왔으며, 또 모든 사람에게서 죄는 어떻게 발생하는 것일까?

죄란 '자기 자신'으로부터의 이탈 혹은 '순수성의 상실'이라는 근원적인 느낌을 말한다고 할 수 있다. 이를 교의적으로 해명하면 '애초에 신이 부여한 그 인간의 자기 동일성'을 상실한 사태로부터 가지는 '죄인 된 느낌'이라고 할 수 있다. 이러한 느낌이 인간이 가진 근본적인 느낌이기에 키르케고르는 이를 '죄성罪性'이라고 하는 것이다. 이러한 죄성은 '원래의 자기'를 상실한 것에 대한 감정이거나 '되어야 할 존재'가 되지 못함에 대한 자기 한계의 감정에서 발생한다고 할 수 있다.

죄가 없는 최초의 인간에 관한 가정은 바로 이러한 순수성에 대한 가정이다. 즉, 죄가 없는 순수한 인간을 가정한다는 것은 곧 '인간에게 존재하는 죄성'에 대한 해명의 방법인 것이다. 순결함은 순결하지 않음이 존재하기 위한 조건과 같듯이, 죄 없는 인간의 가정은 죄성이 존재하기 위한 조건과 같다. 즉, 창세기의 원죄설은 인간이 지닌 죄의 상태를 설명하기 위해 가정된 하나의 근원적인 사태를 말한다. 따라서 죄 짓기 이전의 순결한 존재로서의 아담의 존재는 모든 인간이 처해 있는 죄인 된 감정을 설명하기 위해 필연적으로 가정된 것이다. "순결은 오로지 죄에 의해서만 상실되고, 또 어느 누구를 막론하고 본질적으로 아담과 꼭 같은 방법으로 순결을 상실한다"불안의 개념, 66쪽. 따라서 원죄의 개넘은 인간이면 누구나 체험하는 인간됨의 조건에 대한 해명이다. 모든 인간은 성경 속 아담과 마찬가지로 어느 순간 최초의 죄를 범하게 되고, 이후 애초에 자신이 가졌던 순결함을 상실함으로 죄성을 가지게 되는 것이다. 하지만 엄밀히 말해서 최초의 죄지음으로 순결함을 상실하게 된다는 표현은 상징적인 표현이다. 죄란 죄지음의 '행위'를 통해서 형성되기보다는 인간의 어떤 본질적인 특성으로 인하여 필연적으로 가지게 되는 그 무엇이다. 그렇다면 이 본질적인 특성, 인간의 순수성을 상실하게 하는 특성은 무엇인가? 그것은 곧 정신적으로 '되고자' 하는 인간의 이성적인 특성이다. 인간의 순결성을 상실하게 하는 것이 곧 이성적으로 되는 것에 있기 때문이다.

순결은 무지다. 결코 직접적인 것의 순수유純粹有가 아니라 무지다. … 순결은 항상 개체의 질적인 비약을 통하여서만 상실되는 것이다. _불안의 개념, 68-69쪽

만일 아담이 최초의 죄에 의해서만 의의를 갖고 있을 뿐이라면 역사의 개념은 폐기된다. … 개체는 질質로의 비약을 통해서 역사에 참여한다. … 개개의 개체는 인류와 더불어 애당초부터 새로 시작

240

한다. _불안의 개념, 60쪽

어린아이의 순수함은 판단하지 않는다는 것에 있으며, 이는 이성적인 사유를 하지 않는다는 것에서 기인한다. 그렇기 때문에 어린아이는 죄를 범할 가능성이 전혀 없다. 비록 어린아이도 때로는 범죄 행위와 비슷한 행위를 할 수 있다 해도 이는 무지에 의한 행위이기 때문에 범죄 행위는 성립하지 않는다. 어린이의 세계는 마치 자연의 세계와 같아서 모든 것이 자연스럽다. 하지만 토마스 아퀴나스가 말했듯이 '인간의 영혼은 아무것도 쓰여 있지 않은 백지'와 같아서 무엇인가 '되어야 하는 존재'이며, 이는 곧 진리에 대한 앎을 통해서이다. 바로 이 앎을 통해서 무엇인가 되어야 한다는 사태가 어린이의 순수성에 대해서는 '순결을 상실하는 것'을 의미한다. 그렇기 때문에 죄란 모든 인간에게 동일한 방식으로 들어온다. 사유하는 인간이라는 그 특성으로 인하여 죄가 세상에 들어오게 되는 것이다.

그래서 엄밀한 의미에서 "지성이 죄를 통하여 들어오는 한에 있어서만 오로지 죄성은 세상에 존재하는 것"불안의 개념, 60쪽이다. 그래서 "원죄는 현재적인 것이고 죄성罪性이다"불안의 개념, 45쪽. 이러한 키르케고르의 사유는 '생각하는 동물이란 이미 타락한 동물'

이라는 루소의 말을 상기시킨다. 그런데 왜 생각하는 행위가 순수성을 상실하게 하고, 죄를 범하는 것이라고 하는가? 그것은 곧 생각하는 것을 통해서 비로소 '개별자'가 될 수 있기 때문이다.

개별자가 된다는 것이 왜 죄스러운 일인가? 개별자로 절대자 앞에 나서는 것은 오히려 인간이 지닌 신성한 사명이라고 키르케고르는 말하고 있지 않은가? 개별자가 된다는 것은 '죄스러운 일'이면서 동시에 '신성한 사명'인가? 그렇다! 이것이 키르케고르가 생각하는 인간됨의 역설이다. 애초에 지녔던 순결함을 상실하면서 죄인이 되며, 이 죄인 됨을 벗어나기 위해서 절대자와 대변하지 않으면 안 되는 것이 인간의 운명이다. 이성적으로 된다는 것이 개별자가 되는 것이며, 개별자가 되는 것이 곧 '질적인 비약'을 의미하는 '죄인 됨'의 의미라는 것은 충분히 납득할 수 있다. 왜냐하면 개별자가 된다는 것은 역사적인 인간이 된다는 것이며, 이는 곧 영원성과 분리된다는 것을 의미하기 때문이다.

인류의 역사는 고요히 자신의 길을 가고, 각각의 개체는 애당초부터 새로 시작하고, 그 순간에 그는 그가 역사 속에서 그가 속해야만 하는 장소에 있는 것이 된다. _불안의 개념, 62쪽

인간이 탄생한다는 것은 단순히 생명을 부여받는 것뿐만 아니라, 그의 가족관계, 친지관계, 민족관계 나아가 그가 속한 문화적 유산을 부여받으며 또한 그가 탄생한 역사적인 시대의 구성원으로 삽입된다는 막대한 현실을 동시에 부여받는 것이다. 하지만 이러한 막대한 현실은 아직 이성적 사유가 발달하기 이전에는 전혀 현실적이지 않다. 3살짜리 어린이에게는 '자아의식'이나 '애국심'이나 '민족의식'이나 '현대성'이나 '정의감'이나 '선악'에 대한 개념도 없다. 이러한 것들은 그가 '자아'를 형성하면서 구체적인 개인이 될 때에야 가능한 것이다.

개별자가 되기 이전의 어린이는 확실히 자연과 마찬가지로 영원성에 속한다. 하지만 이러한 영원성은 개별자로서 관계하는 영원성이 아니며, 엄밀히 말해 인류라는 수많은 인간 중 어느 한 사람으로서 관계하는 영원성이다. 하지만 이성의 발달과 더불어 한 어린이는 자아를 획득하게 되고 구체적인 시간과 역사 속으로 진입하게 된다. 정신적으로 된다는 것, 그것은 곧 '개별자가 된다는 것'이다. "정신이 참을 수 없는 것은 남들과 같은 존재라는 점이다. 실은 이것이 바로 정신의 소극적인 규정이다"관점, 132쪽. 어린이는 모든 인간이 동일하게 걸어왔던 진보의 길을 가게 되며 개별자로 '됨'과 동시에 '순결함' 혹은 '영원성'으로부터의 이탈이라는 '죄성'을 걸머지게 되는 것이다. 그래서 "인류의 진전을 형성하고 있는 이 죄성"불안의 개념, 66쪽이라고 말한다.

여기서 다음과 같은 질문을 던져 볼 수 있다. '인류가 이성적인 사유를 통해서 진전하고 있다면 그 목적지는 어디일까?' 그것은 곧 '영원성'이다. 그런데 어린이는 이미 영원성과 대면하고 있지 않은가? 하지만 어린이가 지니는 순결함의 특성인 영원성은 진정한 영원성이 아니다. 진정한 영원성은 개별자로서 획득한 영원성이다. 문학적으로 말하자면 신은 한 인간이 인류의 한 사람으로서 자신과 관계하고자 하는 것을 원하지 않고, 개별자로서 절대적인 한 인격체로서 관계하기를 원하는 것이다. 그렇기 때문에 아직 개별자가 되지 않은 어린이의 영원성은 불안을 동반한 영원성이다. "순결은 동시에 불안이라는 사실이야말로 순결의 심오한 비밀인 것이다"불안의 개념, 66쪽.

자연이 지닌 영원성과 인간이 지닌 영원성의 차이는 바로 이러한 불안의 유무에 있다. 불안은 영원성을 향한 동력과 같으며, 이러한 불안은 완전한 개별자로서 절대자 앞에 나서는 것 없이는 해소되지 않는다. 왜 인간이 지닌 영원성은 불안을 동반하는 것인가? 키르케고르는 이러한 질문은 윤리학의 문제가 아니라고 할 것이다. 왜냐하면 그에게 윤리학은 불안이 세상에 있다는 것

244

을 확인하는 것이지 그 근원을 추적하는 것은 아니기 때문이다. 하지만 만일 굳이 답변을 주고자 한다면, 애초에 인간이 지닌 영원성은 일종의 가능성을 지닌 영원성이며, 이는 '실현되어야 할 차원 높은 영원성', 즉 절대자의 속성 그 자체로서의 영원성이다. 보다 문학적인 표현을 빌리면 자연이 가진 영원성은 절대자가 거기에 현존하고 있음으로 해서 가지게 되는 영원성이라고 한다면 ―그리하여 자연 그 자체는 결코 이러한 영원성을 알아차리지 못하는 영원성이다―, 인간이 가져야 할 영원성은 스스로 영원성을 소유하게 되는 ―그리하여 스스로 영원성을 지니고 있음을 확신하는― 그러한 영원성이다. 인간이 지성을 가지고 사유하는 존재라는 것은 바로 이러한 영원성을 가지기 위한 도구라는 것이 키르케고르가 생각하는 인간의 운명이다. 키르케고르에게 모든 '구체적인 죄(종교적인 죄)'는 영원성을 향한 지성의 걸음이 영원성을 비켜가고 있다는 그 사실에서 성립된다.

사람들이 영원적인 것을 정립하면, 현재적인 것은 그가 가지려고 하는 것과는 다른 것이 되고 만다. 사람들은 이것을 두려워한다. 그러므로 사람들은 선에 대하여 불안을 느끼고 있다. _불안의 개념, 303쪽선이란 '자기 자신'을 가지는 것이며 이는 또한 절대자로 접근해 가는 것이다. 따라서 영원을 지향하는 것은 곧 선을 지향하는 것과 같다. 하지만 인간을 영원적인 것으로 규정하고, 영원적인 것을 지향하기 위해서는 세상의 좋은 것들을 포기하여야 한다. 엄밀히 말해서 그 어떤 시간적인 것도 절대적인 의미로 취하지 말아야 한다. 그렇기 때문에 사람들은 자신을 영원적인 것으로 규정하는 것을 두려워한다. 그들은 인간의 운명을 영원성과 관련 있는 것으로 규정하기는 하지만 자신의 현재 삶을 결코 영원성과의 관계성 속에서 정립하려 하지 않는다. 현대 크리스천의 비극이 바로 여기에 있다. 그들은 영원성을 적당하게만 생각하고 결코 진지하게 생각하지 않는다. 그래서 키르케고르는 영원성을 외면하는 도피의 길을 악마적인 것이라고 강하게 질책하였다.

시간성 안에는 영원성이 샅샅이 침투되어 그 안에 유지되어 있다. 그러나 여기 영원성 속에는 희극적인 것의 흔적은 하나도 없다. 그렇지만 사람들은 영원성을 진지하게 생각하려고 하지 않는다. 사람들은 영원성에 대하여 불안을 느끼고 있다. 그리하여 수많은 도피의 길을 발견한다. 그러나 이것이야말로 바로 악마적인 것이다.
_불안의 개념, 308쪽

키르케고르는 참으로 예언자적인 사상가이다. 과거인 혹은 과거의 철학에 비해 현대인 혹은 현대철학이 가지는 특성은 무엇일까? 그것은 개별성에 대한 자각이고 개별성이 중요한 철학적 관심의 대상이 되었다는 것이다. 중세에도 인간성과 개별자의 개별성에 대한 논의는 심도 있게 다루어졌고, 근대철학에서도 주체의 문제가 개별성의 문제와 관련하여 깊이 있게 다루어졌다. 하지만 이러한 과거 철학은 여전히 개별자의 개별성을 구체적인 한 개인의 삶의 문제와는 동떨어진 학문의 영역에서만 다루었다.

반면 현대철학에서는 다양한 방식으로 이러한 개인의 개별적인 삶의 문제를 학문의 영역 혹은 철학의 영역 안으로 끌어들여 다루고 있다. 예를 들어 심리학은 한 개인의 정신적인 문제를 과거의 개별적인 체험이 형성한 '트라우마'를 통해서 이해하고자 한다. 마찬가지로 '인격주의Personnalisme'를 주창한 엠마누엘 무니에의 '인격'의 개념은 한 개인의 개별적인 역사적 체험을 통해서 형성된 '유일한 개인의 인격'을 의미한다. 이렇게 현대의 정신은 개별자의 개별성을, 그것도 한 개인의 구체적인 삶 안에서 발견되는 개별성에 더 무게를 두고 있음이 분명하다. 키르케고르는 이러한 개인의 개별성에 대해서 누구보다도 심오하게 생각하였고, 이 개별성의 추구에 도사리고 있는 '위험'을 감지하였다. 그것은 '영원성'을 무시한 개별성이며, 영원성과의 결별을 통해 형성된 개별성이다. 이것이야말로 가장 무서운 '절망'이며, '악마적인 것'이다. 왜냐하면 개별자이기 전의 무지한 인간은 '순결'을 간직한, 불안하기는 하지만 항상 영원성과 관계하고 있는 존재이지만, 영원성과 분리된 개별자는 '의지적으로 영원성으로부터 도피하는 자'이기 때문이다. 이는 애초에 영원성을 사유하도록 주어진 지성을 남용하는 것이며, 오용하는 것이다. 보다 정확히는 영원성을 추구하도록 주어진 지성으로 하여금 영원성을 회피하는 수단으로 사용하기에 죄인 것이다. 키르케고르에게 '영원성'을 추구하는 것은 지성의 가장 큰 '정열'이며, 이는 곧 영원성이 아닌 모든 것에 대해서 죽음을 의미하는 것이다. 하지만 그의 눈에 현대는 더 이상 이러한 영원성에 대한 정열을 간직하고 있지 않다.

현대에 결핍되어 있는 것은 반성이 아니라 정열이다. 그런 까닭에 어떤 의미에서 현대는 너무나도 강인한 생명을 갖고 있기 때문에 죽지 못한다. 왜냐하면 죽는다는 것은 가장 놀라운 비약의 하나이기 때문이다. _공포와 전율, 84쪽

2

사랑의 내적 특성

키르케고르에게 현대인이 결핍하고 있는 '영원성에 대한 정열'의 다른 이름은 곧 '사랑'이다. 그렇기 때문에 죄를 없애는 유일한 '해독제'가 사랑이다. 이 사랑은 모든 것을 사랑할 수 있는 그러한 사랑이며, 영원한 형식을 가진 결코 소멸될 수 없는 사랑이다. 이 사랑이 종교적 의미의 구원을 의미하는 것은 아닐지라도 구원을 확약하는 길이며, 그 목적지가 아무리 멀지라도 끝까지 그리고 기쁘고 가볍게 갈 수 있도록 하는 유일한 덕목이다. 사랑이 죄를 정화시키고 없애는 내적인 힘이라는 차원에서 아직 죄의 개념이 정립되지 않았던 그리스 윤리학에서는 존재하지 않았던 것이며, 그리스 윤리학으로부터 그리스도교 윤리학의 특성을 결정적으로 구별해주는 것이 사랑의 개념이다.

키르케고르가 말하는 사랑이 무엇인지 이해하기 위해서는 그가 말하고 있는 사랑의 효력들을 고찰하는 것으로 충분하다. 우선 그는 현대인에게 부족한 열정을 가지게 하는 것이 사랑의 특성이라고 한다.

우리가 '사랑은 확신을 갖게 한다'라는 말을 할 때, 우리는 이 말로써 사랑하는 사람은 자신의 사랑으로써 다른 사람에게 확신을 갖게 한다는 뜻으로 말한다. _사랑의 역사(하), 116쪽

어떤 것에 열정이 있다는 것은 그것을 진지하게 사유하고 진지하게 다루고 있다는 것을 말한다. 진지하다는 것은 '대충'과 대립되는 것이다. 무엇을 진지하게 다루는 사람은 이를 긍정하든 부정하든 이 무엇에 대해서 '확신'을 가지게 될 수밖에 없다. 사랑하는 사람이 타인으로 하여금 확신을 갖게 한다는 것은 곧 사랑하는 사람은 무엇이든 진지하게 다루고 있음을 의미한다.

　사랑의 이러한 특성은 일상에서도 충분히 발견할 수 있다. 그림을 그리는 사람이 생업을 위해서라면, 이러한 사람은 경제적인 여건이 좋아지면 그림을 더 이상 그리지 않을 수 있다. 다만 좋아서 그림을 그리는 사람도 삶이 힘겨우면 그림 그리기를 멈출 수 있다. 하지만 만일 그가 그림 그리는 일을 사랑하고 있다면, 사정은 다를 것이다. 그것이 절대적으로 중요한 일이 아니라면 그에게 그림 그리는 것을 멈추게 할 수 있는 것은 아무것도 없다. 이는 사람을 사귀거나 좋아하거나 사랑할 때에도 마찬가지다. 사랑은 참으로 진지한 그 무엇이다. 그렇기 때문에 영원성을 추구하

는 종교적인 것이 겉으로 보기엔 아무리 열정적인 것처럼 보일지라도 만일 그것을 사랑하지 않는 사람이라면 언제나 멈출 수 있고 포기할 수 있다. 그래서 키르케고르는 다음과 같이 말하고 있다. "인간의 입에서 나오는 가장 강력한 말은 사랑하는 사람이 하는 말, 즉 '나는 변함이 없이 존속한다'는 말이다"사랑의 역사(하), 158쪽. 절대적으로 변함없다는 것은 오직 사랑하는 것에 대해서만, 진정으로 사랑하는 것에 대해서만 말해질 수 있는 것이다. 여기서 우리는 왜 사랑이 죄를 극복하는 유일한 것인지를 알 수 있다.

신을 사랑하는 자, 그리하여 영원성을 사랑하는 자는 결코 영원성에 대한 지향을 버리지 않는다. 그리하여 그는 원초적으로 죄의 가능성으로부터 벗어나 있다. 만일 한 그리스도인이 그의 종교적인 삶을 추구하는 이유나 원동력이 '사랑'이 아니라고 한다면, 그는 결코 자신의 종교적인 삶에 대한 확신을 가질 수 없을 것이며, 마지막까지 그가 이 종교적인 삶을 지속할 수 있도록 보장하는 것은 어디에도 없을 것이다. 그것이 '돈'이거나 '위신'이거나 '고상한 문화'이거나 '철학적인 신념'이거나 사랑이 아닌 그 무엇도 언제나 변함없이 존속될 수 있는 것은 없다.

성경을 한마디로 요약하면 '사랑'이며, 이는 '신에 대한 사랑'과 '인간에 대한 사랑'이라고 말하는 신학자도 있다. 그런데 이웃이나 인간에 대한 사랑은 이해가 가지만 신에 대한 사랑은 무엇을 말하는가? 무엇이 신을 사랑하는 것인가? 인간을 사랑하는 것이 곧 신에 대한 사랑인가? 키르케고르는 그렇지 않다고 생각한다. 그는 절대자는 절대자로서 사랑하고 인간은 인간으로서 사랑하지만, 그 질적인 속성에서 사랑은 동일한 것이라 말하고 있다. 그는 신의 사랑은 한 인간을 절대적으로 사랑하면 알게 될 것이라고 한다. 이러한 그의 사유에는 참으로 신선하고도 근원적인 사유가 유지되고 있다. 중세의 수도자들은 수도생활이 곧 신을 사랑하고 인간을 사랑하는 것으로 여겼다. 그리고 그들은 마치 인간과 약혼을 하고 결혼을 하듯이 신과의 약혼식을 올리고 결혼식도 올렸다. 이러한 행위는 하나의 상징이지만 여기에는 본질이 내포되어 있다. 즉, 신을 사랑하는 것도 인간을 사랑하는 것과 다르지 않다. 다만 신에 대한 사랑은 절대자에 대한 사랑이기에 절대적인 사랑이 요구되는 것이다. 만일 그렇지 않았다면 그들은 세속을 떠나지 않았을 것이다. 키르케고르는 절대자를 향한 인간의 사랑, 영원성에 대한 사랑을 인간의 영혼을 에누리 없이 있는 그대로 긍정하고 있다. 그는 신에 대한 사랑을, 영원성에 대한 사랑을 마치 신화처럼 생각하는 현대인의 모습을 결코 인정할 수가 없다. 그렇지 않았다면 스스로 자신에 대해 '하느님과 약혼한 영혼'이라는 말 따위는 하지 않았을 것이다.

하느님을 사랑한다는 것은 절대적으로 사랑한다는 것을 말한다. 이러한 사랑은 모든 상대적인 지평을 넘어서고 모든 것을 조건 없이 사랑하고 원수를 사랑하는 것마저도 가능하게 하는 사랑이다. 이러한 사람은 곧 그의 삶의 모든 원리가 사랑이라고 말하는 사람이다. 즉, 단적으로 사랑이 그의 삶의 원리이기에 모든 것이 사랑하는 사람이 되는 그러한 사랑이다. 이는 아우구스티누스가 '사랑하라, 그리고 네가 원하는 것을 하라!'고 할 때의 그 사랑이다. 이러한 사랑만이 유일하게 모든 세상의 의무를 넘어설 수 있는 것이다. 만일 이러한 사랑이 아니라며 이 세상에는 단한 사람도 세상의 의무를 다할 사람이 없고, 세상이 죄라고 하는 것을 피해갈 수는 없을 것이다. 사회가 사회악을 가지고 있는 한, 누구도 사회의 한 구성원이면서 이 사회악을 피해갈 수는 없기 때문이다. 내가 죄를 지어서 죄인인 것이 아니라, 죄를 짓는 사회적 구조 속에 삽입되어 있기에 죄인일 수밖에 없는 것이다. 따라서 만일 그리스도교적 사랑을 그의 삶의 원리로 하지 않는 사람에게 정의의 문책을 하자면 자유로울 사람은 어디에도 없을 것이다. 하지만 사랑은 이러한 정의의 문책을 피해갈 수 있는 유일의 덕목이다. 정의란 사회적 의무를 말하는 것이다. 하지만 사회가 하나의 거대한 유기체와도 같기 때문에 아무리 의로운 자일지라도 사회적 구조의 틀 속에서 연계되어 있는 사람이 사회적 정의를 다할 수는 없다. 유일하게 이 사회적 정의의 문책을 피할 수 있는 것은 오직 사랑이다. "정의를 피해 내가 어디로 가야 합니까? … 한 곳, 내가 피할 수 있는 것이 있습니다. 사랑입니다" 들의 백합 공중의 새, 266쪽. 왜냐하면 사랑은 항상 의무 이상을 행하기 때문이다. 사랑은 의무가 못다 한 것을 채워줄 수 있는 유일의 것이다. 사랑은 본질적으로 내면적인 사건이기 때문이고 에고를 극복하는 힘이기 때문이다. 사회악이 본질적으로 사회구성원들이 지니는 이기적이 경향성에서 출발하는 것이라면 사랑은 본질적으로 '이기적'이라는 '에고'를 극복할 수 있는 유일한 힘이다. 내면적이고 자기 자신을 극복하는 힘으로서의 사랑은 진정한 위대함의 표징이다.

> 마음의 크기야말로 참다운 사람의 크기입니다. 그런데 마음의 크기란 바로 사랑에 있어서 자기를 극복하는 것입니다. _들의 백합 공중의 새, 79쪽

자기를 극복할 수 있는 사랑은 사회적 삶 안에 사회적 의무로

채우지 못한 것을 사랑의 의무로서 채운다. 사랑이 자기 자신을 극복하는 힘이고 마음의 크기란 바로 이 자신을 넘어서는 정도라고 할 수 있다. 나의 의무는 내가 누구인 것, 즉 나의 정체성 혹은 동일성으로부터 발생하는 것이다. 그런데 사랑은 이러한 '나'를 넘어서는 힘이다. '무엇을 극복한다는 것'은 곧 '무엇을 넘어서는 것'이다. 사랑은 주어진 '나'를 넘어서 내적으로 나를 무한히 위대한 존재로 변하게 하는 힘이다. 이러한 사유는 참으로 의미심장하고 희망적인 것이다. 왜냐하면 아주 작은 것으로도 '위대한 사람'이 될 수 있다고 말하고 있기 때문이다.

사랑은 바로 이 내적인 특성으로 인하여 모든 이에게서 볼 수 있는 평등한 그 무엇이다.

> 우리는 자애를 두 경우에 있어서 다 같이, 즉 반렙톤에서나 십만 타렐에서나, 그리고 권력 있는 사람들이 하는 전부에 있어서나 비참한 사람들이 하는 전무全無에 있어서나 다 같이 볼 수 있다는 사실을 잊어서는 안 된다. _사랑의 역사(하), 190쪽

키르케고르는 사랑의 내적이고 정신적인 특성을 매우 강조하고 있다. 그래서 그는 "가난한 사람에게 자애의 실천에 관해서 설

득을 하는 일에는 형언할 수 없이 화해적인 무엇이 감돈다!"^{사랑}
의 역사(하), 179쪽라고 말하는가 하면, "자애란 전혀 아무것도 할 수
없을 때 가장 뚜렷이 드러난다. 왜냐하면 그때야말로 자애가 무
엇인지를 결정적이고도 정확하게 볼 수 있기 때문이다"^{사랑의 역}
사(하), 190쪽라고 말하기도 한다. 가난한 사람은 사랑을 받아야 할
대상임에도 사랑을 실천하도록 설득한다든가, 전혀 아무것도 할
수 없을 때 오히려 사랑이 가장 잘 나타난다고 하는 것은 일견 모
순되는 것 같지만, 사랑의 정신적이고 내적인 특성을 감안한다
면 충분히 납득할 수 있는 일이다. 부자들은 자신들이 가진 부로
인하여 부를 나누어주면서 사랑을 실천할 기회가 많다고 생각한
다. 그리하여 '부를 나누어 주는 행위'를 곧 사랑으로 착각하기도
한다. 하지만 전혀 사랑이 없이도 부를 나누어 주는 일은 얼마든
지 할 수 있으며, 오히려 자기 자신을 위해서 부를 나누어줄 수도
있다. 하지만 가난한 이들은 본질적으로 나누어 줄 부가 없기 때
문에 할 수 있는 일은 오직 내적인 일, 즉 '사랑하는 것'뿐이다. 그
렇기 때문에 진정 사랑이 순수하게 발견되는 곳은 가난한 자들
에게서이다. 아마도 가톨릭의 수도자들이 '가난'을 제일 덕목으
로 꼽고 있는 이유도 '가난' 그 자체가 좋은 것이어서가 아니라 바
로 이 사랑의 순수성을 간직하고자 하기 때문일 것이다.

이러한 측면에서 가장 순수한 사랑의 행위는 '기도'나 '염원'일 것이다. 사랑이 본질적으로 내면적인 사건이며 정신적인 행위라는 차원에서 사랑은 가장 내면적인 어떤 것이다. '이념'이나 '신념'은 그것이 외적인 행위와 결부되지 않을 때, 불완전한 것으로 남아 있겠지만, 사랑은 오히려 완전히 내면적인 것이 될 때 완전하게 된다.

만일 참으로 그대가 자애를 본다면, 자애는 결코 놀라움을 불러일으키지는 않는다. 자애는 그대를 감동시키고, 그리고 자애는 바로 내면성인 까닭에 그대에게 가장 내면적인 인상을 부여한다. _사랑의 역사(하), 191쪽

사랑이 본질적으로 내면성이기 때문에 엄밀히 말하면 사랑은 그 자체 의무의 질서를 벗어나 있다. 진정 사랑을 자기 삶의 원리로 살아가는 사람은 율법이나 관습 혹은 윤리·도덕적인 규범들을 초월한다. 왜냐하면 내면성으로서의 사랑은 이러한 일체의 외면성을 넘어서 있기 때문이다.

사랑하는 사람은 '사회적 자기동일성'으로서의 '자신'을 넘어서 있으며, 일종의 절대적인 지평에 있다. 그래서 키르케고르는 사

랑이 일체의 것에 의미를 부여하게 된다고 말하고 있다.

> 사랑은 일체―切입니다. 그러므로 사랑을 하고 있는 인간에게는 무엇이든 그 자체로서는 의의를 잃게 되고, 다만 사랑이 그것에 주는 해석에 따라서 일체는 의의를 갖게 됩니다. _유혹자의 일기, 199쪽

사랑이 모든 인간의 행위에 대해서 새롭게 해석할 수 있고, 이에 따라서 일체가 의의를 가질 수 있다는 것은 사랑은 가치 판단 이전의 것, 혹은 가치 판단의 원리 그 자체라는 말이다. 그렇기 때문에 진정 사랑하는 사람이라면 모든 사회적 판단, 관습적 판단의 기준을 넘어서 있고 모든 사회적 판단의 질책으로부터 자유롭다. 그래서 정의의 준엄함을 피할 수 있는 것이 곧 사랑이다. 사랑하는 자는 사랑이 자기 삶의 원리라는 것으로부터 그리고 사랑하기를 멈추지 않는다는 한에서 항상 자기 자신으로 남아 있다. 사랑하는 것을 자신의 삶의 원칙으로 하는 사람에게 죄가 있다면 오직 사랑하기를 멈추는 것, 사랑하는 것을 포기하는 것에 있다. 그래서 죄란 '사랑이 있어야 할 곳에 사랑이 부재하는 순간'뿐이다. 그런데 진정 사랑을 삶의 원리로 하는 사람이 사랑하기를 멈춘다는 것은 있을 수 없다. 왜냐하면 사랑스럽지 않은

것, 사랑할 수 없는 것을 사랑스러운 것, 사랑할 만한 것으로 찾아내는 것이 또한 사랑의 원리이기 때문이다. "참 사랑이란 사랑스러운 대상을 찾아내는 일이 아니라, 사랑할 수 없는 대상을 사랑스러운 것으로 찾아내는 것이다"사랑의 역사(하), 142쪽. 키르케고르의 사랑에 관한 이해는 성경이 말해주는 사랑의 개념에 충실하다. 성경에서도 '사랑은 결코 가시지(없어지지) 않는 것'이라고 말한다.

3
죄를 없이 하는 사랑의 효력성

키르케고르가 말하고 있는 사랑의 특성 중 하나는 사랑은 사람을 자유롭게 한다는 것이다. 이는 곧 '용서'의 특성이다. 사랑이 일체의 것을 새롭게 해석하고 그것에 의미를 부여한다는 것은 사랑의 절대적인 특성을 말한다. 이는 일체의 상대적인 것을 넘어서 있는 것이다. 그렇기 때문에 사랑은 일체의 것을 용서할 수 있고 죄를 없이 할 수 있는 유일의 것이다. 왜 사랑이 절대적인 특성을 가지며 또 죄를 용서할 수 있는 능력인가? 그것은 진정한 사랑은 '절대자와의 관계성' 아래 놓여 있기 때문이다.

사랑하는 사람은 자기 자신과 사랑이 없는 자 사이에 보다 고차원적인 존재를 끌어들인다. 그렇게 함으로써 그는 자기 자신을 제거한다. 사람과 사람 사이의 관계에 제3자가 개재하지 않을 경우에는, 그런 관계는 좋아하는 사이건 미워하는 사이건 간에 불건전한 것이 된다. 제3자, 이것을 사상가들은 이념이라고 부르지만, 이 제3자는 곧 선이고 진리고, 좀 더 정확하게 말해서 하느님=관계다. _사랑의 역사(하), 205쪽

죄란 무엇인가? 죄란 '규범의 일탈'을 의미한다. 그것이 윤리·도덕적인 규범이건, 실증법이 정해둔 법적 조항이건 혹은 종교적 율법이건 일체의 '규범에 대한 일탈 혹은 파괴'이다. 그렇기 때문에 모든 '죄'는 정상적인 혹은 당위적인 것에 대한 일탈을 의미하고 죄가 실제로 성립되기 위해서는 '단죄하는 자'와 '단죄받는 자'가 가정된다. 즉, 단죄하는 자가 없다면 죄는 성립되지 않는다. 그런데 사랑은 단죄하는 자와 단죄받는 자 사이에 제삼자인 하느님을 개입시킨다. 그리고 이 두 사람 사이의 관계 안에서 일체의

판단은 보류되고 하느님의 몫이 된다. 왜냐하면 신 앞에서 두 인간은 근원적으로 평등의 관계이기 때문이다. 인간이 판단하는 일체의 높고 낮음, 일체의 의로움과 정의감은 신 앞에서 무용하다.

> 하느님의 현존은 두 사람을 본질적으로 동등하게 만든다. … 인간적으로 말해서 그 차이가 엄청난 것이라 하더라도 하느님께서는 다음과 같이 말씀할 권리를 갖고 계시다. ─ '내가 현존하고 있을 때는, 어느 누구도 그런 차이를 의식할 생각을 못 할 것이다._사랑의 역사(하), 209쪽

이렇게 그리스도교에서 사랑이란 곧 하느님과 인간과의 관계성 그 자체를 의미한다. 누구든지 하느님과 진정한 관계성 안에서 살아가는 자는 '사랑'을 그 원리로 살아가는 자이며, 진정으로 사랑을 그 삶의 원리로 살아가는 자가 있다면 '하느님의 현존'과 더불어 살아가는 자이다. 이러한 사랑은 일체의 자신의 윤리·도덕적인 판단을 하느님에게 맡긴다. 그렇기 때문에 "진정한 사랑이란 곧 자기부정의 사랑이다"사랑의 역사(하), 251쪽. 진정 자기 자신을 부정하는 이에게 타인에 대한 판단이나 단죄는 있을 수 없다. '자기부정'이란 자신의 윤리·도덕적인 '의로움'에 대한 부정

을 말한다. 다시 말해서 율법을 충실히 이행함으로써 가지게 된 자신의 의로움에 대한 부정이다. '창녀'를 단죄하려고 한 유대인들에게 그리스도는 '누구든 죄 없는 자가 먼저 돌로 칠 것'을 주문하였다. 여기서 '죄'를 언급하는 것은 곧 사람들로 하여금 절대자인 신 앞에 나서도록 하는 것이다. 이는 곧 신 앞에서 자기부정(의로움에 대한 부정)을 감행하는 그 사랑을 요청한 것이고, 아무도 이 요청을 거절할 수가 없었다. 이러한 '자기부정'은 곧 죄를 성립시킨 '율법에 대한 부정'이라고 할 수 있다. 다시 말해 '죄'를 성립시킨 것이 '율법'이고, 이 율법을 무화시킨 것이 곧 사랑이다. 따라서 키르케고르에게 진정한 신앙인은 ―최소한 이념적으로는― 절대적인 평등을 실현하는 자이다. 사랑의 범주 안에 제외되는 이는 아무도 없으며, 예외 없이 모든 사람이 동등하게 사랑의 대상이 되는 것이다. 사실 이러한 보편적인 사랑은 대다수 그리스도교의 신비주의자들이 최고의 이상으로 삼았던 그 사랑이며, 이러한 사랑의 보편성이 가장 신성神性에 가까운 것이었다. 우리에게 잘 알려지지 않은 근대의 한 독일철학자인 에카르츠하우젠Eckartshausen은 『신은 가장 순수한 사랑이다』에서 이를 다음과 같이 표현하고 있다.

가장 최상의 인간은 가장 많이 사랑하는 자이다. 이러한 사람은 탁월한 방식으로 우선적으로 신성함과 유사하게 되고자 하는 사람이고, 신성으로 가까이 다가가는 사람이다. 따라서 나의 결론은 사람들을 사랑하는 것이다. 사람들, 다시 말해 지역이나 국가, 그리고 종교나 다른 어떤 관계들과 무관하게 일체의 사람들을 사랑하는 것이다. _Dieu est l'amour le plus pur, p.33

진정한 그리스도교인이라면 누구나 사랑이 신과의 관계성의 핵심이라고 생각하겠지만, 그럼에도 인간이 오직 사랑으로써만 하느님과 관계하는 것은 아니다. 구약의 유대인은 율법으로써 하느님과 관계하였다. 하지만 그리스도가 온 이후로 사람들은 비로소 사랑으로써 하느님과 관계하기 시작하였다. 그래서 사랑하는 자와 하느님과의 관계는 오직 '사랑의 관계'만이 남게 된다. "그는 하느님과 관계하되 진정한 사랑으로써만 하느님과 관계한다"사랑의 역사(하), 244쪽. 사실상 오늘날 여전히 수많은 크리스천이 사랑보다는 율법을 통해서 하느님과 관계하고 있다. 그들은 열심히 교회에 출석하며 온갖 종류의 신심단체에 가입하고 평균 이상의 헌금을 하고 주기적으로 봉사를 하면서 스스로 '의롭다'고 생각하는 것이다. 그리고 자신의 기준에 못 미치는 사람들을 마치 신앙이 부족한 자들처럼 치부하는 것이다. 이러한 외형적이고 드러나는 것들을 통해서 사람들을 구속하고 또한 스스로를 율법의 틀 속에 가두어버리는 것이다. 눈에 보이는 율법을 강조하면 할수록 그만큼 죄의식이 늘어간다. 하지만 사랑하는 사람은 이러한 죄의식으로부터 사람들을 자유롭게 하고자 한다.

사랑하는 사람은 사람을 자유롭게 하는 일이 얼마나 어려운 일인가를 너무나도 잘 알고 있다. 즉, 사람을 악으로부터 해방시켜주는 것, 패배한 자가 겪고 있는 굴욕감을 풀어주는 것이, 자신에게는 용서가 필요하다는 암담한 생각에서 해방시켜준다는 것이, 궁극적으로는 이런 모든 어려움에도 불구하고 자신의 사랑을 획득한다는 일이 얼마나 어려운 일이라는 것을 사랑하는 사람만이 너무나도 잘 알고 있다. … 왜냐하면 패배한 자가, '이제는 나를 용서한 것입니까?'라고 물을 때, 사랑하는 사람은 '이제 그대는 참으로 나를 사랑합니까?'라고 묻기 때문이다. _사랑의 역사(하), 211쪽

만일 사랑하는 사람이 진정으로 용서를 받아야 하는 일이 있다면 그것은 오직 사랑하지 않았거나 충분히 사랑하지 못하였다는 사실밖에 없을 것이다. 어떤 의미에서 사랑은 모든 것에 너그

럽다. 하지만 사랑이 없다는 사실에 대해서는 단호하다. "사랑하는 사람이, 사랑이 없는 자에게, 그가 옳지 않았음에도 불구하고 옳았다고 생각하게끔 하려고 한다면, 그것은 나약성이지 결코 사랑이 아닐 것이다"사랑의 역사(하), 204쪽. 사랑이 율법을 무화시키는 것은 율법을 무시하거나 없애버리는 것이 아니다. 율법이 진리와 선을 위해서 존재하듯이 사랑도 진리와 선을 위해서 존재한다. 다만 사랑은 율법의 자리에 '하느님과의 관계'를 내세운다. 그리고 이것을 위해서 사랑은 스스로 자신을 숨기고 자기부정을 감행하는 것이다. 그렇기 때문에 진정 사랑으로써 교류하고 소통하는 사람들 사이에서 오해란 있을 수 없다. "그의 사랑의 존속으로써 극복할 수 없는 오해란 세상에는 없다"사랑의 역사(하), 159쪽.

사랑하는 사람의 입장에서 보면 모든 단죄하는 행위는 신의 자리에 자신을 두는 것이 된다. 그렇기 때문에 사랑하는 사람이 할 수 있는 유일의 것은 사랑하는 일이며 상대방에 대해서 '사랑하라'는 말이 전부일 것이다. 그렇기 때문에 엄밀한 의미에서 사랑하는 사람에게 '죄 있는 자'란 있을 수 없다. 모든 것이 자애의 대상이지 단죄의 대상은 아니기 때문이다. 그래서 용서를 하지 못한다는 것은 그 자체 부당하게 죄를 연장하거나 증가시키는 것과도 같다. 키르케고르는 이러한 용서와 단죄 사이의 심리적인 사태를 아주 날카롭게 파악하고 있다.

> 용서를 매정하게 보류하는 사람이야말로 많은 죄의 양을 더 증가시키는 것이 아닐까? … 그렇다면 용서를 보류하고 있는 사람은 무엇을 하고 있는 것일까? 그는 죄를 증가시키고 있는 것이다. … 용서는 죄에서 생명력을 빼앗지만, 용서의 보류는 죄에다 영양을 보급한다고 하겠다. 그렇기 때문에 비록 새로운 죄가 발생하지는 않는다 하더라도, 만일 동일한 죄가 단순히 지속하기만 해도, 새로운 죄가 사실상 생기게 된다. 왜냐하면 죄는 죄 위에서 성장하기 때문이다. 그리고 죄의 지속은 곧 새로운 죄다. _사랑의 역사(하), 140쪽

용서의 보류가 새로운 죄를 탄생시키는 것과 같다는 이러한 키르케고르의 사유는 일견 매우 부당한 것 같지만 조금만 깊이 생각해보면 현실의 일들에서도 아주 잘 이해할 수 있다. 어떤 범죄 행위를 한 사람을 생각해보자. 그가 '범죄자'라는 딱지를 달고 있다는 사실은 이미 어느 순간 그가 단죄를 받았다는 것을 말해준다. 그리고 '단죄 행위'는 이미 그가 행한 행위에 대해서 죄의 대가를 받은 것을 말한다. 그럼에도 그가 '범죄자'란 딱지를 달고 있다는 것 자체는 끊임없이 새롭게 과거 어느 시점에 행한 범죄 행

위로 말미암아, 그리고 이미 한번 처벌을 받은 적이 있는 행위로 말미암아 사람들에게 '범죄자'로 인식되면서 매번 새롭게 처벌받고 있는 것과 같다. 만일, 용서가 뒤따르지 않는다면 범죄자는 단 한 번의 범죄 행위로 평생을 도망자처럼 지내게 될 것이며, 이는 곧 매번 새롭게 부당하게 이미 처벌받은 그 행위를 되-처벌받는 것과 같다. 그런데 사랑은 그 자체가 마치 용서의 행위처럼 나타난다. 사랑은 이러한 부당한 죄의 지속을 단절하는 유일한 것이다. 물론 키르케고르에게서 사랑의 이러한 용서의 행위가 무조건적인 용서를 의미하지는 않는다. 사랑이 모든 것을 용서할 수 있는 이유는 용서받는 사람이 어떠한 죄를 범했건 그가 지금 현재 사랑하고 있다는 것을 전제할 때이다. 왜냐하면 죄란 '사랑이 있어야 할 곳에 사랑이 없는 것'을 의미하기 때문이다.

사랑은 넘쳐흐르는 온유와 자비로 이렇게 말합니다. '나는 그대의 모든 것을 용서한다. 그대가 적게 사랑받는다면 그것은 그대가 적게 사랑하기 때문이다.' 정의는 준엄하게 한계를 긋고 말합니다. '더는 안 된다. 한도가 찼다. 그대에게 용서는 없다. 그리고 거기에 머뭅니다. 사랑은 말합니다. 그대는 모든 것을 용서받는다. 만일 그대가 적게 사함받는다면, 그것은 그대가 적게 사랑하기 때문이

다. _들의 백합 공중의 새, 265쪽

　죄인에게 회개를 명하는 것이 율법이라면 키르케고르의 사랑
은 죄인에게 사랑할 것을 명하고 있다. 근본적으로 사랑은 죄
를 없이 하는 것이기 때문이다. 이러한 사유는 비록 정의의 개념
에 대해서는 매우 막연한 사유 같지만 매우 적극적인 것이고 원
천적으로 죄의 가능성을 제거하는 매우 효력적인 것이다. 왜냐
하면 죄인으로 하여금 더 이상 그의 죄를 묻지 않고 그로 하여금
'사랑'할 것을 주문하고 있기 때문이다. 그렇기 때문에 '사랑의 윤
리학'은 진정 보편적인 윤리이다. 이는 죄인이나 의인, 부자나 가
난한 자 혹은 건강한 자나 병든 자 모두 예외 없이 진정한 윤리적
삶을 살아갈 수 있다고 말하고 있기 때문이다.

　따라서 키르케고르의 이 보편적인 사랑은 단지 사랑할 대상의
범주나 외연을 없애버리는 차원이 아니다. 이는 사랑하는 자와
사랑받는 자의 간격이나 차이를 철폐해버리는 것을 의미한다.
즉, 누구나 사랑받을 수 있는 자가 되어야 한다는 것이 아니라,
누구나 사랑할 수 있는 자가 되어야 한다고 말한다. 이는 매우 적
극적인 것이다. 왜냐하면 이는 죄인으로 하여금 사랑할 수 있는
자격을 부여함으로써 죄의 가능성을 원천적으로 제거하는 것을

의미하기 때문이다. 이와 같은 사랑은 그리스의 윤리학이 봉착하여 난파하였던 '죄'의 문제를 극복할 수 있는 유일한 덕목이자 모든 개별적인 윤리적인 덕목을 넘어서는 것이라 할 수 있다.

세창사상가산책 | SØREN AABYE KIERKEGAARD

8

불안과 희망

1
인간 실존의 근원적인 기분으로서의 불안

윤리적 실존에서 삶의 원리인 사랑이 한 개인의 삶을 마치 성인聖人의 경지에 이른 것처럼 보이게 할지라도 인생의 근원적인 문제가 끝난 것은 아니다. 이 인생의 근원적인 문제란 바로 '인간은 근원적으로 불안하다'는 것에 있다. 사랑이 삶의 원리라면 불안은 존재론적인 지반과도 같다. 삶의 원리인 한 그것은 삶을 살아가면서 형성하게 된 어떤 것이며, 존재론적인 지반이란 삶이 형성되기 이전에 삶의 근원적인 출발점으로서 존재하는 그 무엇이다. 따라서 논리적으로 보면 인간이 사랑을 삶의 원리로 가지기 이전에 이미 그곳에 불안이 —최소한 잠재적으로— 먼저 있었다는 것이다. 그래서 결과론적으로 보면 인간이 사랑을 그의 삶의 원리로 취하는 것은 불안하기 때문이며, 이 근원적인 불안을 해결하기 위한 최상의 방법으로서 사랑하는 삶을 선택할 수밖에 없는 것이다. 하지만 사랑이 불안을 극복하는 한 방법이기는 하지만 사랑은 자신보다 근원적인 불안을 완전히 해결할 수는 없다. 아무리 그의 삶을 사랑으로 가득 채우고 있을지라도 불안은 여전히 그의 존재의 근원적인 기분으로서 자리 잡고 있다. 이것이 키르케고르가 발견한 인간의 진실이다. 그렇다면 인간이 근원적으로 불안한 존재이며, 불안이 그의 존재론적인 지반처럼 자리하고 있는 이유는 어디에 있는가? 키르케고르는 그 이유를 인간이란 '정신으로 규정된 존재' 혹은 '정신적으로 규정되어야 할 존재'이기 때문이라고 보고 있다.

> 자기가 위대한 것은 자기가 일찍이 불안을 느껴본 일이 없다는 바로 그 점에 있다고 생각하고 있다면, 그러한 현상은 그가 바로 정신을 결여하고 있기 때문이다. _불안의 개념, 314쪽

한 개인이 자신이 위대한 이유가 불안을 느끼지 않는 것에 있다고 생각하는 일은 흔히 있을 수 있다. 심리적인 차원에서 보면 그리스도교적 진리를 지니고 있지 않는 대다수 스스로 위대하다고 생각하는 사람들은 대개 '불안함'을 느끼지 않는다고 말한다. 어떤 관점에서 보면 과학기술 문명이 탁월하고 발전하고 있는 현대문명의 특징이 바로 사람들로 하여금 '불안'에서 해방시켜주며 이로써 사람들은 자신들의 위대함을 말하고 있다. 가령 '과학기술'의 놀라운 발전을 통해서 인체를 낱낱이 이해하고 그리하여

질병의 원인을 알고 이러한 질병을 치유하고 예방하면서 인간은 질병의 불안으로부터 해방되었다고 생각한다. 지질학이나 기상학을 통하여 자연재해의 원인을 알고 있으며 나아가 우주의 모습이나 행성이나 항성의 운동을 잘 알고 있는 과학자들은 이러한 지식이 천체현상에 대한 미신을 통해 가지게 된 인간의 불안을 해결해주고 있다고 생각한다. 나아가 인간의 의식이나 심리현상을 분석하는 심리학자들은 인간의 불안이 한 개인의 과거사안에서 발생한 특정한 일들이 빚어낸 '트라우마'라고 생각하고 이를 해결하면서 사람들을 불안에서 해방해주고 있다고 생각한다. 그리고 사람들은 이 모든 사실을 통해서 인간을 불안으로부터 해결해주는 '과학의 위대한 힘'을 말하고 있다.

심지어 어떤 관점에서 보면 '자유'를 추구하는 철학자들의 사상에서도 이러한 사유의 특징을 발견할 수 있다. 가령 '필연성을 잘 통찰하면서 이 필연성에 따르는 사람은 자유로울 수 있다'고 생각하는 스피노자의 사유도 '불안에서 해방하는 것'을 말한다. 내가 비록 비행기에서 추락하고 있을지라도 이 사태 자체가 지니고 있는 필연성을 잘 이해하고 있다면, 그리하여 이러한 필연적인 사실을 잘 따를 수 있다면 ―왜냐하면 필연적인 한 인간의 힘으로는 어찌할 수 없는 것이기에― 불안해할 것도 두려움에

떨 필요도 없을 것이기 때문이다. 그래서 그는 "내일 지구의 종말이 올지라도 태연하게 사과나무를 심겠다"고 말한 것이다. 과학자도 심리학자도 철학자도 현대의 지성들은 하나같이 인간을 불안과 공포에서 해방시키면서 인간의 위대함을 말하고 있다.

하지만 키르케고르는 이러한 사고는 자신을 기만하고 인간을 기만하는 것이라고 생각한다. 그것이 무엇이든 외부에서 인간을 위협하는 불안은 진정한 불안이 아니다. 언어적으로 엄밀하게 구분하자면 외부의 어떤 것으로부터의 위협은 '두려움' 혹은 '공포'라고 하는 것이 정확한 표현일 것이며, '불안'은 알 수 없는 그 어떤 이유로부터 '내적으로 안정되지 않음'이라고 할 수 있을 것이다. 따라서 외부세계의 위협, 즉 자신의 근원적인 것이 아닌 일체의 위협으로부터 학문이 인간을 해방시키는 것은 진정한 해방이나 자유가 아니다. 왜냐하면 인간은 그가 인간으로 존재한다는 그 사실로 인하여 불안할 수밖에 없는 존재이기 때문이다.

앞서 우리는 '어린이는 순결하기 때문에 불안하며 불안이 곧 순결'이라고 말한 바 있다. 자연과학이나 사회과학이 인간을 불안으로부터 해방하는 그 불안은 본질적으로 인간을 위협하고 있는 외적인 것들로부터 인간을 안심시키는 것이다. 하지만 아무 것도 알지 못하는 순결한 어린이가 가지는 불안은 ―그가 무지하다는 그 사실로부터— 외부적인 요소로부터 발생한 것이 아니다. 그 불안의 근원은 그가 정신으로 규정되어야만 하는 인간이라는 사실, 더 정확히는 그가 '꿈을 꾸고 있는 정신'을 가지고 있다는 그 사실에서 기인된다.

키르케고르의 사유로부터 우리는 자기 자신을 내적인 것으로 규정하는 사람과 외적인 것으로 규정하는 사람을 구분해볼 수 있다. 가령 언론플레이를 통해서 자신의 시집을 베스트셀러가 되게 하여 스스로를 '최고의 시인'이라고 생각하는 사람과 '시인'이기 때문에 '시작詩作'에서만큼은 일체의 타협이나 가식이 끼어들어서는 안 된다고 생각하는 사람이 있을 수 있다. 전자는 '최고의 시인'이라는 그의 정체성이 '베스트셀러' 혹은 '대중의 찬사'이라는 외적인 사실로부터 주어지는 것이라면, 후자는 '진실한 시인'이라는 그의 정체성이 자신의 내적인 것으로부터 주어진다. 이렇게 사람들은 자신의 본질을 '외부'에 두는 사람과 '내부'에 두는 사람으로 구분된다. 이러한 삶의 원리는 정치가, 교사, 기업인, 예술가, 종교인, 예술가 등 모든 분야에 동일하게 적용될 수 있다. 키르케고르는 여기서 진정한 자기 자신이란 '내면성'에 있다고 생각한다. 그리고 이 내면성이 부재不在할 때 나타나는 증상이 곧 '불안함'이다.

'내적인 자신'이 부재할 때 불안하게 된다는 사실은 작은 일상의 일들에서도 자주 경험할 수 있다. 사람들은 일상생활에서 본의 아니게 거짓말을 하게 된다. 선의의 거짓말이라고도 하는데, 가령 우편물을 부쳐 달라는 어떤 사람의 부탁을 깜빡 잊었을 때 '우편물을 부쳤는가'라는 물음에 '부쳤다'고 거짓말을 하게 된다. 그러고는 한시라도 빨리 부쳐야지 생각하지만 여러 가지 이유로 못 하고 있을 때, 불안을 느낀다. 이와 마찬가지로 연구 과제를 신청하거나 보고서를 올려야 하는데 일을 미루고 있을 때에도 왠지 모를 불안함을 느끼게 된다. 이러한 불안은 근본적으로 일이 잘못되어 어려움을 겪게 될 것에 대한 두려움이기도 하겠지만 근원적으로 내가 당연히 해야만 할 일을 하지 못함으로써 '나 자신의 부재'를 체험하는 것이기에 불안한 것이다. 소설가나 화가는 글을 쓰거나 그림을 그리는 동안에는 불안함을 느끼지 않는다. 하지만 어떤 이유로 오랫동안 글을 쓰지 못하거나 그림을 그리지 못할 때에는 왠지 모를 불안함을 느낀다. 왜냐하면 이들은 자신이 해야 할 일을 미룸으로써 '자신의 부재'를 체험하기 때문이다. 비록 외적으로 여전히 소설가이고 화가이며 누구나 자신이 소설가이고 화가임을 인정해준다고 하더라도 자신의 내면 안에서는 이러한 것이 '부재하고' 있음을 느끼는 것이다.

이러한 자기 자신의 부재는 사실상 인간이라면 누구나가 체험하는 것이다. 왜냐하면 인간이 정신으로 규정되어 있다는 것은 구체적인 '누구'라는 자기를 정립하여야만 한다는 것인데, 대다수 인간은 '나는 누구인가?'라는 진지한 물음에 대해서 '나는 누구'라고 말할 수 있는 구체적인 존재를 망각하고 있는 것처럼 느끼기 때문이다. '과연 나는 진정으로 누구인가?'라는 질문이 보다 근본적으로 내면적일수록 이러한 것에 대한 답변이 궁색하다는 것을 체험하는 일은 항상 있을 수 있다. 그래서 보다 근원적이 될수록 보다 불안이 깊은 것이다.

오늘날 현대인의 의식 속에서 점점 불안이 증가하고 있다면, 그 근본적인 이유는 '자기 자신의 부재'에 대한 체험 때문일 것이다. 심리학자들은 많은 사람이 아주 성실히 잘 살고 사회적으로 제법 성공을 이루고 있지만 어느 날 갑자기 불안해하며 정신과를 찾는다고 한다. 이러한 불안은 대개 '삶에 대한 무의미함'을 체험하기 때문이다. 이는 어떤 관점에서 보면 비로소 '자신의 삶 그 자체'에 대한 질문을 하기 시작했다는 긍정적인 관점으로 해석할 수 있다. 다시 말해서 과거의 어느 순간이나 미래의 어느 순간의 문제가 아니라, 자신의 삶 그 자체에, 즉 평생 동안의 자신의 삶에 대한 의문이라고 해야 할 것이다. 즉, '나는 도대체 누구인가', '나는 무엇을 하는 사람인가'라는 질문들은 '나에게 진정 의미 있는 삶이란 어떠한 삶인가'라고 묻는 것이며, 이에 대해서 이들은 전혀 답변할 만한 것이 없다고 느끼는 것이다. 즉, 무의식중에라도 그들은 한 번뿐인 자신의 소중한 삶이 무의미하게 끝나버릴 것이라는 생각에 불안한 것이다. 의미 있는 자기 자신이 전혀 없다는 것, 이는 철학적으로 '자아의 부재'를 말하며, 문학적으로 '텅 빈 영혼'을 지니고 있다고 말한다.

그런데 열심히 잘 살고 있는데, 왜 이렇게 불안을 느끼는 것일까? 왜 성실하고 성공적인 삶이 무의미하게 느껴지는 것일까? 그것은 곧 인간의 정신이 '자유'이며 '가능성'이라는 데에 있다.

> 역사가 현실성이고, 이 현실에는 자유의 가능성이 선재先在한다. … 가능성은 할 수 있다는 것이다. 가능성과 현실성의 사이에 중간 규정이 있는데, 이것이 불안이다. … 불안은 구속된 자유인 것이다. 불안 속에서 자유는 자기 자신으로서 자유로운 것이 아니라, 구속되어 있는 것이다. _불안의 개념, 93쪽

정신을 가지고 있다는 것은 과거와 현재와 미래를 동시에 생각할 수 있다는 것을 말하며, 이는 또한 과거와 현재를 통해서 미래

를 기획할 수 있다는 것을 의미한다. 인간의 정신은 항상 더 나은 미래를 꿈꾼다. 더 나은 것을 지향한다는 이것이 곧 '자유'를 지향한다는 것을 의미하는 것이다. 현재라는 필연성의 틀 속에서 벗어나고자 하는 것이 곧 '자유'에 대한 추구이다. 더 나은 것을 꿈꾼다는 것은 '무엇이 가능할 수 있다는 것'을 생각한다는 것이다. 바로 이 가능성이 인간으로 하여금 불안하게 한다. 왜냐하면 그 가능성을 실현하는 것이야말로 자기 자신을 추구하는 것이기 때문이다. 이 가능성에 대한 실현이야말로 진정 '자기 자신'을 정립하는 것이며 또한 자유를 쟁취하는 순간이다. 하지만 인간은 그 무엇을 쟁취하고 실현하더라도 여전히 어느 순간 무의미함을 느끼고 또 다시 가능성을 체험하게 된다. 인간의 정신이 가능성이며 현 상태를 넘어서 무언가 실현할 수 있는 것이 곧 '자유'를 의미한다는 사유는 인간을 정신적 존재로 보는 사상가들의 전형적인 사유라고 할 수 있다. 가령 우리는 베르그송의 사상에서도 이를 발견할 수 있다. "베르그송에 있어서 자유의 의미는 언제나 생명이 자기의 현 위치를 초극하는 데 있다"베르그송의 철학, 209쪽. 다만 키르케고르에게 이러한 '가능성'의 실현은 인간의 정신이 영원성과 맞닿아 있다는 그 근원적인 사실에서 기인되고 있다. 영원과 맞닿아 있지만 여전히 시간 속에 존재하는 인간이란 무의식중에라도 항상 이 영원한 것을 갈망하지만 또한 언제나 이 영원한 것과 어느 정도 거리를 두고 있다고 생각하게 된다. 그렇기 때문에 보다 진지하게 근원적으로 자기 자신을 생각할수록 불안을 느끼지 않을 수 없는 것이다. 이러한 키르케고르의 사유는 '나의 영혼은 신의 품 속에서 휴식할 때까지 진정한 휴식을 취할 수 없다'고 고백한 아우구스티누스의 그것과 매우 흡사하다. 즉, 인간은 그가 죽기 전까지는 주기적으로 '불안함'을 체험하지 않을 수 없는 존재이며 근원적으로 불안을 자신의 존재의 근원적인 모습으로 지니고 있는 것이다.

2
종교적 실존의 불안과 희망

그렇다면 인간은 무엇으로 이러한 '텅 빈 영혼'을 채울 수 있을 것인가? 베르그송은 '모든 문제란 문제가 무엇인지를 정확히 알게 되면 해답은 바로 거기에 있다'고 하였다. 불안 역시 마찬가지다. 만일 불안을 느끼는 사람이 불안의 원인이 어디에 있는지를 그리고 불안의 성격이 무엇인지를 정확히 알고 있다면 해답은 바로 거기에 있다. 그 해답은 곧 종교적 실존으로 도약하는 것이다. 왜냐하면 인간성이 가진 근원적인 불안은 그가 영원성과 맞닿아 있다는 것에 있기 때문이다. 그런데 종교적 실존을 가진다는 것은 무엇을 의미할까? 이것은 어떻게 가능한 것인가? 그것은 바로 신앙을 가지는 것, 즉 믿음의 사건이다.

영원한 젊음을 지니고 불안이 주는 죽음의 고통에서 벗어나 계속 자신을 발전시키는 것이 신앙이다. 이 일을 할 수 있는 것은 오로지 신앙뿐이다. 왜냐하면 오로지 신앙에 있어서만 종합이 영원히, 그리고 각 순간마다 가능하기 때문이다. _불안의 개념, 234쪽.

키르케고르에게 신앙을 가진다는 것, 즉 종교적 실존을 가진다는 것은 곧 인간성의 발전을 의미한다. 위에서 그가 말하고 있는 '종합'이란 '시간성과 영원성', '무한과 유한', '절대적인 것과 상대적인 것'의 종합이다. 실존의 권태를 안고 사는 대다수 일반인들에게 이러한 종합은 거의 이루어지고 있지 않다. 그렇기 때문에 불안은 항상 실존의 근원적인 분위기처럼 자리 잡고 있다. 많은 사람은 이러한 자신들의 불안을 의식하지도 못한 채 살아간다.

그렇기 때문에 근원적인 불안을 느낄 수 있다는 것은 종교적 인간이 되기 위한 제일 조건처럼 고려된다. 종교적인 인간은 시간성과 영원성, 절대와 상대, 무한과 유한의 종합을 시도하는 자이다. 이러한 종합이 어떻게 가능한가 하는 것을 이해한다는 것은 곧 그가 말하고 있는 신앙, 즉 '믿음'을 이해하는 것이다.

근본적으로 시간성의 질서 안에 살아가고 있는 범인들에게 시간성과 영원성의 종합이 어떻게 가능할까? 시간성과 영원성의 종합이란 유한하고 한시적인 인간의 삶을 영원한 존재와의 관계성 속에서 확립하는 것을 말한다. 더 쉬운 말로는 나의 인생이 신의 섭리에 의해 주어진 것이며, 나의 전 인생이 섭리를 통해서 의미를 가지게 되는 것을 말한다. 나의 탄생이 우연이 아니며, 내가 오늘 어떤 직업이나 어떤 자아를 가지게 된 것이 영원한 존재와의 관계성 속에서 그 의미를 가지게 될 때, 비로소 영원성과 시간성이 종합되는 것이다. 그리고 이러한 종합의 과정 안에서 '불안'은 마치 '동인動因'처럼 주어져 있다. 그래서 키르케고르는 "불안은 신앙의 도움을 받아 개체를 섭리 안에서 안식하도록 교육한다"불안의 개념, 322쪽라고 말하고 있다.

신앙인은 사람들에게 '개인의 삶 안에서 신의 섭리를 발견해야 한다'거나 혹은 '자신의 현재의 삶을 신의 섭리 안에서 확립하여야 한다'고 설득할 필요가 없다. 왜냐하면 이를 진정으로 이행하게 하는 것은 그가 근원적으로 지니고 있는 '불안'을 통찰할 때뿐이기 때문이다. 그렇기 때문에 종교인이 비-종교인에게 종교를 가지도록 설득하는 것은 무용하며, 그들의 삶의 뿌리가 불안에 근거해 있음을 보여주는 것으로 충분하다.

사람들이 근원적으로 불안이라는 것 혹은 그의 깊은 곳에 어떤 종교적인 것과 관련된 불안을 지니고 있다는 것은 심리학적으로도 이해할 수 있다. 파스칼은 "사람들은 종교를 경멸하였다. 이들은 종교가 참된 것일 수 있다는 생각에 증오하고 두려워하였다"Pensées, 187-12는 역설적인 말을 하였다. 어떤 것이 참인지 거짓인지 알지 못할 때, 사람들은 막연한 두려움을 느낀다. 그런데 종교에서 말하는 진리는 단순히 막연한 두려움이 아니다. 만일 죽음 이후에도 어떤 식으로든 삶이 계속되며 이 삶이 현세의 자신의 모습에 따라서 좌우된다고 믿게 된다면 많은 사람은 이것에 대해서 구체적으로 불안해할 것이다. 반면, 사람들이 종교적인 진리에 대해서 전혀 믿음을 가지고 있지 않으며 이러한 것이 공상에 불과하다고 확신한다면 종교를 두려워할 이유는 어디에도 없을 것이다. 가끔 병을 가진 사람이 자신의 병이 더 악화되었다는 말을 듣기가 두려워 진료날짜를 계속 미루는 것을 볼 수 있다.

이는 인간의 근원적인 진리에 대해서도 마찬가지다. 인간 존재의 지반이 어떤 신성한 것에 뿌리를 내리고 있다는 것, 인간이 본질적으로 '영원성' 혹은 '절대자'와의 관계성 중에 있다는 것, 이러한 진리가 사실일 수 있다는 것에 대해서 어떤 사람들은 기뻐할 것이지만 어떤 사람들은 두려워하고 싫어한다. 진리가 두려움을 유발하는 이유는 한 가지뿐이다. 그것은 자신은 전혀 이러한 진리를 염두에 두지 않고 살았다는 사실 때문이다. 보다 깊은 이유가 있다면 사실상 이러한 진리는 '확신'이나 '완전한 소유'가 불가능하기 때문이다. '신앙', 즉 '믿음'은 그것이 믿음이라는 이유만으로 완전한 확신이나 안정이 있을 수 없다. 끊임없이 확실성을 부정하고 끊임없이 안정을 부정해 가는 것, 이것이 믿음의 진실이기 때문이다. 하지만 키르케고르의 시선에서는 누구도 이러한 진리를 외면하고서는 '안식', 즉 '진정한 평화'를 가질 수 없다.

가능성의 불안은 그를 구원받은 자로서 신앙에게 넘겨주기까지 그 인간을 볼모로 잡아둔다. 그는 신앙 이외에 어디에서도 안식처를 찾지 못한다. 왜냐하면 다른 어떤 안식처도, 비록 그것이 인간의 눈에는 의미가 있는 것처럼 보일지라도, 무의미한 것에 불과하기 때문이다. _불안의 개념, 315-316쪽

인간이 자기-존재의 깊은 진실에 마주한다는 것, 이는 곧 불안을 야기하는 것이다. 하지만 이러한 불안은 회피한다고 해결될 수 있는 것이 아니다. 세상의 그 어떤 좋은 것도 이러한 불안을 근원적으로 해결해줄 수 있는 것은 없다. 모든 것은 지나가는 것이기 때문이다. 오직 신앙만이 이러한 불안을 초극할 수 있다. 이것이 키르케고르가 본 인생의 진리이다. 이러한 키르케고르의 인간관과 인생관에 대해서 현대 토미스트인 자크 마리탱은 다음과 같이 요약해주고 있다.

그는 불안해하고 고통스러운 사람이었다. 세속에 대한 매력과 성성의 추구 사이에서 고뇌하였고 풍부한 재능과 신비적 통찰을 가졌었다. … 율법을 통해 침투할 수 없는 우리 내면의 믿음과 신비의 깊은 의미 그리고 신성한 것들과 눈에 보이는 것의 전 영역 사이의 관계의 의미 그리고 인간적인 모든 의미에 대해서 갈등하였다. 그의 비합리주의의 영향 아래 그의 의식의 내부에서조차 믿음의 인간은 필연적으로 믿음 그 자체에 대해서는 고통스런 의심 안에서 살 수밖에 없음을 생각하였고, 만일 우리가 믿음을 소유하고 있다고 생각한다면 이는 믿음을 기화氣化시켜버리는 것이라 생각하였다. 그리고 탄탄하게 설립된 모든 인간적인 안전함, 보험, 수확,

신성한 것에 대한 확실함조차도 마치 우상처럼 생각하였다. _De Bergson à Thomas D'Aquin_, p.118.

이 말은 매우 간략하지만 키르케고르의 핵심을 아주 잘 드러내고 있다. 특히 인간이 산출한 모든 안전함과 확실성이 우상과 같다고 하는 표현은 키르케고르가 말하는 믿음의 특성을 아주 잘 드러낸다. 인간이 산출한 그 어떤 것도 안전하거나 확실한 것은 없다는 이러한 진술은 얼핏 보기에는 '물자체Ding an Sich는 알 수 없다'는 칸트의 사유와 유사한 것 같다. 칸트의 경우는 세계와 인간을 있는 그대로 절대적인 관점에서 이해할 수는 없다고 말한다. 그래서 철학자들이 산출한 세계관과 인간관은 그 자체가 진리이거나 비-진리일 수 없으며, 이는 항상 진리에 접근해가는 것이며, 가장 최상의 세계관은 있을 수 없는 것이다. 세계를 어떠한 관점에서 어떠한 지평에서 보는가에 따라서 다양한 모습의 세계관을 형성할 수 있는 것이 사실이라면, 좋은 세계관이란 세계의 현상을 보다 잘 설명할 수 있는 것이다. 그리고 그 어떤 것도 절대적인 진리라고 할 만한 것이 없다는 것이 칸트의 관점이다. 하지만 이러한 관점은 '확실성'이나 '안전함'에 안주해서는 안 된다고 생각하는 키르케고르의 관점과는 근본적으로 다르다. 칸트에게서 인간의 이성은 결코 절대적 지평에 있는 형이상학적인 대상들에 대한 사유를 전개할 수 없다. 그것은 이성의 월권이다. 반면 키르케고르는 인간의 정신은 본질적으로 절대와 관계하고 있기 때문에 절대로의 자기초월을 끊임없이 감행하여야 한다. 모든 확실성과 모든 안전함에 안주할 수 없고 이것에 안주한다는 것을 '우상'으로 취급하는 이유는 인간은 결코 절대자가 될 수 없으며, 다만 절대자에게로 무한히 나아가야 하기 때문이다.

하지만 이러한 키르케고르의 사유가 마치 무한히 바윗돌을 산의 정상으로 굴려 올리는 그리스신화의 '시시포스'가 상징하는 것과 같은 '비극적인 세계관'을 말하는 것은 아니다. 키르케고르에게서는 그리스의 비극적 사유와 다른 점은 비극적이고 회의적이며 불안한 모든 실존의 분위기 아래 감추어져 있는 희망의 빛이 있기 때문이다. 키르케고르의 철학은 본질적으로 역설의 철학이다. 그가 죽음에 대해 말한 것은 곧 삶을 말하기 위한 것이며, 절망에 대해서 말한 것은 곧 희망을 말하기 위해서였다.

어떤 의미에서 신을 갈망하는 모든 종교적 실존은 그가 구원을 향해 나아가고 있다는 그 사실로부터 이미 희망을 말해주고 있다. 모든 확실성과 안전함을 끊임없이 부정한 키르케고르가 그 시대의 문화와 관습 그리고 그 시대의 사유들과의 단절할 수밖에 없었던 것은 필연적이었지만, 그것에 대한 대가로 그가 획득한 종교적 실존은 감탄할 만한 것이었고, 지상의 그 어떤 가치와도 비교할 수 없는 신성한 것이었다. 그래서 자크 마리탱은 키르케고르의 종교적 삶에 나타난 것을 '놀라운 빛', '기적의 세계'라고 표현하고 있다.

> 이 단절의 상황 속에서, 이 상처 안에서 갑자기 참을 수 없는 놀라운 빛과 함께 기적의 세계가 나타난 것이다. 이 세계는 신성한 자유의 세계이며, 신에 대한 순수하고도 벌거벗은 요청이며, 신과 인간 사이의 표현할 수 없는 관계의 세계였다. 이는 19세기의 자연주의와 휴머니즘이 지워버리고자 했던 바로 그 세계였다. _De Bergson à Thomas D'Aquin_, p.118

키르케고르가 보여준 종교적 실존의 진실은 두 가지이다. 첫째는 인간은 근원적으로 '신성 혹은 절대', '무한 혹은 영원성'과 관계를 가지고 있는 존재이며, 이는 확실성으로서가 아니라 다만 가능성으로서만 주어져 있다. 그리고 인간은 이를 현실성으로 가지기 위해서 끊임없이 자기 부정(초월)을 감행하여야 한다는 것이다. 둘째는 이러한 사실을 긍정하고 이를 실천적으로 추구하는 '믿음의 실재'와 '믿음에 대한 일체의 사변적인 사유'를 동일시해서는 안 된다는 것이다. 이는 '신의 실재'나 종교적 실체에 대해서도 마찬가지다. 신의 신비는 우리들의 모든 합리적인 설명을 넘어서며, 진정으로 종교적인 한 개인의 삶은 자연적이고 인간적인 삶의 형식을 넘어서고 있다. 따라서 종교적인 삶 안에서 '인간은 무한히 인간을 초월한다'는 파스칼의 말은 과장된 진리가 아니다. 진정한 종교적 삶 안에서 '초월의 행위'는 인간의 이상성idéalité, 즉 존재의 절대적 차원을 실현하는 최상의 인간적 행위이다. 키르케고르의 '절대적 차원의 초월'은 합리적으로 기술되거나 표현될 수 있는 모든 문화적인 인간적인 지평을 넘어서는 '초월', 즉 '절대적 초월dépassement absolu'을 의미하는 것이다. 바로 이러한 절대적인 초월을 가능하게 하는 것이 곧 '믿음의 사건'이며, 그에게 신앙이란 절대자 앞에 나서기 위해서 일체의 확실성과 안전함에 안주하기를 거부하고 상대적인 모든 지평을 초월하는 그 행위 혹은 그 사태 자체를 말하는 것이다. 그렇기 때문에 진정한 믿음을 소유한 자들은 이미 '희망의 빛'을 맞이하는 자들이며, 오직 이러한 신앙행위만이 일체의 불안을 초극하는 '안식처'가 되는 것이다.

3
희망의 전주곡인 불안

　"믿음이 불안을 초극할 수 있는 유일한 안식처"라는 명제는 모든 크리스천적인 사상에서 공통된다고 할 수 있다. 이 문제를 보다 잘 이해하기 위해 불안이 가진 '이중성'을 이해할 필요가 있다.

　키르케고르는 『불안의 개념』111쪽에서 「로마서」 8장 19절의 '피조물들의 절실한 고대'에 대해 언급하며, 희망의 이중적 의미를 말해준다. '희망하다', '고대하다'는 것은 현재의 상태가 불완전한 상태라는 것을 의미함과 동시에 이러한 희망이 발생하는 어떤 본성을 드러내고 있다. 즉, 어떤 것을 간절히 바라는 마음 안에는 현재의 상태를 벗어나고자 하는 열망이 내포되어 있고 바로 이러한 '현재의 상태를 벗어나고자 하는 갈망'에서 키르케고르는 이러한 열망을 유발하게 하는 '불안의 상태'를 본 것이다. 그렇기 때문에 '불안'을 느끼는 혹은 '자신이 불안이라는 것'을 자각하는 것은 좋은 것이다. 왜냐하면 이 상태가 곧 동시에 '무엇을 희망하는 상태'를 의미하기 때문이다. 그래서 키르케고르는 개별자가 되기 이전의 '인류의 상징'인 아담의 불안을 '자연의 불안', 즉 '객관적인 불안'이라고 생각하고 있다. 그리고 이미 개별자가 된 후대들은 아담이 가지고 있는 것과는 다른 불안, 즉 '주관적인 불안'을 가지고 있다. 그래서 그는 "불안의 크기는 완전성의 크기를 예시하고 있다"불안의 개념, 124쪽라고 말하는가 하면, "불안이 많으면 많을수록 감성도 많다. 후에 태어난 개체는 최초의 것보다 감성적이다"불안의 개념, 141쪽라고 말하고 있다. 아담보다 후대에 태어난 사람이 더 감성적인 이유는 물론 감성적인 것이 곧 개별자의 한 원리가 되기 때문이다. 하지만 각 개별자들 사이에서 불안의 크기는 천차만별이다.

> 후대의 모든 개체가 아담에 비하여 갖고 있는 이 '보다 많은' 불안과 감성이 개개의 개체에서는 다시 더 많이도 될 수 있고 더 적게도 될 수 있을 것이다. 여기에는 실로 무시무시한 차이가 있다. _불안의 개념, 141쪽.

모든 인간은 인간이라는 이유만으로 아담이 지녔던 그 불안을 지니고 있다. 왜냐하면 인간성의 본질은 예나 지금이나 변함이 없기 때문이다. 하지만 이러한 '자연적인 불안' 혹은 '객관적인 불은'은 다만 근원적인 기분으로서의 불안에 불과하다. 아마도 사도 바오로가 "의로운 이가 없다. 하나도 없다. ⋯ 하느님을 찾는 이 없다"로마서, 3:10라고 한탄하는 말에는 이러한 인간의 근원적인 조건을 말하고 있는 것인지도 모른다. 왜냐하면 누구도 탄생과 더불어 믿음을 가지고 태어날 수는 없기 때문이다. 그래서 모든 인간이 아담이 했던 것과 동일한 과정을 거쳐야 하는 것이다. 그리고 한 개별자가 된다는 것이 절대적으로 구별되는 하나의 유일한 개체가 된다는 의미에서 그가 지니고 있는 불안은 타인이 지니고 있는 불안과는 구별되는 개별적인 것이다. 죄와 사랑이 흥미로운 인간현상이 아니라, 지극히 주관적인 것이듯 각 개별자가 지니고 있는 불안은 지극히 개별적인 것이다.

사람들이 죄 일반 혹은 보편적인 죄를 범하는 따위의 일은 결코 없다. ⋯ 죄 일반이라는 것은 일찍이 존재한 일이 없다. _불안의 개념, 227쪽

키르케고르는 여기서 '홀로되기'를 역설한다. "문자 그대로 여러분만이 홀로 하느님과 함께 있을 때, 비로소 여러분이 하느님과 얼마나 멀리 떨어져 있는가를 발견하게 됩니다"들의 백합 공중의 새, 200쪽. 인간이 인간답다는 것에는 다양한 의미가 내포되어 있

겠지만 여기에는 피할 수 없는 진리, 즉 누구나 홀로 절대자 앞에 나서야 한다는 것이다. 왜냐하면 오직 그럴 때에만 그는 자신의 진정한 모습인 '영원성과 관계된 자신'을 발견하고 또한 이 관계가 '매우 빈약한 관계임'을 이해할 수 있기 때문이다. 바로 이러한 것이 '종교적 실존'의 진면목이다.

여기서 혹자는 '개별성'과 '홀로되기'를 지나치게 강조하는 키르케고르의 사유가 '사회적 인간'으로서의 인간의 진실을 외면하며 따라서 '공동체의식'을 약화시키는 사유가 아닌가라고 비판적으로 바라볼 수도 있을 것이다. 물론 냉정하게 본다면 그러한 소지가 없는 것도 아니다. 하지만 키르케고르가 인간의 공동체성을 무시하고 있다고 판단할 수는 없다. 오히려 그는 인간의 공동체성에 대한 다른 하나의 비전을 가지고 있다. 그는 "오직 종교적인 것만이 … 유일하게 가능한 인간의 평등을 궁극의 한계까지 수행할 수 있다. 그리고 그렇기 때문에 종교야말로 진정한 인간성이다"관점, 171쪽라고 말하고 있다. 즉, 키르케고르는 모든 주제에 대해서도 마찬가지이겠지만 인간의 공동체성에 관해서도 '적당히'가 아니라 단적으로 혹은 절대적으로 사유하고 있다. 만일 개개인이 진정으로 신과의 관계성 안에서 절대적으로 평등한 관계가 아니라면, 결코 진정한 공동체가 있을 수 없기 때문이다.

세상 사람들이 '공동체共同體'라고 하는 것은 무엇을 말하는가? '공동체'란 말 그대로 공동의 몸체라는 말이다. 마치 인간의 몸체를 이루는 모든 지체가 사실은 서로 동일한 하나의 몸체를 이루는 부분이듯이 공동체의 모든 부분은 서로 동등하게 서로의 몫을 가지고 있고, 서로가 서로를 위하여 존재한다. 하지만 다양한 개인이 모인 문화적 배경 위에 건립된 사회공동체는 결코 인간의 몸과 같은 공동체를 형성할 수 없다. 우리는 매일 일상으로 이를 체험하고 있다. 하나의 공동체 안에는 위계질서가 있고, 끼리끼리 문화가 있고, 그 공동체가 가진 온갖 종류의 관습이나 율법으로 인하여, 나아가 인간 본성이 가진 이기심으로 인하여 서로 차별하고 시기하고 위협하고 서로 잘난 체하고 서로가 상처를 입힌다. 서로가 서로를 위하여 존재하기보다는 공동체의 이름을 빌려 자신의 이익을 추구하고 타인을 구속하고자 한다. 그렇기 때문에 진정한 공동체를 형성하기 위한 가장 근원적인 토대는 모든 인간이 동일한 몸의 지체라는 생각, 즉 절대적인 지평에서의 평등을 건립하는 일이다. 이러한 일이 가능한 유일한 것이 '모든 인간은 절대자와 관계성을 지니고 있으며, 모든 인생이 나름대로 신의 섭리 하에 놓여 있다는 사실'을 인정하는 일이다.

절대적인 평등이라는 형이상학적인 지평이 우리의 정신 안에서 긍정되지 않는 어떠한 공동체도 진정한 공동체와는 거리가 멀다. 이러한 공동체는 신앙의 기반 위에서만 가능한 것이지만 역사 안에서는 신앙이라는 이름 아래서 여전히 진정한 평등성을 외면하는 경우가 종종 있다. 그것은 곧 신앙을 역사적인 종교 아래서 건립하고자 하는 경우이다.

> '신앙'이라는 개념 속에서 역사적인 것을 매우 일방적으로 강조하여 그 결과 개체에 있어서의 신앙의 기초적인 근원성이 망각되고 만다면 신앙은 자유로운 무한성이 아니라 하찮은 유한성이 되고 만다. _불안의 개념, 121쪽

어떤 것이 근원적이라는 것은 모든 역사적인 혹은 시간적인 것에 앞서는 무엇이다. 본질적인 것이 현상적인 것에 앞서듯 근원적인 것은 역사적인 것, 문화적인 것, 이름이 있는 것에 앞서는 무엇이다. 그래서 모든 근원적인 것은 사실 이름을 붙일 수가 없는 것이다. 그리스도교는 그 어떤 종교보다 종파가 많이 있고 각자 자신들만이 진리이며 다른 종파는 이단이라고 주장한다. 이러한 사람들의 오류는 근원적인 것을 무시하고 오직 이후 나타난 이름이 있는 것에 집착하기 때문이다. 서로 다른 이름을 가졌

다는 이유로 이단이라고 하는 것이다. 역사적 사건들은 모두 하나의 계기에 불과하다. 근원적인 것으로만 남아 있지 않는 한 '무엇'이라는 구체적인 하나의 이름, 하나의 본질, 하나의 옷을 입고 나타날 수밖에 없다. 그래서 역사가 시작되자마자 근원적인 것으로부터 이탈하는 것이며, 이는 또한 순결함을 상실하는 것과 같다. 역사적, 문화적인 것에 앞서는 이 근원적인 것이 개인에게 내재하고 있는 것을 키르케고르는 '내면성'이라고 부르고 있다.

완고한 정통파 신자가 신앙성서에 기록된 모든 말이 어떠어떠한 사도가 기록한 것임을 증명하기 위하여 온갖 성실과 학식을 다 기울인다면, 내면성은 어느새 조금씩 사라져서 결국 그는 그가 이해하려고 한 것과는 전혀 다른 무엇을 이해하게 될 것이다. _불안의 개념, 121쪽.

키르케고르가 종교적 실존에 대해 언급하며 강조하는 것이 바로 이것이다. "어떠한 개체도 역사적인 연결 안에서 시작한다. 그리고 자연법칙의 귀결은 예나 마찬가지로 지금도 타당하다"불안의 개념, 142쪽. 인간이 역사적, 문화적 상황 안에서 자신의 삶을 실현해가야 한다는 것은 역사적 인간됨의 조건이다. 그리고 사람들은 이러한 역사성과 문화성에서 공동체의 기반을 설립하고자 한다. 하지만 역사와 문화가 시작되는 그 내면에는 여전히 이를 초월하는 이들의 근원으로서의 인간성의 진실이 내재해 있다. 그것이 바로 절대자와의 근원적인 관계성이다. 이러한 근원성에 대한 자각과 이를 추구하는 것이 '신앙'이다. 신학적 지식을 소유한다는 것과 신앙을 가진다는 것은 근본적으로 다르다. 그리고 진정한 평등성은 신앙을 가진다는 그것에서 주어진다. 인간이 역사와 문화에 집착할수록 진정한 평등은 멀어질 것이며, 근원적인 것에 대한 신앙이 정립될수록 진정한 평등은 가까워진다.

그렇기 때문에 역사적 진실들이 아무리 현실적인 것으로 와 닿아도, 인간은 자신의 근원적인 존재의 지반인 절대자와의 관계성에 앞세워서는 안 되는 것이다. 그렇다면 이러한 근원적인 신앙은 어떻게 가능한 것인가? 바로 이러한 질문에 대한 답변이 '희망'이다. 키르케고르가 '나는 믿음의 운동을 스스로 야기할 수 없다'고 말한 바 있듯이 인간은 이러한 신앙을 스스로의 의지로 산출할 수는 없다. 이러한 신앙을 유발하는 계기는 항상 절대자 편에 있다. 그래서 그는 "소원은 당신께서 주시는 선물입니다. … 만일 당신께서 소원을 주신다면 그때에는 그것을 사기 위해 모든 것을 팔 수가 있습니다"들의 백합 공중의 새, 11-12쪽라고 말하고 있다. 여기서 말하고 있는 '소원'이란 곧 '희망'을 의미한다. 무엇을 간절히 갈망하는 것을 사람들은 '소원한다'라고 한다. 그리고 '소원'은 자신의 의지만으로는 획득할 수 없는 무엇이다. 마찬가지로 '희망'한다는 것은 단순히 '원한다'는 것과 다르다. 원하는 것은 나의 의지로 획득 가능한 것에 대해 말하는 것이라면, '희망하는 것'은 나의 의지로만은 불가능한 것에 대해서 말하는 것이다. 인간이 근원적으로 절대자와의 관계성 안에 있으며, 이는 정신의 입장에서 보면 항상 '가능성처럼' 그렇게 보인다. 그리고 이러한 가능성이 보다 현실성으로 변모하는 것이 바로 신앙행위를 통해서이다. 하지만 이러한 신앙 행위는 내가 원한다고 이루어질 수 있는 것은 아니다. 그것은 절대자, 즉 하느님으로부터 주어지는 선물과도 같은 것이다. 하지만 '당신께서 소원을 주신다면, 그것을 얻기 위해서 모든 것을 팔 수 있을 것'이라는 키르케고르의 이러한 조건적인 진술은 '인간적인 고백'은 될 수는 있을지언정 그 스스로의 사상 안에서 참된 명제가 될 수는 없는 것 같다. 왜냐하면 엄밀하게 보면 '세상의 모든 것을 포기하겠다'는 결심은 '소원이 온다면'이라는 조건 하에서 이루어지는 것은 아니라, 오히려 '소원을 가지기 위해서' '세상의 모든 것을 포기'하는 행위가 있어야 하기 때문이다. 만일 믿음의 기사가 여전히 세상의 온갖 좋은 것들에 골몰하여 있다면 그는 결코 소원을 가질 수가 없을 것이다. 우리는 이를 두 애인의 예를 들어 하느님과의 관계를 말해주는 키르케고르의 사유에서 확인할 수 있다.

두 사람의 애인은 서로 너무 가깝기 때문에 한 사람은 다른 사람이 살아 있는 한 그를 경히 여기지 않고서는 제삼자를 중히 여길 수가 없습니다. _들의 백합 공중의 새, 135쪽

그것이 근원성이든 신앙이든 섭리이든 절대자와의 관계성에 대한 갈망은 세상적인 것과 양립될 수 없다. 여기서 우리는 영성을 가지기 위한 하나의 일반적인 법칙을 도출할 수 있다. 영성적인 것을 갈망하는 사람은 근원성이 아닌 것, 내면성이 아닌 것 즉 세상의 것은 무엇이라도 이 내면성보다 더 소중한 것으로 여겨서는 안 된다는 법칙이다. 그것이 명예든, 권력이든, 사상이든, 돈이나 무슨 직위이든지 이 근원성이나 내면성보다는 하찮은 것으로 여겨야 한다는 것이다. 심지어 자신의 가족이나 애인마저도 이 영성에 대한 갈망보다 귀한 것으로 여겨서는 안 된다. 이러한 사람이 바로 믿음의 기사가 가진 정신이다. 한마디로 벌거벗은 정신으로 신 앞에 나서야 하는 것이다. 이러한 사람만이 사실

유일하게 자신이 '죄인'임을 인정할 수 있는 사람이다. 왜냐하면 '죄'란 절대자와의 관계성이 현실적인 아님을 통찰하는 것, 즉 하느님과 멀리 떨어져 있다는 실존의 느낌이기 때문이다. 키르케고르는 "무거운 짐을 진 자들은 모두 나에게로 오라"마태복음, 11:28 는 성경의 말씀에서 '무거운 짐'을 바로 하느님 앞에 나아가는 사람들의 '죄의식'으로 해명하고 있다.

초대는 하나의 요구를 내포하고 있습니다. 즉, 초대받은 사람이 보다 깊은 뜻에 있어서 어려운 일을 하고 무거운 짐에 허덕이는 사람이기를 요구하는 것입니다. 왜냐하면 하느님을 향한 아픔이 있기 때문입니다. … 그것은 오직 하느님께만 향한 것입니다. 이 아픔을 그 마음속에 남몰래, 그리고 겸허하게 간직하고 있는 사람, 그 사람이 어려운 일을 하는 사람입니다. … 그것은 허물과 그 허물에 대한 의식입니다. 아니, 보다 더 힘들고 무거운 것으로 죄와 죄의식입니다. 이 짐을 지고 있는 사람, 아아, 이 사람이야말로 짐을 진 사람이요, 힘든 짐을 진 사람입니다. _들의 백합 공중의 새, 33쪽.

'일반적으로 신앙인은 죄를 범할 때마다, 하느님과 멀어진다'라고 말한다. 이는 사실이다. 하지만 많은 사람이 이 말을 하면서도

302

'죄'가 무엇을 의미하는지 알지 못하는 경우가 많다. 반면 키르케고르는 죄를 의식할 때 비로소 하느님과 가까워질 수 있다고 말할 것이다. 그가 말하는 죄란 율법을 어긴 외적인 행위를 의미하는 것이 아니다. 인간이 근원적으로 하느님과의 관계에 소원하다는 사실을 깊이 자각하고 있을 때 느끼는 '죄의식'이다. '어떠한 개체도 역사적인 연결 안에서 시작한다'는 이 사실로부터 인간의 조건이란 하느님과의 관계성보다는 세상의 무엇이 되고자 애쓰는 데에 있다. 그렇기 때문에 누구나 예외 없이 절대자 앞에 단독자로 나서게 될 때, '죄인 됨'을 느끼지 않을 수 없다. 그리고 역설적이게도 바로 이 죄인 됨을 느끼는 자만이 비로소 진정한 '안식'을 가질 수가 있다.

뉘우치는 사람만이 편히 쉬기 원한다는 것의 참뜻을 알고 있습니다. … 곧 그의 죄가 용서함을 받았다고 하는 소식 가운데서 편히 쉬기 원한다는 것의 참뜻을 …. _들의 백합 공중의 새, 34쪽

자신이 죄인이라는 사실을 자각하고 그리하여 참회자가 되어야 한다는 사실은 오직 혼자서 벌거벗은 영혼으로 하느님 앞에 나서는 사람들만이 느낄 수 있는 감정이다. 하지만 본질적으로

역사적·문화적 상황 속에 살아가야 하는 사람들은 이러한 '죄의식'을 불안해한다. 많은 사람이 이러한 죄의식을 느끼지 않기 위해서 스스로 '의롭다'고 말하거나 남들이 자신을 '의로운 자'로 인정해주기를 원한다는 사실은 자주 볼 수 있는 일이다. '세상에는 자신이 의인이라고 생각하는 죄인과 자신이 죄인이라고 생각하는 의인이 있다'는 파스칼의 말은 바로 이를 두고 하는 말이다. 세상의 그 어떤 위대한 일을 한 사람도 만일 그가 지니고 있는 근원적인 불안을 해결해줄 '신앙'을 가지지 못하였다면 그는 여전히 '죄인 됨'을 느끼지 않을 수 없다. 이는 도덕적인 선행과는 근본적으로 다른 존재론적인 문제이기 때문이다.

인간은 누구나 의로운 인간이 될 가능성이 있고, 누구나가 구원을 획득할 수 있는 가능성이 있으며, 누구나가 자유를 획득할 가능성이 있다. 이것이 인간성의 진리이다. 하지만 누구나 이 가능성을 실현하는 것은 아니다. 오직 불안을 초극한 자만이 이러한 자유를 획득할 수 있다. 정신이 영원성과의 종합을 실현하는 순간 혹은 자신의 전 인생을 신 앞에 데려가는 순간 혹은 벌거벗은 자신의 영혼으로 하느님 앞에 나서는 순간 인간의 정신은 전율하고 불안이라는 현기증을 느낀다. 어떤 이들은 이러한 현기증으로 인해 굴복하기도 하고 어떤 이는 다시 현실로 되돌아오기도 한다. "불안의 무력無力상태 속에서 개체는 쓰러지고 만다. 그러나 그럼으로 인해서 개체는 죄가 있기도 하고 순결하기도 한 것이다"불안의 개념, 143쪽. 불안을 초극하지 못한 사람이 쓰러질 때, 어떤 이는 순결하기도 하고 어떤 이는 죄가 있기도 하다는 말은 무슨 말인가? 순결한 사람이란 어린아이처럼 되는 사람이다. 이러한 사람은 더 이상 자신이 무엇을 해야 할지, 어디로 향해야 할지 알지를 못한 채 원래의 삶으로 되돌아올 수도 없는 사람이다. '이것이냐 저것이냐'의 물음에 답하지 못한 채 이것도 저것도 선택할 수 없는 사람이다. 반면 죄 있는 사람이란 자신의 무력함을 지탱하기 위해서 현실성 혹은 유한성을 꽉 붙드는 사람이다. 이러한 사람은 대개 율법주의자들이다. 자신이 죄인임을 긍정하지 않기 위해서 자신이 의롭다는 것을 율법의 준수를 통해서 확인받고자 하는 사람들이다.

다시 희망의 주제로 돌아와 보자. 만일 구원이 불안을 극복하고 하느님과의 관계성을 회복하는 것에 있다고 한다면 불안을 극복할 그 계기, 그 힘은 무엇인가? 즉, 희망은 어디서 오는가?

구원의 가능성은 개체가 사랑하면서도 두려워하는 또 하나의 무無이다. 왜냐하면 이것이 변함없는 개체성에 대한 가능성의 관계이기 때문이다. 구원이 현실적으로 정립되는 바로 그 순간에야 비로소 불안은 극복되는 것이다. _불안의 개념, 101쪽.

순결함을 유지한다는 것은 신앙행위를 사랑하기는 하지만 감히 단독자로 신 앞에 나설 용기가 없는 영혼의 나약함이다. 하지만 세상의 유한성에 자신을 완전히 양보하지 않는 한 언제까지나 하나의 가능성을 가지고 있다. 즉, 자신이 세상의 것들에 사로잡혀 있지 않기만 하다면 가능성은 여전히 열려 있다. 희망은 인간의 편에서 주어지는 것이 아니라, 바로 하느님에게서부터 온다. 인간이 할 수 있는 일은 고대하는 일이다. 간절히 갈망하는 영혼에게는 반드시 소원이 주어진다. 왜냐하면 하느님 역시 이를 고대하기 때문이다. 사실 '인간의 구원을 바라는 것'은 인간보다도 신의 측면에서 훨씬 더 간절한 것이다. 인간이 할 수 있는 일은 신의 손길이 닿아서 소원이 도달하기를 바라는 일이다. 그리고 소원이 도달하였을 때, 오직 이 소원을 현실적으로 설립하기 위해 세상의 그 어떤 것보다도 이를 더 소중히 여기는 일이다.

소원이 이제 나를 그렇게도 쉽사리 사람을 마법에 걸리게 하는 것으로부터 풀어 주었으니, 나도 진지한 생각으로 소원을 도와서 아직도 나를 잡아 두려는 것으로부터 나를 완전히 끊겠습니다. … 왜냐하면, 결심한다는 것은 사람이 이해한 것을 꼭 잡는 데 도움이 되기 때문입니다. _들의 백합 공중의 새, 17쪽.

'소원이 사람들로 하여금 마법에 걸리게 하는 것으로부터 풀어주었다'는 표현은 참으로 탁월한 문학적인 통찰이다. 인생을 전체적으로 동시에 고찰하는 형이상학적인 시선에서 삶은 지나가는 것에 불과하다. 그 무엇도 영원히 우리에게 의미가 있거나 소중한 것은 없다. 따라서 영원한 것이 아닌 그 어떤 세상의 것에도 우리에게 절대적인 의미를 부여할 수 있는 것이 없다. 그럼에도 사람들은 인생의 여정 속에서 수많은 것에 정신이 휘어잡혀 있다. 학생 때에는 성적에 목숨을 걸고, 사회생활을 하면서는 명예나 세상의 평에 온 마음을 빼앗기도 또 어떤 때에는 돈이나 직위에 또 어떤 때에는 사상이나 이념에 모든 것을 걸기도 한다. 이렇게 한번 어떤 세속적인 가치에 자신의 정신을 빼앗기게 되면 그 어떤 설교나 비극적 사건도 여기서 헤어나지 못하게 한다. 이는 마치 마법에 걸려 공주가 자신의 본 모습을 잃어버리고 용이 되어버린 것과 같다. 이러한 마법으로부터 진정으로 벗어나게 하는 것이 바로 진정으로 절대자를 갈망할 때뿐이다. 하느님과의 관계를 진정으로 갈망하지 않는다면 이러한 마법으로부터 우리를 해방시켜줄 것은 어디에도 없다. 즉, 나에게 소원이 당도하는 순간 바로 이러한 마법에서 벗어나게 되는 것이다.

그런데 소원이 인간의 의지로 이루어지는 것이 아니라, 위로부터 도달한다는 이 사실은 참으로 중요한 하나의 관점이다. 영성의 사건은 분명 인간의 영혼에서 발생하는 사건이지만 이 사건의 주체는 인간에게 있기보다는 하느님 편에 있다는 사실이다. 이는 비단 영적인 사건에서만은 아니다. 시적인 철학자로 알려진 가스통 바슐라르는 "오늘 우리에게 일용할 공복을 주옵소서!"라는 유명한 명언을 남겼다. 한 예술가가 자신의 의지를 통해서 놀라운 작품을 실현할 수 있겠지만 예술에 대한 그의 갈증 그 자체는 자신의 의지에 의해서 발생할 수 있는 것이 아니다. 마찬가지로 사람들은 자신의 의지로써 위대한 업적이나 선업을 쌓을 수는 있지만 의인이 되고자 하거나 성인이 되고자 하는 갈증, 즉 하느님의 현존에 목말라하는 갈증은 결코 의도적으로 유발할 수 있는 것이 아니다. 그래서 "하늘은 의인을 비같이 내려다오!"라는 옛 성가의 기도는 참으로 진리인 것이다. 키르케고르는 소원이 당도하였을 때, 이를 매우 소중히 여겨야 함을 매우 힘주어 강조하고 있다.

선원이 순풍을 이용하지 않았을 때 책임을 져야 하는 것이라면, 이 소원이 일어났을 때 이 소원이 베풀어준 기회를 이용하지 않은 자의 책임은 얼마나 더 크겠습니까? _들의 백합 공중의 새, 14-15쪽.

오오, 그러므로 소원이 여러분을 찾아오려 한다면, 이 거룩한 소원으로 하여금 절대로 헛된 걸음을 하지 않도록 하십시오. _들의 백합 공중의 새, 16쪽.

심리학자들은 누구나 평생 동안 두세 번은 세상 모든 것에 의미를 상실하게 되는 '절대적인 의미상실의 순간'이 찾아온다고 한다. 어느 날 갑자기 아무 이유도 없이 자신이 현재에 하고 있는 모든 일에서 '무의미함'을 발견하고 공허함을 느끼는 것이다. 이는 모든 것에서 의미를 상실했다는 차원에서 절망의 순간이다. 이러한 절망은 곧 '불안'을 야기한다. 순수하게 의학적이나 정신분석적 차원에서 보면 이러한 상태는 하나의 병리학적인 상태요 치유받아야 할 순간이겠지만 종교적 관점 혹은 형이상학적 관점에서 보면 이는 참으로 소중한 순간이요 은총의 순간이라고 할 수 있다. 왜냐하면 모든 것에 의미를 상실했다는 것은 이 모든 것보다 나의 정신이 더 한층 들어올려진 상태를 의미하기 때문이다. 이때는 나의 정신이 비로소 진정한 나의 모습을 자각할 수 있는 순간이요, 진정으로 절대자의 현존을 갈망할 수 있는 순간이다. 지금까지의 나를 넘어서 새로운 세계를 체험할 수 있는 시간이며, 이제까지 보아온 세계와 인생을 전혀 다른 시각으로 보고 살아갈 수 있는 절호의 기회이다. 그렇기 때문에 키르케고르에게 '절망'과 '불안'은 곧 '희망'의 전주곡이다. 나의 진정한 존재의 모습을 획득할 수 있는 희망을 가지는 순간인 것이다. 그래서 크리스천에게 언제나 유효한 기도는 "오늘 저희에게 영혼의 공복을 주옵소서!"라는 기도일 것이다.

세창사상가산책 | SØREN AABYE KIERKEGAARD

9

믿음의 심연

1

인간이 가진 최고의 정열로서 그리고 역설로서의 믿음

인간의 진정한 자기 모습을 알게 하고 이를 실현하게 해줄 그 '희망'이 진정으로 이루어지는 사건이란 무엇인가? 그것이 곧 '믿음'의 사건이다. 믿음은 인간의 오성이나 이성으로는 도저히 납득할 수 없고 이해 불가능한 것을 '역설의 힘' 혹은 '부조리의 힘'을 통해서 가능하게 하는 그 무엇이다. 즉, 키르케고르에게 불안을 통해서 나타나는 희망은 진정한 믿음을 가진다는 것에 대한 희망이다. 그렇다면 믿음은 무엇을 말하는 것인가? 키르케고르의 믿음에 대한 사유를 전개하기 이전에 우선 '믿음'이라는 말의 일반적인 의미를 고찰해보는 것이 도움이 될 것이다.

믿음이란 무엇인가? 믿음이라는 말은 참으로 긍정적이고 듣기에 좋은 말이다. 아마도 인간관계를 가지며 상대방에게 가장 듣고 싶은 말은 '나는 당신을 믿습니다'라는 말이 아닐까 싶다. 어떤 사람이 나를 좋아한다고 말하여도 만일 그가 나를 믿지 않는다면 그 말은 공허할 뿐이다. 아무리 좋은 강의를 하고 좋은 강론을 하여도 만일 듣는 사람이 말하는 사람을 믿지 않는다면 모든 것이 무의미하다. 이처럼 무엇에 대한 믿음이란 그 무엇이 실재이기 위한 조건과 같다. 특히 눈에 보이지 않고 감각적으로 인지할 수 없는 모든 것에서 믿음은 그것이 '실재'이기 위해서 필연적으로 요청되는 지반과 같다. 심리학자나 철학자 혹은 정치가가 인간과 세상에 대해서 어떤 말을 하여도 사람들이 그를 믿지 못한다면 모든 것이 허사이다. 마찬가지로 진화론자가 아무리 진화의 과정을 설득력 있게 설명하여도, 천문학자가 우주의 발생과정을 아무리 잘 그려내어도 근본적으로 과학기술을 믿지 않는 사람들에게는 아무런 소용이 없다.

어떤 의미에서 세계의 존재 자체가 '믿음'으로 인하여 그 실재를 가질 수가 있다. 그래서 흄과 같은 경험론자들은 세계관을 '믿음의 거물'이라고 표현하기도 한다. 이러한 차원에서 믿음은 모든 것이 생겨나는 출발점이다. 칸트는 인간의 이성은 절대적인 지평에 다다를 수 없다고 믿었다. 그래서 그는 신이나 우주 혹은 영혼 등의 문제는 인간의 이성이 다룰 수 있는 문제가 아니라고 생각하였다. 하지만 인간학의 창시자인 막스 셸러는 '인간이란 자신보다 더 큰 세계로 열려진 X'라고 하였고, 파스칼도 '인간이란 인간을 무한히 넘어서는 존재'라고 보았다. 즉, 인간의 실존은 단지 이성적이고 상대적인 지평에만 국한된 닫힌 실존이 아니라, 보다 더 큰 존재로 열려진 실존을 가지고 있다는 것이다. 키르케고르가 '믿음'을 역설로 본 것은 인간은 사유만으로는 자신보다 더 큰 세계로 열려질 수 없다는 것을 말하는 것이다. 보다 큰 세계, 즉 절대자와 대면한다는 것은 곧 사유가 끝나는 지점, 즉 믿음이라는 역설적 행위로만 가능한 것이다.

믿음이란 사유가 끝나는 곳 바로 거기서부터 시작된다. _공포와 전율, 107쪽.

믿음이란, … 개별자가 개별자로서 절대자에 대하여 절대적인 관계에 선다는 역설이다. _공포와 전율, 112쪽.

키르케고르에게서 믿음이란 단순히 무엇을 인정한다는 것이나 어떤 것이 사실이라고 믿는 것 이상이다. 믿음은 가능성으로만 존재하는 '영원과 시간', '무한과 유한'이라는 종합이 실제로 이루어지는 내적인 사건이다. 이를 보다 잘 이해하기 위해서 '믿음'이라는 용어에 대한 일반적인 의미를 생각해보자. 믿음은 단순한 '사실에 대한 긍정'보다 훨씬 깊은 의미를 가진다. 가령 한 사람에 대한 믿음은 그가 '진실한 사람'이라고 믿는 것이며, 그가 나를 배신하지 않을 것이라는 믿음이며, 그가 올바른 행동을 할 것이라는 믿음이며, 그가 자신의 책무나 의무를 성실히 할 것이라는 믿음이다. 즉, 이는 '인간됨'에 대한 믿음, 도덕적인 행위에 대한 믿음 그리고 미래의 행위에 대한 믿음이다.

믿음이라는 용어가 일상적인 용어 이상의 의미로 사용될 때에는 어떤 특정한 내적인 능력을 의미하기도 한다. 의사들에 따르면 병을 완전히 치유하는 데는 단순한 의료기술만으로는 불가능하며 병자의 자기 확신이 매우 중요하다고 한다. 이러한 예는 불치병의 환자의 경우 거의 결정적이다. 자신의 병이 꼭 나을 수 있을 것이라는 확신, 즉 믿음을 가진 경우 불치병이라도 치유 가능성이 있지만 환자 스스로 자신을 포기할 경우는 그 가능성이 희박하다. '일체유심론一切唯心論'을 말해주는 원효대사의 유명한 일화 '해골바가지에 담긴 물'은 사실상 믿음의 문제이다. 자신이 마시고 있는 물이 어떠한 물인가에 대한 믿음이 전혀 다른 결과를 유발한 것이다. 이러한 일화는 믿음이라는 것이 단순히 심리적인 사건이 아니라, 실제로 우리의 육체와 정신에 그리고 우리의 삶에 결정적인 영향을 미치고 있음을 말해주고 있다.

이렇게 믿음은 삶의 모든 지평에서 매우 중요하며 어떤 실재를 야기하는 정신적인 힘이기도 하다. 하지만 이상하게도 믿음이라

316

는 말이 철학적인 분야에서 사용될 때 일반적으로 사람들은 이를 매우 거북한 용어처럼 이해한다. 왜 그런 것일까? 아마도 그것은 철학하는 방법론과 믿음이 서로 조응하지 않다고 믿기 때문일 것이다. 다시 말해서 아이러니하게도 믿음이라는 말에 거부반응을 보이는 것도 사실은 그들이 가지고 있는 어떤 믿음에서 기인한다. 물론 사람들은 철학하는 방법론에 대한 그들의 사유를 결코 믿음이 아니라 '사실'이라고 말할 수도 있다. 하지만 엄밀히 말해서 우리가 '사실'이라고 말하는 것은 눈으로 확인할 수 있는 구체적인 '사태'에만 사용할 수 있다. 경험적으로 분명하게 확인 가능한 사태가 아닌 한 모든 것은 '사실'이 아니라 '믿음'이다. 예를 들어 한 정치가가 말하고 있는 자기 국민에 대한 사랑이 사실인가 하는 물음을 던질 때 강하게 말해서 사실이라고 말할 수 있는 어떠한 근거도 발견하지 못한다. 다만 나는 그를 그렇게 믿을 수밖에 없다. 국가적 재난을 당하여 눈물을 흘리는 한 정치가의 마음이 진정한 애도인가라는 질문에도 사실상 '사실'이라고 말할 수 있는 근거는 어디에도 없다. 우리는 다만 그렇게 믿을 수 있을 뿐이다. 인간은 본성적으로 이기적인가 하는 물음도 '사실'이라고 말할 수 있는 결정적인 근거는 어디에도 없다. 다만 그렇게 믿을 뿐이다. 이와 마찬가지로 몇억 광년 떨어진 다른 은하

계의 모습을 제시하는 천문학자들의 사진이 사실인가라고 물을 때, 강하게 사실이라고 말할 수 있는 근거는 어디에도 없다. 우리는 다만 그렇게 믿을 수 있을 따름이다.

이렇게 우리의 직접적인 경험에 포착되지 않는 모든 것은 '사실'이 아니라 우리의 '믿음'이다. 이와 유사하게 모든 형이상학적인 문제는 그것이 우리의 직접적인 경험에서 벗어나 있다는 차원에서 '믿음'의 문제이지 '사실'의 문제가 아니다. 그렇기 때문에 삶의 근원적인 문제나 궁극적인 문제들은 모두 믿음의 문제이지 사실의 문제가 아니다. 따라서 만일 '믿음'의 문제를 철학적 영역에서 제거한다면 엄밀한 의미에서 철학은 존재하지 않을 것이다. 다만 학문으로서 혹은 과학으로서의 학문만이 존재할 뿐이다. 철학은 그 자체 '지식'을 추구하는 학문이 아니라, '지혜에 대한 사랑philo-sophia'이기 때문이다.

키르케고르의 믿음에 대한 주제는 바로 이러한 문제제기에서 출발한다. 그에게서 믿음이라는 용어는 모든 것이 이것에 수렴되고 모든 것이 이것으로부터 다시 출발하는 철학적 사유의 형이상학적 지반과 같다. 즉, '믿음'은 철학이라는 학문의 정체성에 가장 적합한 진정한 철학함의 한 방법처럼 고려되고 있다. 철학이 가장 심오한 인간성의 진리, 세계의 진리, 삶의 진리들에 대해서 질문을 던지는 한 여기에는 '사실'이 중요한 것이 아니라, '믿음'이 중요한 문제로 부각되기 때문이다. 특히 종교적인 실존을 가능하게 하는 유일한 계기 혹은 원인은 곧 '믿음'이다. 왜냐하면 인간의 가장 심오한 본질이 절대, 무한 혹은 영원과의 관계를 가지는 것으로 본다면, 이를 진정 현실적이게 하는 것이 곧 믿음의 사건이기 때문이다. 믿음이 절대자와의 절대적인 관계를 함의하고 있다는 이 사실은 곧 믿음이 사유를 넘어서는 것임을 말해준다. 사유를 넘어서는 믿음의 특성, 이를 그는 '역설'이라고 이름하고 있다. 그는 『철학적 단편들』에서 역설에 대해서 다음과 같이 말하고 있다.

> 역설에 대해서 오해해서는 안 된다. 왜냐하면 역설은 사유의 열정이기 때문이다. 그리고 역설이 없는 사유란 마치 열정 없는 사랑, 초라한 형식과 같다. 그런데 모든 열정 중에서 가장 높은 열정이 항상 그 자신의 고유한 파괴를 원하듯이 충격(대립)을 원하는 것 역시 지성의 높은 열정이다. 비록 이 충격이 어떤 방식으로든 그의 고유한 파괴가 될 것이지만 … 바로 이렇게 하여 사유의 가장 높은 역설은 자신이 사유할 수 없는 어떤 것을 발견하고자 원하는 것이다. _Miettes Philosophiques, p.74

인간의 이성이 절대적인 지평에서 그의 힘을 상실하고 '무력함'을 느낄 때, 인간의 정신은 이를 넘어서고자 한다. 자신이 이해할 수 없고 납득할 수 없으며 어쩌면 이해하는 자신의 고유한 특성을 완전히 포기해야 할 그러한 지평으로 나아가고자 한다. 왜냐하면 인간의 정신은 본질적으로 고유한 자신을 넘어서는 영원성과 관계하고 있기 때문이다. 자신의 고유한 특성을 포기하고 '부조리함'에 내어맡기면서 더 나아가고자 하는 인간의 정신을 키르케고르는 인간이 가진 최고의 열정이라고 말한다. 그는 『공포와 전율』에서 믿음이 최고의 열정임을 되풀이하여 강조한다.

인간에 있어서 최고의 정열은 믿음이다. _공포와 전율, 251쪽

믿음은 인간 속에 있는 최고의 정열이다. 모르긴 해도 어느 세대에나 믿음에까지도 도달하지 못한 사람이 많을 것이지만 그보다 더 나아간 사람은 하나도 없다. _공포와 전율, 252쪽

그렇기 때문에 키르케고르에게서 형이상학을 포기한 근대적 정신은 '오류에 빠진 지성'이라기보다는 '열정을 상실한' 무미건조한 정신이라고 해야 할 것이다. 믿음을 학문적으로 심오하게

다룬 다른 철학자는 헤겔이다. 아마도 헤겔의 사유와 키르케고르의 사유에서 가장 유사하면서도 결정적으로 서로 달라지는 점은 곧 믿음에 관한 서로 다른 해석일 것이다. 헤겔은 키르케고르의 관점에서는 진정한 믿음을 말하고 있는 것이 아니라 '열정을 상실한 무미건조한 정신'을 말하고 있는 것이 된다. 당연히 키르케고르는 헤겔의 종교관을 지속적으로 비판하였다. 당시에 학문적으로 가장 큰 영향력을 미치고 있었던 헤겔은 『정신현상학』에서 믿음의 실재에 대해서 다음과 같이 말한다.

절대적 본질에 대한 이 순수한 의식은 나 자신에게도 낯선 의식으로 변하였다. … 이와 함께 믿음은 본질에 대한 순수한 의식이다. 다시 말해서 단순한 내적인 것, 따라서 사유이며, 직접적인 것이다. ─믿음의 본성 안에서 원리적인 계기, 무시된 습관인 계기─ 이 직접적인 것과 더불어 믿음의 본질은 다음과 같이 형성된다: 그의 대상은 본질이다. 즉, 순수한 사유이다. 그런데 자기의식의 속으로 들어가는 사유로서의 이 직접성은 자기의식의 저편에 거주하면서 개관적인 존재의 의미를 수용한다. 사유의 순수함의 직접성과 단순성을 수용하는 이 의미로부터 믿음의 본질은 자기의식에 대해서는 본질적으로 다른 것인 초–감각적인 세계가 되면서 재현la représentation 안에서 사유의 바깥으로 다시 밀려난다. _Phénoménologie de l'esprit, p.95

다소 복잡한 위의 내용을 간단하게 설명하면 다음과 같다. 헤겔 철학의 체계에서 세계 역사는 모든 것이 정-반-합이라는 변증법적인 원리에 의해 점진적으로 정신에서 계시되고 나타나게 되는데, 여기서 믿음 역시도 정신에서 나타나게 된다. 이때 정신에게 나타나는 믿음은, 절대자와 관계하고 있는, 개별적인 의식이다. 그런데 이 개별적인 의식은 '규정된 것' 혹은 '보편적인 것'에 대한 부정을 의미하는 것이기에 정신에서는 완전히 낯선 것이다. 따라서 믿음은 일종의 정신에 대한 모순으로 나타난다. 헤겔에게서 모순은 아직 정신화되지 않은 것으로서 극복되어야 할 무엇이다. 따라서 믿음의 관점에서 보면 절대자란 '보편적인 존재'가 될 수 있는 근원적인 힘, 혹은 '재현représentation'할 수 있는 힘이다. 보편성이 그 최상의 나타남을 의미하는 헤겔에게 직접성으로서의 믿음은 극복되어야 할 무엇이며, 마침내 보편적인 것이 되어야만 한다. 그렇기 때문에 절대자에 대한 직접성(직접적인 의식)으로서의 믿음은 보편적인 재현을 향해 끊임없이 초월되어야 한다. 이처럼 헤겔의 철학체계 안에서 종교란 절대적인 앎으로 나아가는 정신의 모습처럼 고려되고 있다.

하지만 키르케고르의 시선에서 헤겔이 범하고 있는 오류는 절대자의 현존이 진정한 현존이 아니라 '정신의 재현'처럼 나타나는 데 있다. 사실상 헤겔이 말하는 믿음은 믿음 안에 진입하고 있는 개별자의 개별성을 부정한다. 그에게 보편적인 것 혹은 일반적인 것을 추구하는 의식이 결국 실제적인 혹은 구체적인 개별성을 포기하고 '일반적 개별성allgemeine Einzelheit'을 진정한 개별성으로 취하기 때문이다. C. 닝크는 헤겔 철학의 체계에서 왜 실제적인 개별성이 포기되어야 하는 것인지를 다음과 같이 설명한다.

여기서는 불변자가 단지 개별적인 것, 실제적인 것으로 이해되고 있기 때문에 결국은 소멸되어버리고 의식은 이와 같이 소멸되는 개별성은 참된 개별성이 아님을 깨닫게 된다. 그리하여 의식은 이제 실제적인 것으로서의 개별성을 추구하는 것을 포기하는바 오히려 그럼으로써 일반적인 것으로서의 개별성, 즉 일반적 개별성을 발견할 수 있게 된다. _헤겔 정신현상학, 144쪽.

사실상 '관념론'이라는 그 이름 자체가 이미 예고하듯이, 헤겔 철학은 최상의 실재로서의 존재가 '관념적인 것'임을 부정할 수 없으며, 따라서 만일 '믿음'이라는 것이 인간실존의 최상의 것을 의미한다면 이 믿음은 당연히 '구체적이고 개별적인 무엇'이 아니라, 모든 개개인에게 보편적인 어떤 '이데아적인 것'이어야만 한다. 그래서 헤겔은 "종교는 모든 인간을 위한 진리라는 것이다"*Propedeutique philosophique*, p.221라고 결론을 내리는 것이다. 최상의 존재가 '보편적' 혹은 '일반적'이라는 것과 진정한 종교라는 것이 '보편적이고 객관적인 진리'라는 것은 존재를 바라보는 관념론적인 시각이다. 하지만 키르케고르의 시선에서 심하게 말하면 믿음의 실재를 제거하고 보편적인 이해체계로서의 종교만을 남기게 되는 헤겔철학은 일종의 이데올로기요 정신의 자기오해인 것이다. 헤겔철학체계에서 유일한 오류가 있다면 그것은 믿음의 본질을 '역설'로 파악하지 않고 '모순'으로 파악한 것에 있다. 믿음의 본질이 역설인 한 믿음은 결코 객관화될 수 없으며, 보편적인 것을 추구하기 위해서 무화시킬 수 없는 것이다. 믿음의 정신이 혹은 개별적인 것과 보편적인 것이 '모순관계'에 있지 않다는 것, 이것이 키르케고르가 이해하는 핵심이다. 그 이유는 이성의 관점에서 상반되게 나타나는 이 두 가지는 '종합될 수 있는 것'이며 또한 '종합되어야만 하는 것'이기 때문이다. 이러한 종합은 결국 '내면성'의 개념으로 등장하게 된다. 그렇기 때문에 내면성을 가진다는 문제는 곧 정열의 문제이며, 헤겔의 철학체계에서 부재不在하는 것이 바로 내면성을 가지고자 하는 정신의 정열이다. 통속적인 예를 들면 헤겔의 철학은 사랑하는 사람이 보다 더 깊이 사랑하고 진정으로 사랑에 빠지는 것 대신에 끊임없이 자신의 사랑을 체계화하고 이론화하여 일종의 보편적인 인간현상으로 규정해버리고 끝내버리는 것과 같다. 이러한 사람의 오류는 곧 정신의 정열 사랑에 침잠하고 사랑을 실현하고자 하는 정열이 없는 것이다. 따라서 '내면성'에 대해서 다루기 이전에 믿음을 의미하는 이 정신의 정열에 대해서 좀 더 숙고해본다는 것은 매우 유용한 일이다.

인간이 가질 수 있는 최고의 열정을 지닌 사람들을 키르케고르는 '믿음의 기사'라고 칭하면서 '아브라함'과 '성모 마리아'를 상징적으로 내세우고 있다. 왜냐하면 이들의 삶과 정신에는 가장 고유하게 그리고 가장 순수하게 믿음의 사건이 나타나기 때문이다. "믿음 없이 하느님을 사랑하는 자는 자기 자신을 반성하고, 믿음으로 하느님을 사랑하는 자는 하느님을 반성한다. 이러한 것의 정점에 아브라함은 서 있다"공포와 전율, 71쪽.

믿음 없이 하느님을 사랑하는 사람들이란 어떤 사람들일까? 이들이 자신을 반성한다는 말은 또 무슨 말일까? 믿음이 없이 하느님을 사랑하는 사람이란 실제로 '단독자로서 절대자 앞에 나서지 않은 사람들', 즉 이성적이고 지성적인 사유로써만 하느님을 사랑하는 사람을 말한다. 말하자면 학문적으로만 하느님을 사랑하는 사람들이다. 예를 들면 '성스러운 일을 다만 직업적으로 하는 자'를 말한다. 이러한 자들은 자신들의 삶을 진정 하느님과의 관계성 안에서 이루는 것이 아니라, 자신들의 사유, 자신들의 관습에 의존하여 이끌어가는 이들이다. 키르케고르는 실존주의자답게 자신의 '현존재'에 충실하다. 그는 "나로서는 아브라함을 이해할 수가 없다. 어떤 의미에서는 나는 그에게서 놀라움밖에는 배울 것이 없다"공포와 전율, 72쪽라고 고백하고 있다. 인간적으로 납득하고자 하여도 도저히 납득할 수 없지만, 그것이 진리이기에 그것을 행하지 않을 수밖에 없는 것, 이를 위해서 모든 것을 체념할 수 있는 것이 '믿음'이다.

모든 것을 체념할 수 있는 그 믿음으로 아브라함은 자신의 전부였던 이삭을 바치기로 결심하였고, 성모 마리아는 자신의 전 인생을 고난과 고뇌에 바쳤다. 만일 아브라함이나 성모 마리아와 같은 믿음의 기사들에게 신이 자신의 섭리를 예고할 때, '왜 나에게는 이러한 은총이 허락하지 않는가?'라고 누군가 질문을 던진다면 키르케고르는 '순수한 믿음'이 없는 자에게 이러한 은

총은 오히려 재앙이 될 것이라고 말할 것이다. 그는 믿음의 기사가 가지는 인간적인 고뇌에 대해서 다음과 같이 말한다.

천사는 마리아에게만 갔을 뿐이었다. 그리고 아무도 마리아를 이해하지 못했다. 과연 어떤 여인이 마리아만큼 마음이 괴로웠을 것이냐? 그러나 하느님께서 그가 축복하는 자를 동시에 저주하신다는 사실이 이 경우에도 진리가 아닐까? 이것이 마리아에 대하여 정신이 내리는 해석이다. _공포와 전율, 132-133쪽.

믿음이 인간이 가진 최고의 열정이며, 종교적 실존으로 나아가게 할 유일한 열쇠이지만, 철학자로서의 키르케고르에게는 이러한 믿음이 없었다. 만일 그가 아브라함이나 성모 마리아처럼 그렇게 행동하였다면 그것은 '믿음의 행위'가 아니라 위선의 행위가 되었을 것이다. 그는 "이 두 사람이 여걸이나 영웅들보다 위대해진 것은 고난과 고뇌와 역설을 면했기 때문이 아니라, 이 고난과 고뇌와 역설로 말미암은 것이다"공포와 전율, 133쪽라고 말하고 있다. 믿음의 기사가 위대한 것은 고난과 고뇌와 역설로 인한 것이라는 사실을 이해한다는 것은 어려운 것이 아니다. 왜냐하면 대다수 천재나 위인도 그들의 위대함이 있기 이전에는 예외 없이 고난과 고뇌를 겪었기 때문이다. 하지만 위인이나 천재의 위대함에는 반드시 '역설'이 있었던 것은 아니다. 믿음의 역설은 오직 일체의 것을 체념한 뒤, 부조리의 힘을 빌려서 일체의 것을 되얻는다는 역설이기 때문이다.

그가 만들어내는 지상적인 모습을 갖춘 일체는 부조리한 것의 힘을 빌려서 만든 새로운 피조물인 것이다. 그는 일체의 것을 무한히 체념했다. 그러고 나서 그는 부조리한 것의 힘을 빌려서 다시금 일체의 것을 되찾은 것이다. _공포와 전율, 80쪽

하지만 키르케고르는 그 스스로는 이러한 역설을 수용할 수 없었다고 고백한다. "자신의 분별을 잃고 동시에 오성을 중개인으로 하는 유한성 전체를 잃고, 그러고 나서도 부조리한 것의 힘으로써, 바로 똑같은 그 유한성을 다시 획득할 수가 있다는 것, 이것이 나의 마음을 오싹하게 만든다"공포와 전율, 70쪽. 이성적이고 합리적인 인간이 가장 수용하기 힘든 점이 이것이다. 일체의 것을 체념한다는 것, 납득하기 어렵고 도저히 이해가 가지 않는 것을 수용하여야 한다는 것, 그것도 자신의 전 존재가 '무無'가 되는 것과 같은 그러한 상황을 믿음의 힘으로 수용한다는 것이다.

여기서 우리는 한두 가지 중요한 질문을 던질 수 있다. 첫째는 진정한 믿음이 '일체의 것을 체념하는 것'인 이유는 어디에 있는가, 둘째는 만일 그렇다면 일체의 것을 체념할 수 있는 이러한 믿음이 어떻게 가능한가 혹은 어디에서 오는가, 셋째는 이러한 믿음이 현실의 삶 안에서 어떠한 방식으로 나타나는가 하는 것이다. 만일 믿음의 기사가 인류의 역사상 오직 선택받은 몇 사람에게 해당되는 것이 아니라, 진리를 추구하는 혹은 신앙을 추구하는 모든 이에게서 '모범'이 되는 상징적인 존재라고 한다면 이러한 믿음은 정도의 차이를 가지고 모든 신앙인의 삶 안에서 이루어지고 있는 것이어야 한다. 그렇지 않다면 믿음의 순수성을 지키고자 힘들게 저술한 한 키르케고르의 노력 자체가 모순이 되고 말 것이다. 하지만 그럼에도 키르케고르는 "나는 믿음을 가지고 있지 못하다. 믿음을 가질 용기가 나에게는 결핍되어 있다"^{공포와 전율, 64쪽}라고 고백한다. 믿음을 가질 용기를 지닌 사람은 어떤 사람일까? 믿음이 무엇이며 믿음의 역설이 체념한 일체의 것을 다시 얻을 수 있게 한다는 것을 누구보다도 잘 알고 있는 키르케고르는 왜 믿음을 가질 용기가 없었던 것일까? 그는 믿음을 가지는 것도 자신의 의지와 무관하게 하느님이 주지 않으면 불가능하다고 생각하는 것일까? 그렇지는 않을 것이다. 왜냐하면 그는 믿음의 기사는 믿음을 가지기 위해서 '막대한 노력과 막대한 책임성'을 가지고자 한다고 말하고 있기 때문이다.

감히 전체적으로 자신이 되고자 한다는 것, 한 개별적인 인간이 되고자 한다는 것, 규정된 이 개별적인 인간이 된다는 것, 신 앞에서 오직 혼자된다는 것, 이는 막대한 노력과 이 막대한 책임성 앞에 선다는 것이다. _Traité du Désespoir, p.339

믿음을 가진다는 것은 절대자 앞에 홀로 선다는 것이며, 이는 곧 전체적으로 자신이 되고자 한다는 것이다. 그런데 '전체적으로 자신이 된다는 것'은 무엇을 의미하는 것인가? 여기서 '전체적으로'라는 말은 말 그대로 인생의 전체를 의미한다. 탄생과 죽음까지 전 인생, 즉 단적으로 '인생 그 자체'를 말한다. 나의 인생 전체를 가지고 신 앞에 홀로 나선다는 것, 그리하여 나의 모든 삶이 신의 뜻에 맡긴다는 것이다. 이는 다만 내가 선교사가 되거나 목회자가 되거나 수도자가 되는 중요한 인생의 진로를 결정하는 일이나 혹은 어느 결정적인 순간에 나의 전 재산을 헌납하는 그러한 순간적인 일과는 전혀 다르다. 인생을 전체적으로 신 앞에 데려가는 일은 이러한 것과는 전혀 다른 것이다. 이는 매일의 삶,

아주 작은 일상의 모든 것에서 신 앞에 홀로 나선다는 것이며, 전 인생에서 나의 모든 것을 신 앞에서 단독자로 나서는 일이다. 이는 곧 나의 모든 행위와 나의 모든 의지가 신 앞에선 단독자로서 이루어지는 것을 말한다. 생각해보자. 만일 내가 어떤 행위나 중대한 결정을 할 때, 바로 앞에 신이 인간의 모습으로 현존해 있다고 한다면 나는 신의 뜻을 헤아리는 것 외에 달리 무엇을 할 수 있을 것인가? 그 어떤 관습이나 율법이 혹은 그 어떤 인간적인 이유나 세속적인 이유가 나의 이유가 될 수 있을 것인가? 이미 무한한 것을 선취하고 있는 사람에게 이미 영원성을 선취하고 있는 사람에게 어떠한 유한한 것이 어떠한 시간적인 것이 의미를 가질 수가 있는가? "신앙이란 무한성을 선취하는 내적인 확신"불안의 개념, 313쪽이며, 이 신앙이 나의 생을 전체적으로 설명해주는 것이다. "유한성은 언제나 결코 전반적으로가 아니고, 단지 단편적으로만 설명한다"불안의 개념, 322쪽. 그렇기 때문에 진정 믿음을 가진 사람이라면 자신의 삶을 그 어느 순간에도 결코 '관습'이나 '문화' 혹은 어떤 '세속적인 사상'이나 '이념'에 의존하지 않는다.

항상 절대자에 의해서 자신의 삶과 행위가 의미를 가지게 되는 사람, 오직 신의 뜻에 따라 자신의 모든 것이 이루어지고 있다고 믿고 있는 사람이 곧 믿음의 기사이다. 자신의 전 생이 절대자의 영원성과의 관계성에서 이루어지고 있는 사람에게 그 어떤 세상의 중요한 동기도 무의미하다. 죽음이 그를 위협한다고 해도 이는 사소한 일에 불과할 것이다. 왜냐하면 그는 이미 영원성을 선취하고 있기 때문이다. 이렇게 자신의 행위와 삶의 의미가 그 어떤 세상의 관습이나 세속적인 가치에도 의존하지 않고 오직 스스로 자신의 내면에서 진리라는 것만을 취하는 사람이 믿음의 기사이다. 자신이 교사이거나, 정치가이거나, 누구의 아버지이거나, 누구의 부하이거나, 사제이거나, 목사이거나, 스님이거나 혹은 예술가이거나, 군인이거나 그 어떤 세상의 본질도 자신의 선택의 동기나 행위의 이유가 될 수 없으며, 오직 절대적인 지평에서 신 앞에 선 개별자로서만 원인과 동기를 가지는 사람이 곧 믿음의 기사이다. 만일 이러한 사람이 '절대자와의 관계성'을 가정하지 않는다면 완전한 '무소유', 즉 '무아無我'를 실현한 스님이거나 니체가 말하는 '초인의 경지'에 이른 사람일 것이다. 믿음의 기사가 이들과 유사한 이유는 '자아', 즉 '자기인 것'이 전체적으로 상대적인 세상의 관점을 넘어서 있다는 점이다. 하지만 다른 점이 있다면 '무소유'를 실현한 사람은 '자연의 이법' 혹은 '도道'의 흐름에 일치한 사람이며, '초인의 경지'를 이룬 사람이 '오지 자기 자신'이 절대적인 이법이 된 사람이라면, 믿음의 기사는 '절대자의 의지'가 유일한 자신의 이법이 된 사람이다. 키르케고르는 전자의 사람들을 '영웅'이라고 생각하며, 후자를 종교적 천재라고 말하고 있다. 아마도 우리는 보다 일반적인 용어로 종교적 천재를 '성인聖人'이라고 부를 수 있을 것이다. 그리고 그는 자신은 영웅의 처지가 되어 생각할 수는 있어도 성인의 처지가 되어 생각할 수는 없다고 말하고 있다.

> 영웅의 경우라면 나는 그의 처지가 되어 생각한다. 그러나 아브라함의 경우에는 나는 그의 처지가 되어 생각할 수가 없다. _공포와 전율, 62쪽

왜 영웅의 경우 그의 처지에 우리를 둘 수 있지만, 성인의 경우는 그렇지가 못한 것일까? 왜냐하면 영웅의 경우는 여전히 인간적인 지평에 있는 사람들이지만, 성인의 경우는 인간적인 지평을 넘어서 있는 사람들이기 때문이다. 그렇기 때문에 성인을 이해하기 위해서는 성인이 되지 않고는 불가능하다. 누구도 믿음의 기사가 가진 그 실존이 어떠하였는가를 스스로 믿음의 기사가 되지 않고는 이해 불가능하다. 그렇기 때문에 진정한 믿음이 어디서 기인되는가 하는 문제는 사실상 정답을 줄 수 없는 문제이

다. 그 어떤 학문적인 방법도 이를 증명할 수는 없다. 그렇기 때문에 믿음은 본질적으로 '순수한 무엇'이다. 즉, 어떠한 개념이나 이론으로 설명할 수 있는 성격이 아니다. 키르케고르가 '서정적인-변증법'이라는 부재로 『공포와 전율』을 저술한 가장 주된 이유는 아마도 '믿음의 순수성'을 지키고자 한 때문일 것이다.

믿음의 기사들은 이 모든 세속적인 흐름을 초월하여 '믿음의 순수성'을 간직하고 있다. 이들은 마치 무리를 이탈한 한 마리 양처럼 고독하지만 순결하게, 세속적인 것과 타협하지 않고 언제나 절대자 앞에 남아 있다. 그 어떤 세속적인 입김도 이들의 정신과 영혼을 뒤흔들 수 없다. 왜냐하면 이들은 이미 영원성의 질서에 속해 있기 때문이다. 믿음의 기사들은 겉으로 보기엔 매우 평범한 사람들처럼 보인다. 왜냐하면 이들이 소중하게 여기는 것은 본질적으로 '내면성'에 있기 때문에 삶의 형식에서 다른 사람들과 크게 다르지 않기 때문이다. 즉, 믿음의 기사가 가진 진정한 모습은 그의 내면성에 있다. 여기서 키르케고르가 말하고 있는 내면성은 진정 하나의 삶이요 세계이다.

이 세계는 그 어떤 세상 사람도 이해할 수 없는 새로운 세계이며, 어떤 의미에서 실현된 영원성이 존재하는 세계이다. 항상 절대자와 함께 거니는 삶이며, 오직 절대자의 섭리라는 하나의 유일한 원칙만이 지배하는 세계이다. 모든 것이 그 원리에 의해서 의미를 가지고 가치가 매겨지는 전혀 다른 하나의 세계이다. 하지만 역설적이게도 이러한 완벽한 내면세계를 형성한 자이기에 믿음의 기사는 또한 외부의 세계, 즉 현실의 삶에서도 거의 완벽하게 이상적인 모습으로 살아가는 것이다. 이것이 키르케고르가 바라마지 않았던 '육체와 정신의 종합', '시간성과 영원성의 종합', '유한과 무한의 종합'을 의미하는 것이다. 현실의 외적인 세계와 내면의 믿음의 세계가 완전히 하나를 이루는 이가 바로 믿음의 기사가 가지고 있는 삶의 진실이다. 그러기에 그는 세상에서 가장 독특한 유일한 사람이면서 동시에 세상에서 가장 평범하고 순수한 사람처럼 그렇게 살아가는 것이다. 바로 이러한 사람에게서 눈에 보이지 않지만 가장 순수한 초월적인 진리의 빛이 가장 강력하게 세상에 비춰주고 있는 것이다. 매일의 삶에서 이러한 '믿음의 역설'을 실현하고 있는 자가 바로 믿음의 기사이다. 아마도 이 세상의 온갖 어둠들에서 가장 근원적으로 가장 효과적으로 싸우고 있는 자가 믿음의 기사일 것이다. 왜냐하면 어둠은 오직 빛을 밝히는 것으로써만 근원적으로 없앨 수 있기 때문이다.

2
내면성으로서의 믿음과 믿음의 심오함

믿음의 사건이 본질적으로 내면성의 사건이라는 것은 일상적인 언어에서도 상식적이고 논리적인 것이다. 사랑한다고 말하는 것이 사랑의 징표가 될 수 없고, 사랑의 그 어떤 선물도 사랑의 징표는 될 수가 없다. 그 어떤 몸짓도, 그 어떤 행위도 진정한 사랑의 징표가 될 수는 없다. 왜냐하면 사랑은 본질적으로 '내면적인 사건'이기 때문이다. 이처럼 믿음도 마찬가지다. 그 누가 나에게 어떠한 말을 하더라도, 나를 위해서 어떠한 행동을 하더라도 그가 '나를 믿는다'는 사실의 결정적인 징표가 될 수는 없다. 그러한 의미에서 믿음은 학문과 대립하고 있다. 왜냐하면 모든 학문은 결국 '외면화' 혹은 '표상화'하는 것에서 성립하고 있기 때문이다. 마찬가지로 믿음은 모든 문화적이고 관습적인 것과도 대립한다. 문화나 관습도 일반화되고 보편화되어 있다는 차원에서 '외면화된 것' 혹은 '표상화된 것'을 말하기 때문이다. 즉, 믿음이라는 말이 진정 의미 있는 것이 되기 위해서는 구체적인 한 개별자와 실존적인 관계성을 전제하고 있다. 그래서 믿음이라는 말은 그 자체 인격 대 인격의 관계성에서 참된 의미를 가지게 되는 것이다.

그런데 키르케고르가 말하는 믿음은 단순히 내면적인 사건, 즉 내면에서 일어나는 다양한 일 중에 어느 하나가 아니다. 믿음은 내면적인 사건 중에서도 가장 내면적이며, 어떤 의미에서 자신의 내면에 일어나는 모든 사건을 하나의 지평에 수렴하고 의미를 부여하고 질서를 지우는 고차적인 정신활동이라고 할 수 있다. 즉, 이는 안과 밖이라는 공간적인 의미의 내면이 아니라, 깊이 심오함의 의미로서의 내면성이다. 왜냐하면 그는 "내면성은 인간에 있어서의 영원성, 혹은 영원한 것의 규정이다"불안의 개념, 302쪽라고 말하기 때문이다.

내면성이란 무엇인가? 이는 내면적인 것의 속성 혹은 내면적인 것의 성격을 통칭하여 지칭하는 말이다. 그런데 어떻게 내면성이 영원성이라는 것인가? 영원성 역시 영원한 것의 속성을 통칭하여 지칭하는 말이다. 인간이 살아가면서 '영원한 것'을 마주할 때가 있는 것일까? 영원한 것이란 무엇을 말하는 것인가? 엄밀한 의미에서 본질적으로 시간적인 질서 속에 있는 인간은 영원永遠에 대한 적극적인 개념을 가질 수는 없다. 만일 소극적인 의미에서 영원에 대해 말하고자 한다면 이는 '시간성時間性'에 대립하는 것, 혹은 시간성을 초월하는 것이다. 시간성을 초월하는 것이란 결국 과거와 현재와 미래가 하나의 지점에 수렴하고 있는 인간의식의 특성이다. 아리스토텔레스가 지구가 없어져도 지구의 중력의 원리는 여전히 존재한다고 말하였을 때 이는, 자연의 법칙이란 자연이 없어도 존재한다는 말이며, 이러한 자연의 법칙이 곧 소극적인 의미에서 '영원한 것'임을 말하는 것이다. 이와 유사하게 인간의 정신은 변화무쌍한 자연과 인간세계의 모습에서 변치 않는 어떤 법칙들을 도출해낸다. 바로 이러한 법칙들이 소극적인 의미에서 영원한 것이라고 할 수 있다.

마찬가지로 모든 인간의 정신은 자신들의 삶의 질곡을 거치면서 거기서 어떤 불변하는 법칙들과 의미들을 도출하고자 한다. 시간과 역사와 무관하게 삶의 어떤 영원한 법칙들을 이해하고자 하는 것, 이것이 곧 형이상학적인 존재인 인간존재의 특징이다. 그래서 프랑스의 종교철학자 '앙리 뒤메리'는 "아무리 미천한 인간일지라도 정신을 가지고 있는 한, 자기세계를 창조하고자 한다"라고 말한 것이다. 그런데 인간정신은 이러한 불변하는 법칙들, 이러한 자기세계를 '영원성 그 자체' 혹은 '절대자'에게로 데려간다. 이것은 놀라운 인간성의 비약이다. 자기세계를 형성하는 인간의 정신이, 그 중심에 사유하는 이성을 두는 것이 아니라, 바로 절대자 그 자체를 두는 것이다. 이것이 바로 키르케고르가 말하는 내면성으로서의 '영원성'이다. 자신의 내면세계를 형성함에서 이성이 절대자에게 그 중심을 양보한다는 것, 이것이 곧 믿음의 실재이다. 이는 어떤 의미에서 철학자의 겸손을 의미한다. 그렇다면 왜 이성은 절대자에게 그 자리를 양보해야만 하는 것일까? 키르케고르는 여기에는 이성으로서는 도저히 헤아릴 수 없는 것이 있기 때문이라고 한다.

> 믿음의 역설이란 외적인 것으로는 헤아릴 수 없는 다른 내면성, 하나의 새로운 내면성이다. … 믿음의 역설은 개별자가 보편적인 것보다 높이 있다는 것이고, 개별자가 절대적인 것에 대한 그의 관계로써 보편적인 것에 대한 그의 관계를 규정한다는 것이지, 보편적인 것에 대한 그의 관계로써 절대적인 것에 대한 그의 관계를 규정한다는 것이 아니다. _공포와 전율, 141쪽

외적으로 헤아릴 수 없다는 것은 이성적인 이해를 넘어서 있다는 것을 말하며, 새로운 내면성은 곧 영원성과의 관계 혹은 절대자와의 관계를 통해 실현된 내면성을 말한다. 이러한 내면성은 기존의 다양한 인간의 내적인 사건들과는 차원을 달리하는 내면

성이다. 단순히 외부로부터 숨겨진 마음의 사건이라는 차원을 넘어 나의 내면에 새로운 세계가 형성된 것을 의미한다. 기존의 나의 내면의 사건이 외적인 세계에 의해서 그 의미가 주어지고 가치가 부여되었다면 이 새로운 내면성에서는 오직 절대자와의 관계성을 통해서만 그 의미가 주어지고 가치가 부여된다. 이러한 영혼에서는 그 자신의 행위나 삶의 의미가 오직 절대자와의 관계성에서 주어지기에 그것이 어떠한 이름으로 주어지든지 —문화든, 정치적 이념이든, 종교적인 계율이든— 외부에서 주어진 것은 더 이상 그 자체로서 의미를 가질 수가 없으며 오직 이 절대자와의 관계성에서 어떠한 의미나 가치를 가지는 것인가에 따라서만 진정한 의미나 가치가 주어진다. 그렇기 때문에 보편적인 것(문화적, 규범적, 학문적인 것)은 개별적인 것(절대자와의 관계에 기초한 내면성)에 대해서 하위의 것이며, 보편적인 것이 개별자의 종교적 의미를 규정하는 것이 아니라, 오히려 개별자가 보편적인 것의 진정한 의미를 규정하게 된다.

예를 들어보자. 어느 하나의 사건이 절대적으로 중요한 것으로 다가오는 사람에게 다른 모든 것은 부수적인 것이 되어버리거나 혹은 이 절대적으로 중요한 사건을 중심으로 다시 질서 지워질 수밖에 없다. 가령 죽음에 임박하여 절박하게 부르짖는 사람에게 모든 가치나 의미는 삶과 죽음이라는 하나의 사건을 중심으로 되규정될 수밖에 없다. 마찬가지로 자신의 내면이 절대자와의 관계성에 대해 정립되는 사람에게 자신의 모든 삶의 역사는 이 절대자와의 관계성을 중심으로 다시 정립되고 새롭게 가치가 부여될 수밖에 없다. 고흐나 미켈란젤로의 이해할 수 없는 삶과 행위, 토마스 모어나 마더 테레사 수녀의 납득하기 어려운 헌신 그리고 역사상 수많은 위인과 성인의 행위는 그들의 절대자와의 관계성, 즉 '새로운 내면성'을 전제하지 않고서는 결코 이성적으로만은 이해하거나 납득할 수 없는 것이다.

자신의 내면성이 영원한 것, 즉 절대자의 현존 안에서 되-정립되고 있는 사람들에게는 새로운 삶의 지평이 형성된다. 여기에서는 무의미했던 사건이 매우 중요한 사건으로 다가오고 무가치하거나 매우 불행하였던 일들이 축복처럼 느껴지기도 한다. 반면 자부심을 느꼈던 일들이 오히려 수치스럽게 느껴지기도 하는 것이다. 그의 인생 전체가 새롭게 정립되고 그의 전 과거는 다른 하나의 의미와 가치를 가진 새로운 역사적 의미를 가지게 된다. 비록 외부적으로는 여전히 평범한 일상을 살아가고 있지만 이러한 개별자의 내면에는 전혀 새로운 삶의 지평이 열리고 있는 것이다. 아우구스티누스의 『고백록』도 이러한 맥락 아래서만 충분히 이해될 수 있다. 이러한 내면성에서는 진정 정신과 육체의 종합, 거룩한 것과 속된 것의 종합, 시간적인 것과 영원한 것의 종합이 실현되고 있다. 보다 강하게 말하면 신과 인간의 종합이 실현되는 것이다. 이러한 내면성이 순수하게 '내면적인 사건'이라는 차원에서 그의 외적인 삶의 모습들은 여전히 지속하고 있다. 어떤 의미에서 이러한 개별자들은 두 세계를 동시에 살고 있으며, 끊임없이 신성한 세계의 빛을 세상에 비춰주는 사람과 같다. 만일 고흐나 니체 같은 사람들이 매우 불행했던 사람 심지어 '광인'처럼 보인다면 키르케고르는 이러한 사람들의 불행은 이들의 내면성과 현실 사이의 종합이 충분하게 이루어지지 않았기 때문이라고 할 것이다.

따라서 인간이 믿음이라는 내면적인 사건을 가질 수 있다는 사실은 부정할 수 없는 인간성의 한 진리이며, 인간의 위대함을 드러내어주는 가장 명백한 증거이다. 왜냐하면 한 인간이 위대하다는 것은 그가 무엇을 추구하고 있는가에서 드러나기 때문이다. 즉, 인간은 자신의 내면 안에 아직 실재가 아니지만 실재가 되기를 희망하면서 간직하고 있는 그 무엇을 추구할 수밖에 없는 존재이다. 『공포와 전율』에서 믿음의 기사로 등장하는 '아브라함'은 최상의 것을 진정으로 추구하였던 상징적인 인물이다.

그는 신을 사랑한 자, 신과 싸운 자로 대변되면서 가장 정열적인 인간이며 그렇기에 가장 위대한 인간으로 묘사되고 있다. 인간으로 하여금 절대적 지평으로 나아가게 하는 절대자와의 관계성의 정립 이것이 곧 '신과 싸운 자'의 내면적인 사건의 실체이다. 바로 이러한 신과의 싸움이 가능하게 하는 것이 곧 오성을 포기한 '역설로서의 믿음'이다. 키르케고르는 "무력함이 본질인 그의 힘 때문에 그는 위대했다. 어리석음이 그 비밀의 본질인 지혜로 말미암아 그는 위대했다. … 그는 땅 위의 오성을 뒤에 남겨두고 믿음을 가지고 갔다"공포와 전율, 31쪽라고 믿음의 기사에 대해서 말하고 있다.

사실상 믿음을 통하여 이성을 넘어서는 무엇이 인간에게 시작된다는 사유는 중세 철학자인 토마스 아퀴나스에게서도 동일하게 발견된다. 토마스 아퀴나스는 "이러한 초자연적인 앎으로부터 우리에게서 어떤 출발점이 시작된다는 것은 필연적인 것이다. 그리고 이는 믿음을 통하여 가능하다. 이 믿음은 주입된 빛을 통해서 자연적인 앎을 넘어서는 것들을 소유하는 무엇이다" *Summa Theologiae*, q.14, a2, ad resp.라고 말한다. 인간이 이 세상의 삶을 시작하는 시초부터 인간은 그 무엇을 향하여 여행 중에 있다는 것이 종교적 인간의 세계관이다. 그리고 여행의 끝이 무엇인지는 알 수 없지만 이 여행의 목적지가 이 지상의 어떤 곳이 아님은 분명하며, 이 여행은 육체적인 죽음에서 끝나는 것은 아니라는 것이 종교적 인간의 진실이다. 그렇기 때문에 진정 종교적인 인간은 '현세의 윤리적인 것'마저도 넘어서지 않을 수 없다. 그는 계속하여 "윤리적인 것이 목적을 자기 속에 간직하고 있는 한 윤리적인 것은 앞으로 나아가지 못한다"공포와 전율, 108쪽라고 진술하고 있다.

윤리란 본질적으로 개인과 개인, 개인과 사회 나아가 사회와 사회 사이의 어떤 관계성을 전제하고 이 관계성을 정립하는 보편적인 규범 위에서 가능한 것이다. 그리고 보편성은 또한 학문이 성립하기 위한 지반과 같은 것이다. 그렇기 때문에 윤리적이 된다는 것은 개별성을 지양하고 보편적 혹은 일반적인 것이 되는 데에서 가능하다. 하지만 믿음은 이와 다르다. 믿음은 본질적으로 개별적인 것이다. 개별자가 보편적인 것 안에 있다가 믿음을 가짐으로써 보편적인 것보다 더 높은 곳으로 나아가게 된다는 것이 키르케고르의 관점이다.

믿음이란 곧 개별자가 보편적인 것보다도 높은 곳에 있다는 역설이다. 그러나 주의해야 할 일은 이 운동은 반복되는 것이고, 따라서 개별자가 처음에 보편적인 것 안에 있다가 후에 와서는 보편적인 것보다도 높은 곳에 있는 개별자로서 고립된다고 하는 역설이다. _공포와 전율, 110쪽

위에서 키르케고르가 말하고자 하는 것은 윤리와 믿음은 일종의 변증법적인 운동을 가지면서 전진한다는 사실이다. '처음에는 보편적인 것 안에 있다가 나중에는 보다 높은 곳에서 개별자'로 고립된다는 것, 이것이 '윤리적인 실존'에서 '종교적인 실존'으로 나아가는 핵심이다.

윤리적인 실존이 된다는 것은 보편적인 된다는 것이다. 나의 행위의 정당성이 일반적 혹은 보편적 도덕관념에서 취하게 될 때, 나는 윤리적이 된다. 모든 종교적 삶도 그 시초에는 정당하고 건전한 관습이나 규범에 의해서 그 타당성을 입증받는다. 하지만 종교적 실존을 가진다는 것은 어떤 의미에서 무리에서 이탈하여 고독하게 된다는 것을 전제한다. 우리는 절대적이라고 말할 수 있는 모든 일이 이러한 '고독함'을 요청한다는 것을 일상에서도 자주 체험할 수 있다. 우정이나 사랑이라는 것도 보편적이고 일반적인 '친교'의 형식으로 시작하지만 이러한 관계가 지속될수록 '보편성'이나 '일반성'의 질서를 넘어서게 된다. 왜냐하면

우정이나 사랑의 관계성 안에는 결코 일반성이나 보편성으로 환원할 수 없는 어떤 개별적인 것 혹은 일종의 절대적인 것이 내포되어 있기 때문이다. 사실 모든 '인격적인 소통'에는 보편성이나 일반성을 넘어서는 무엇이 있다. 왜냐하면 이러한 소통의 궁극적인 목적이 '소통하고 있는 나 자신'이기 때문이다. 두 개의 영화를 동시에 진지하게 볼 수 없듯이 이러한 인격적인 소통 안에서 제삼자가 한 사람이라도 참여한다면 이미 진지한 소통은 기대할 수가 없다. 세 사람의 소통이란 모두가 긍정할 수 있는 '객관성'의 영역을 확보해야 하기 때문이며, 진지한 내면성으로서의 소통은 불가능하기 때문이다.

이와 마찬가지로 한 개인이 믿음을 통해서 절대자 앞에 홀로 나선다는 것은 일체의 보편성이나 일반성을 넘어선다는 것을 의미한다. 키르케고르는 『공포와 전율』에서 이를 '일체의 것에 대한 체념'이라고 반복하여 말하고 있으며, 심지어 '죽음을 체험하는 것'이라고 말하고 있다. 모든 문화적인 것이나 관습적인 것 심지어 율법마저도 초월하여 단독자로서 절대자 앞에 나선다는 것, 이것이 진정한 의미의 신앙 행위이다. 이러한 신앙의 의미는 칼 야스퍼스의 '철학적 신앙'에서도 동일한 관점이다. 그는 『철학적 신앙』에서 두 가지 의미의 신앙에 대해 넓은 의미로서의 신앙을 '진리에 대한 확신'이나 '정신의 이념'이라고 말한다면 "보다 참다운 의미의 신앙은 초월자를 현실적으로 의식하는 실존의 행위"철학적 신앙, 27쪽라고 말하고 있다. 규정되어 있고 고정되어 있는 '대상성'에 대한 사고를 넘어서 모든 대상을 초월하는 '포괄자(절대자)'를 확신하는 행위를 철학적 행위의 가장 순수한 것이라고 본 야스퍼스에게 진정한 철학적 행위는 항상 철학적 신앙의 모습으로 나타나야만 한다. 하지만 인간에게는 이러한 철학적 사고를 역행하는 성향이 포함되어 있으며, 자주 대상에 대한 지식들을 철학적 사유로 오인하는 오류에 빠지곤 한다. 그는 "우리는 소위 건전한 정신을 보호한다는 이름 아래 객관적인 것에 기대하려고 하고 그럼으로써 초월하는 사고를 통해 우리 존재가 거듭나는 것을 회피하려고 한다"철학적 신앙, 28쪽라고 말한다.

　　아마도 이러한 이유 때문에 키르케고르는 '믿음의 역설적인 행위'는 일회성으로 끝나는 것이 아니라 반복되어야 한다고 말한 것이다. '우리 자신의 존재가 거듭난다는 것', 이는 야스퍼스에게는 '세계를 포괄하고 있는 포괄자'를 확인하고 있는 실존 그 자체를 의미하는 것이 되겠지만, 키르케고르에게는 '세상에서 죽음으로써 절대자와의 관계성을 회복하는 것'이 된다. 사실 모든 종교가 최초에는 순수성으로 시작하지만, 시간의 흐름과 함께 추락하고 타락하게 된다는 것은 자연적인 현상이라고 해야 할 것이다. 왜냐하면 믿음의 순수성을 벗어나 대상적 사유 안에 안주하고자 하는 것이 인간의 본성적인 성향이기 때문이다. 그렇기 때문에 종교적 실존에서 윤리적 실존으로 추락하는 것도 인간의 자연적인 성향이며, 이러한 윤리적인 실존에서 어느 순간 다시 종교적 실존으로 도약하고자 하는 것도 또한 인간의 자연적인 성향이라고 해야 할 것이다. 인간의 실존은 이러한 '정-반-합'의 변증법적 운동을 그의 철학함의 근본원리처럼 그렇게 지니고 있는 것이다. 이러한 변증법적 운동을 키르케고르보다 더 분명하게 신앙의 행위 안에서 발견하고 있는 철학자가 야스퍼스이다.

> 변증법은 곧 나의 본래적인 존재가 신앙이 되고, 그 신앙이라는 것도 부조리한 것에 매달리는 것에 불과한 것같이 보여지는 한계로 육박해 가는 것을 의미한다. 철학적 신앙은 그 자신의 구조 속에 그러한 변증법적 요소들을 지니고 있다. _철학적 신앙, 29쪽

야스퍼스가 말하는 '철학적 신앙'은 사실 키르케고르가 말하는 '믿음'과 다른 것이 아니다. 야스퍼스가 '본래적 존재'로서의 자신이 곧 신앙이라고 말하는 것은 키르케고르가 말하는 '영원과 관

계된 실존'과 다름이 아니다. 그렇기 때문에 믿음의 행위가 자신의 본래적인 존재를 회복(실현)하기 위해서 '세상의 모든 가치, 필연성, 보편성, 의미'로부터 스스로 물러나고자 하는 것은 자연스러운 것이다. 또한 '세상에서 죽는 것'을 의미하는 이러한 신앙의 행위가 만일 절대자와의 관계성을 부정하는 사람에게서 발생한다면 이는 곧 '정신적인 죽음' 혹은 '도덕적인 죽음'과 같을 것이다. 이러한 이유로 키르케고르에게서 '믿음을 가진다는 것'은 세상에서 가장 정열적인 그 무엇으로 보인다. 그것은 자신의 죽음을 담보로 무엇을 추구하는 것, 이것보다 더 큰 정열이 있을 수 없기 때문이다.

우리는 앞에서 무한한 체념은 믿음에 앞서 있는 마지막 단계라고 말했다. 그러나 믿음이 무한한 체념 이후에 가질 수 있다는 것은 믿음의 행위가 세상의 포기함을 강요하는 것이 아니다. 이러한 믿음의 행위는 세상을 가장 깊은 의미에서 가장 본래적인 의미에서 파악하고자 하기 때문에 오히려 학문적이고 객관적인 세계에 대한 모든 앎을 포기하는 것이다. 왜냐하면 믿음을 통해서 세상을 파악한다는 것은 영원성의 시선에서 세상을 바로 보고자 하는 것이며, 이는 야스퍼스의 말을 빌리면 "초월자를 지시하는 암호"철학적 신앙, 23쪽로서의 세계를 발견하는 일이기 때문이다. 그렇기 때문에 세상에 대한 체념은 나 자신과 세계에 현존하는 보다 큰 가치, 즉 '영원한 가치'를 자각하는 데 있으며, 또한 새롭게 자각한 이러한 가치로부터 세계존재와 삶의 의미를 새롭게 파악한다는 것을 말하는 것이다. 세계의 진정한 의미를 파악하기 위해서 현재 우리가 지니고 있는 모든 이해와 가치로부터 떠난다는 이러한 관점은 대다수 가톨릭의 신비주의가 목표하는 것이다. 가령 가톨릭의 대표적인 관상가인 '십자가의 성 요한'의 정신을 말해주고 있는 한 저서에서는 신의 현존을 맞이하는 영혼의 특성을 "이것은 갖가지 유다른 지식과 애착을 깡그리 없애버린 영혼의 특성이다"無에의 추구, 십자가의 요한의 생애, 163쪽라고 하며, 그런 이후에 "영혼은 하느님을 통해서 피조물을 인식하는 것이지 피조물을 통해서 하느님을 인식하게 되는 것이 아니다"앞의 책, 170쪽라고 진술하고 있다.

따라서 믿음 혹은 신앙이란 어떤 특정한 종교적 교의나 율법을 긍정하고 받아들인다는 뜻이 아니다. 이는 자기 자신과 이 세계를 가장 본래적인 의미 혹은 가장 심오한 의미에서 파악하고자 하는 고차적인 철학함을 의미한다고 말할 수 있다. 우리는 이러한 고차적인 철학함을 종교철학의 한 방법으로 고려할 수 있다. 이는 곧 윤리적 실존에서 종교적 실존으로 도약하는 것이다.

따라서 이러한 진술들은 윤리적 실존에서 종교적 실존으로 도약하는 방법이란 곧 보다 깊이 자기 자신의 내면으로 나아가는 것임을 알 수 있다. 도약하기 위해서는 깊이 내려가야만 한다는 것, 이것이 키르케고르에게는 진정한 신앙인의 모습이다. 가장 깊이 자신의 내면으로 나아간 사람에게서만 "무한성을 선취하는 내적인 확신"불안의 개념, 313쪽을 가질 수가 있는 것이다. 하지만 우리는 이러한 믿음의 기사를 세상에 대한 관심을 외면하고 자신의 독방에 칩거한 이기적인 사람처럼 간주할 수는 없을 것이다. 왜냐하면 키르케고르는 "숭고한 것을 속된 것 속에서 표현한다는 것, 이것을 할 수 있는 자는 그 기사밖에 없다"공포와 전율, 81쪽라고 말하고 있기 때문이다. 말하자면 믿음의 기사가 '일체의 것을 체념'할 수밖에 없는 것은 역설적으로 일체의 것을 되살리기 위해서라는 말이다. 동굴 속의 사람들에게 지혜의 빛을 가져오기 위해서 동굴을 떠나지 않으면 안 되었던 플라톤의 현자처럼 속된 것 안에 숭고한 것을, 시간성 안에 영원성을, 유한한 것 안에 무한한 것을 가져오기 위해서 믿음의 기사는 일체의 세상적인 것을 떠날 수밖에 없다. 이것이 '역설로서의 믿음'의 가장 충만한 의미인 것이다. 오직 이러한 역설을 통해서만 세상 사람들의 출입이 금지된 수도원의 독방 속에서 오히려 모든 세상 사람을 껴안을 수 있는 것이다. 즉, 모든 것을 되살리기 위해서 모든 것을 먼저 포기하지 않으면 안 되는 '역설'이다.

10

죽음을 껴안은 이념의 순교자

1
죽음을 곁에 두고 산 명상가

키르케고르는 42세라는 젊은 중년의 시절에 세상을 떠났다. 그 죽음의 원인이 무엇이든 그는 평생 자신의 사명을 완수하기 위해서 몸부림을 친 사람이었고 마지막까지 자신의 신념을 세상에 알리기 위해서 생명을 소진한 사람이었다. 그의 곁을 지키고 있었던 조카는 임종 이후 그는 참 평온한 모습을 하고 있었고, 얼굴에 빛이 나고 있었다고 증언하였다. 그리고 그 조카는 자신의 삼촌이 성인聖人이었을 것이라 말하였다고 한다. 물론 우리는 이러한 증언의 진위를 확인하기도 어렵고 또 한 청년이 말하는 이러한 '진실'을 진실 그 자체로 받아들이기도 어렵다. 따라서 키르케고르가 정확히 어떠한 사람이었는가를 평가한다는 것은 사실 불가능하다. 하지만 우리는 그가 죽음 직전에 남겨둔 글들과 그가 평소에 죽음에 대해 지니고 있었던 생각들을 통해서 그가 어떠한 사람이었는가를 최종적으로 추론해보는 것이 충분히 가능하다. 왜냐하면 죽음을 목전에 둔 사람에게 '위선'이나 '거짓'은 있을 수가 없을 것이기 때문이다. 키르케고르는 그가 임종하던

해 5월부터 〈외예블리케Øieblikket〉라는 잡지를 출간하기 시작하였다. 그리고 임종하기 일주일 전에 발간된 '9월 25일자' 일지에서 다음과 같이 적고 있다.

삶의 운명에 대해 이러한 그리스도교적 이해

이러한 삶의 운명이란 그것이 삶의 권태의 극단까지 밀려가야 한다는 것이다.

그 지점까지 밀려갔을 때,

자신을 그 지점까지 이끌고 온 분이 하느님이라고 주장할 수 있는 사람,

그런 사람은 그리스도교적 관점에서 보건대,

삶의 시험을 통과한 것이며

영원의 세계에 들어갈 수 있을 만큼 충분히 성숙한 셈이다.

_코펜하겐의 고독한 영혼, 270쪽

위의 내용은 그리스도교적 세계관에서 에누리 없이 본 삶의 진실을 말하고 있다. '삶의 권태의 극단까지 밀려간다'는 것은 무엇을 말하는 것인가? 그것은 자신이 살고 있는 그 사회가 결코 자신이 갈망하는 그러한 세계가 될 수 없다는 사실에 봉착하는 것

을 말하며, 인간적인 삶 안에서 추구하는 온갖 가치 —진실, 정의, 올바름, 명예로움, 자유, 평등, 평화 등— 가 결국 이 세상살이에서는 충만하게 발견되지 않는다는 것을 고백하게 되고 '회의와 절망'에 마주하게 된다는 것을 말한다. 마치 '헛되고 헛되다'고 외치는 전도서처럼, 인간세상이 싫어서 숲속으로 사라져 버린 중세의 신비가 에크하르트처럼 그렇게 일체의 것에 대해서 절망하지 않을 수 없는 그러한 단계가 바로 권태의 극단이다. 그런데 이렇게 세상에 대한 환멸과 절망에 봉착한 사람이 역설적이게도 자신을 이 지점으로 이끌어 온 자가 곧 하느님이라고 말할 수 있다는 것은 이러한 비극적 상황에 대해서 일종의 '반전'을 보여주고 있다. 즉, 진정 진리를 추구하는 자는 '이 세상과 하느님을 동시에 섬길 수 없다'는 그리스도교적 이원론의 진실을 말해주고 있다. 이는 일찍이 아우구스티누스가 『신국론』에서 보여준 진리, 즉 '신을 사랑하여 자신마저 미워하는 나라와 자기 자신을 사랑하여 신마저 미워하는 나라'라는 이원적인 세계관의 진리이다. 그리고 그가 세상에 대해서 절망하고 있다는 이 사실이 곧 그가 신의 진리를 애타게 추구하였다는 것을 증명하는 것이다.

세상에 대한 환멸과 절망을 느끼는 사람이라고 해서 모두가 의인인 것은 아니다. 사업에 실패한 사람은, 어떤 특정한 사상을 가진 사람은 혹은 어떤 범죄자는 의인들이 세상에 대해서 절망한 것만큼이나 세상에 대해서 회의하고 절망할 수 있다. 하지만 이들의 절망은 결코 이들의 의로움의 증거가 될 수가 없다. 왜냐하면 이들은 결코 이러한 절망의 순간에 봉착한 것이 곧 신의 이끎이라고 생각할 수 없기 때문이다. 오직 자신의 처지가 신의 섭리에 의한 것이라고 강하게 확신할 수 있는 사람만이 세상에 대한 이러한 절망이 자신의 '의로움'을 증명해줄 수 있다. 이러한 의로운 자가 삶의 시험을 통과하였다는 말은 세상의 가치들과 신의 진리가 대립할 때 온갖 고뇌를 무릅쓰고서라도 끝까지 신의 진리를 포기하지 않았다는 그 시련을 말한다.

아마도 이러한 삶의 시험과 시련을 잘 견디어낸 대표적인 위인을 들면 『유토피아』를 저술하여 일약 철학자의 반열에 오른 영국의 대법관 '토마스 모어'일 것이다. 그는 영국 왕 헨리 8세가 본처를 버리고 후궁과 결혼하고자 하였을 때, 로마 교황청이 허락하지 않자 스스로 '영국교회의 수장'이라고 선포하고 당시 대법관 격이었던 '토마스 모어'에게 이를 인정할 것을 명하였다. 하지만 토마스 모어는 이를 거절하였고 반역죄로 체포되어 감금되었다. 토마스 모어는 온갖 회유와 설득에도 굴하지 않고 자신의 신념을 버리지 않았다. '아버지는 왜 그리 유별나고 특별한 사람인가, 그냥 보통사람들처럼 그렇게 평범하게 행동할 수 없는가?'라고 묻는 그의 딸에게 그는 다음과 같이 말하였다고 한다. "나는 특별하고 유별난 사람이 아니다. 다만 평범하고 정상적으로 살고자 하는 한 사람의 그리스도교 신자일 뿐이다. 한 사회가 이상적인 사회라면 평범하게 살아도 사람들은 성인 성녀가 될 것이지만, 한 사회가 비-정상일 때에는 평범하게 살고자 해도 순교를 각오하지 않으면 안 되는구나!" 그는 후일 '모든 공직자의 수호성인'이 되었다. 아마도 사형을 앞둔 토마스 모어에게 세상이란 권태의 극단이었을 것이다. 그리고 그는 자신에게 왜 이런 일이 일어났을까 하고, 밤을 새워 고민하였을 것이다. 만일 그가 진정한 그리스도교 신앙인이었다면 그는 키르케고르가 고백한 것처럼 '자신을 권태의 극단'으로 데려온 것은 다름 아닌 '하느님의 섭리'라고 말하였을 것이다.

'예언자는 자기 고향에서는 환영받을 수 없다'는 성경의 말처럼, 진정한 예언자는 결코 당대의 대중으로부터 환영받을 수가 없다. 왜냐하면 엄격하게 말해 예언자는 세상의 불의함을 고발하는 신의 사자使者이기 때문이다. 물론 모든 그리스도인이 이렇게 극단적인 상황, 즉 '권태의 극단'에 도달하여야 하고, 이러한 상황을 만든 분이 하느님이라고 고백할 수 있어야만 한다는 것은 아닐 것이다. 다만 이러한 사람이 바로 '믿음의 기사'가 체험하는 진실이며, 성서적 의인의 모습인 것이다. 그리고 이러한 사람이 '영원의 세계'에 들어갈 만큼 충분히 성숙한 사람이라는 것은, 이러한 사람에게 비로소 '시간과 영원', '유한과 무한'이 진정으로 종합을 이루었다는 말이 된다. 우리는 여기서 이러한 상황이 키르케고르 자신의 삶의 모습을 대변하는 것인가라고 물을 수 있다. 하지만 우리는 그 진위를 알 수가 없다. 그럼에도 우리는 이러한 그의 사유를 통해서 그가 어떠한 마음가짐으로 세상을 살아갔는지를 생각해볼 수 있고, 또 그의 죽음의 의미를 생각해볼 수 있을 것이다.

비록 성서적인 의인은 아니더라도 키르케고르는 누구보다도 믿음의 기사에 대해서 잘 알고 있었다는 그 이유만으로 부단히 성서적인 의인이 되고자 노력하였을 것이다. 그 스스로는 자신에게는 그러한 믿음을 가질 용기가 없다고 말하였지만, 이 또한 역설적으로 그는 그러한 믿음을 가지려고 감히 시도해보았다는 말이 된다. 누구도 진정으로 시도해보지 않고서는 그러한 것이 얼마나 어려운 것인지를 실제로 알 수 없기 때문이다. 키르케고르는 누구보다도 '세상에 대해서 죽는다는 것'을 깊이 명상한 사람이었고, '죽음'에 대해서 깊이 사유한 철학자였다. 죽음을 깊이 명상하였다는 것은 역설적으로 그만큼 삶의 의미에 대해서 깊이 명상하였다는 것을 말해준다. 왜냐하면 만일 '잘 죽을 수 있는 방법'이라는 것이 있다면 그것은 오직 '잘 사는 것' 이외에 다른 것일 수 없기 때문이다. 그렇기 때문에 어떤 사람의 인생관을 알고자 한다면 그가 죽음의 의미를 어떻게 받아들이고 있는가를 보는 것이 가장 효과적인 방법이 될 것이다.

전통적으로 철학자들은 제각기 죽음에 대해서 명상하였다. 몽테뉴는 『수상록』에서 철학함에 대해 논하면서 키케로의 유명한 말 "철학을 한다는 것, 이는 죽음을 배우는 것이다"*Essais*, p.117라는 명제로 시작하였다. 왜 철학이 죽음에 대해 배운다는 것인가? 아마도 그것은 '죽음'이 상실을 상징으로 나타내는 용어이며, 철학함은 곧 '상실' 혹은 '버림'을 배우게 하기 때문일 것이다.

이러한 생각은 키르케고르의 인생관에서도 그대로 나타난다. 키르케고르 역시 우선적으로 죽음을 '세상에 대해서 죽는 것'으로 이해한다. "그리스도교적인 용어로도 죽음은 가장 깊은 영적인 비참함을 나타내는 표현이다. 그러나 치료는 죽는 것에, 세상에서 죽는 것에 있다"죽음에 이르는 병, 16쪽. 죽음이 '가장 깊은 영적인 비참함'을 말한다는 것은 죽음이 '의미 없는 삶', '공허한 삶', '빛이 제거된 삶'을 상징하는 용어이기 때문이며, 세상에서 죽는다는 것은 이러한 무의미하고 공허한 세속적인 욕망과 가치로부터 자유로워진다는 것을 말한다. 따라서 죽음에 관한 명상은 무의미하고 공허한 삶을 벗어나 '의미'와 '진정한 가치'를 지닌 새로운 삶 혹은 영적인 삶을 되찾아주는 변증법적인 운동이라고 할 수 있다. 그래서 키르케고르는 죽음을 마치 하나의 (세속적 삶에 대한) 절망처럼 고찰하며, 또한 '삶으로의 과정'처럼 이해하고 있다.

그리스도교적으로 이해할 때 죽음은 오히려 그 자체가 삶으로의 과정이다. … 죽음이 최대의 위험일 때는 사람은 간절히 살기를 원한다. 그러나 더 큰 위험이 있다는 것을 알게 될 때 사람은 죽음을 바라게 된다. 위험이 너무나 커서 죽음이 희망이 될 정도로 클 때, 그때 절망은 죽을 수조차도 없다는 무력함이다. 이 최후의 의미에 있어서 절망은 죽음에 이르는 병이다. _죽음에 이르는 병, 29쪽

'죽음보다 더 큰 위험'이란 무엇일까? 세상에 나의 죽음보다 더 심각한 일이 무엇일까? 그것은 내 영혼을 상실하는 것이다. 즉, 죽음보다 큰 위험이란 '영적인 생명'을 상실할 위험이다. 영적인 것과 육적인 것이라는 이러한 이원론적인 구도가 거북하다면 좀 더 유연하게 '의미 있는 삶'과 '무의미한 삶'으로 바꾸어 볼 수 있

다. 나이가 들수록 사람들이 두려워하는 것은 자신의 평생이 '무의미한 것'으로 끝나버릴지도 모른다는 것에 있다. 의미 없는 삶이란 의미가 상실되어 있다는 차원에서 일종의 죽음이다. '의미'의 죽음, 이는 나의 삶을 삶답게 하고, 나의 삶이 가치 있는 삶이라고 느끼게 해주는 그 무엇이 상실되어 있다는 것이다. 순간적이고 지나가는 것이 아니라 나의 삶에 지속적으로 의미를 부여해주는 어떤 본질적인 것, 나의 삶이 존중할 만하고 그래서 나에게 자존감을 주는 그 무엇이 없다는 것이다. 이러한 상실의 감정을 진지하게 체험하고 있는 사람의 실존적인 느낌 혹은 분위기, 이것이 곧 '절망'의 긍정적인 측면이다. 그래서 '실존적으로 된다'는 것의 첫 의미는 '현재의 삶' 혹은 '일상의 삶'이 무의미하고, 공허하며, '진정한 삶'이 상실되어 있다고 느끼게 되는 강렬한 체험을 말한다. 그는 아무런 변화도 없고, 매일같이 반복되는 무의미한 삶을 살아가는 인간의 삶을 '처참한 운명'이라고 표현하며, 이를 잠과 죽음에 비유하고 있다. "처참한 운명이여! 언제나 마찬가지일 것이고, 아무런 변화도 없고, 항상 같은 것을 먹는 격이다! 오라. 잠과 죽음이여!"죽음에 이르는 병, 50쪽.

키르케고르에게 오래 산다는 것은 중요한 것이 아니다. 중요한 것은 단 하루를 산다 해도 의미 있는 삶을 산다는 것이다. 그는

"우리들은 한 사람의 인간을 매장한다. … 그러고는 우리는 우리들 앞에는 아직도 긴 인생이 남아 있다고 생각하며 스스로 위로한다. 십년을 일곱 번 곱한다 해도 무엇이 오래란 말인가!"죽음에 이르는 병, 49쪽라고 자문하고 있다. 죄인에게 하루를 더 산다는 것은 하루를 더 많은 죄를 짓는다는 의미이다. 중요한 것은 하루를 더 사는 것이 아니라, 죄로부터 탈피하여 의로운 삶을 사는 것이다. 이것이 곧 키르케고르가 말하는 '세상에서 죽는 것'이다.

키르케고르는 세속적인 삶에 너무 깊이 침잠해 있어서 도저히 (세속으로부터) 죽을 수조차 없다고 생각하는 '절망'을 '죽음에 이르는 병'으로 부르고 있다. "그리스도교는 인간이 현실 속에서 도저히 알 수 없는 비참함이 있다는 것을 발견하였는데, 이 비참함이 죽음에 이르게 하는 병이다. … 기독교인이 배운 가장 두려운 것은 '죽음에 이르는 병'이다"죽음에 이르는 병, 20쪽. 정신적으로 혹은 내적으로 메마르고 무의미한 상태, 즉 영적인 삶의 부재가 곧 '알 수 없는 비참함'이라면 아마도 그 이유는 이러한 비참이 어떤 잘못이나 오류에서 기인하는 것이 아니라, 인간이 지니고 있는 근원적인 문제이기 때문일 것이다. 이러한 인간의 근원적인 문제는 파스칼이 매우 분명하게 통찰한 것이기도 하다. "이처럼 인간은 권태의 어떠한 이유도 가지지 않으면서도 권태롭게 될 만큼 그 본성의 고유한 상태로 인하여 매우 불행한 존재이다"*Pensées*, p.89. 그리고 가브리엘 마르셀은 이를 '문제적인 인간'이라는 용어로 말하고 있다. 인간이 근원적으로 지니고 있는 인간성의 문제를 잘 통찰하고 있다는 것은 비단 그리스도교뿐만이 아닐 것이다. 현대의 과학의 고전이라고 부르는 리처드 도킨스의 『이기적 유전자』에는 본래 유전자의 목적이 자기 생존에 있기 때문에 인간의 삶도 역시 '이기적'이라는 형태를 취할 수밖에 없는 것이라고 말하고 있다. 이 역시 어떤 측면에서 보면 인간의 근원적인 문제를 잘 통찰하고 있다고 볼 수 있다.

하지만 인간의 근원적인 문제를 통찰하는 것과 이를 '인간성의 진리'로 생각해버리는 것과는 전혀 다른 문제이다. 이렇게 생각해버리는 것이 곧 '죽음에 이르는 병'이다. 왜냐하면 도무지 이해할 수도 없고 고칠 수도 없는 인간성의 문제이기 때문에 이것을 '인간성의 진리'라고 선언해버리고 일체의 삶을 위한 투쟁을 포기해버릴 수 있기 때문이다.

그런데 인간성의 근원적인 문제는 치유될 수 없는 것일까? 키르케고르는 근원적인 문제의 이면에 또 다른 것이 내재하고 있음을 통찰하고 있다. 절망하여 삶을 위한 투쟁을 포기해버린 사람에게서, 결코 죽을 수도 없다는 것이 바로 이 '다른 어떤 것'에 대한 증거라고 그는 말하고 있다.

만일 인간이 가령 병으로 죽는 것과 마찬가지로 절망으로 죽는 것이 가능하다면 인간 속에 있는 영원한 것, 즉 자기는 육체가 병으로 죽는 것과 같은 뜻으로 죽을 수 있어야만 한다. 그러나 그것은 불가능하다. 절망의 죽음은 계속적으로 삶으로 변화하는 것이다. 절망에 빠진 사람은 죽을 수가 없다. _죽음에 이르는 병, 30쪽

'인간성에 대한 절망'이 죽음을 초래하는 것은 '불가능한 일'이며, 이것이 곧 인간에게 '영원한 것'이 있다는 논리는 사실 대다수 그리스도교 철학자가 통찰하고 있는 것이다. 토마스 아퀴나스 역시 인간이 불멸하는 영혼을 가지고 있다는 것을 '죽음에 저항하고 영원히 삶을 지속하고자 하는 바람'을 지니고 있다는 그 사실 자체로부터 이해하고 있으며, 가브리엘 마르셀은 인간은 결코 '희망'을 버리지 않는 존재라는 사실로부터 이를 이해하고 있다. 키르케고르는 "칼이 사상을 죽일 수 없는 것과 마찬가지로 절망도 절망의 근저에 있는 영원, 즉 자기를 먹어 치울 수는 없다"죽음에 이르는 병, 30쪽라고 말하며 또한 "절망은 절망에 빠진 사람이 자기를 먹어 치울 수 없다는 것에서, 그것이 곧 절망에 있어서의 모

순의 고통이라고 하는 것에서 인간 안에 영원한 것이 있음을 증명할 수 있다"죽음에 이르는 병, 35쪽라고 말하고 있다. '절망에 빠진 사람의 절망이 자기를 먹어 치울 수가 없다. 따라서 인간 안에는 영원한 것이 있다'는 이 명제는 '나는 사유한다. 고로 나는 존재한다'는 데카르트의 명제나 '어떤 것을 생겨나려면 이 어떤 것의 종류가 앞서 주어져 있어야 한다'는 아리스토텔레스의 명제와 같이 직관적인 진리이다. 어떤 것에 '절망'하기 위해서는 먼저 '갈망하는 것'이 있어야 하고, 이 갈망하는 것이 불가능하다는 사실에서 절망이라는 다음의 행위가 이어진다. 절망을 가능하게 하는 그 갈망, 이것이 곧 영원성과 관련된 무엇이다. 이 영원은 그리스도교에서는 '신적인 어떤 것' 혹은 '신성과 유사한 것'이며, 하이데거의 말을 빌리면 인간은 어느 정도 '존재'인 것이 될 것이다. 즉, 절망하고 있다는 사실이 곧 영원에 대한 희망이 있음을 증명해주고 있다.

다시 말해서 절망의 상태에 있는 '현존재' 그 자체가 곧 절망의 계기로서의 '구원의 상태'를 증명하고 있다. '절망에 빠진 사람은 죽을 수가 없다'고 하는 말은 결국 인간의 절망이 아무리 클지라도, 절망의 원인이 되었던 영원성에 대한 희망을 무화無化시키면서 절망을 해결할 수 없다는 말이 된다. 즉, 영원은 인간성의 깊은 곳에 각인된 인간존재의 일부이다. 이러한 논의는 인간의 자유의지가 모든 것을 선택할 수 있지만, 결코 그의 최종 목적지를 다른 것으로 선택할 수는 없다고 하는 '토마스 아퀴나스의 사유'와 동일한 것이다. 따라서 인간이 절망할 수 있다는 것은 절망하는 상태를 넘어서 영원성을 획득하는 '구원의 상태'에 도달하기 위한 '변증법적 운동'이라고 보아야 한다. 그리고 이 변증법적인 운동은 인간을 신 앞에 홀로 서게 한다.

한 개인이 완전하게 혹은 전적으로 절망하는 순간이란 어떤 순간일까? 이는 자신이 안고 있는 한계가 그 어떤 인간적인 행위나 자신의 능력으로는 극복할 수 없다고 진정으로 고백하게 되는 순간이다. 오직 이러한 순간에 한 개인은 자신보다 더 큰 존재, 인간의 근원적인 문제를 해결해줄 수 있는 '더 큰 존재'로 향하게 된다. 인간은 보다 큰 존재, 자신의 근원적인 문제를 해결해줄 수 있는 '신적인 존재'로 향하게 되고, 전적으로 자신의 존재를 신 앞에 투명하게 데려갈 수 있다. 바로 이러한 지점이 키르케고르에게는 '종교적인 실존'의 참모습이다. 인간을 절망에서 도약하게 하는 그 무엇이란 결국 '종교적 실존'으로 도약하는 것이며, 이는 또한 '죽음에 대한 진지한 사유'를 통해서 가능하다. 종교적 실존으로의 도약이 죽음에 대한 진지한 사유를 통해서 가능하다는 것은 매우 납득할 만한 사유이다. 왜냐하면 '죽음'이라는 절대적인 사건이 아닌 한, 인간은 결코 자신의 전 존재의 의미로서 투신할 수 있는 무엇이 없기 때문이다. 그래서 우리는 키르케고르의 사상에서 죽음을 생각할 수 있는 인간의 진실이란, 신 앞에서 투명하게 단독자로 나설 수 있기 위해서 일체의 세상의 가치들에 대해 죽음을 체험할 수 있는 존재라고 말할 수 있다. 그리고 이는 '죽음에 이르는 병'을 치유할 수 있는 유일한 해결책이다.

중세의 수행자들을 그린 그림들에는 자주 '인간의 해골'이 함께 그려져 있는 것을 볼 수 있는데, 그 이유는 바로 죽음에 대한 명상만이 자신을 세상에서 죽게 하고 투명하게 단독자로서 신 앞에 나설 수 있게 하기 때문이다. 단순히 죽음을 생각하는 것이 아니라 아예 죽음을 상징하는 '해골'을 곁에 두고 산다는 것은 '죽음에 대한 진지한 사유'를 의미한다.

키르케고르가 죽음에 대해서 명상할 때 그 어떤 주제들에 대해서보다도 진지함이 돋보인다. 죽음에 대해서 진지하다는 것은 무엇을 의미하는 것일까? 죽음에 대해서 진지하다는 것 죽음에 대해서 단지 학문적이거나 일반적인 의미로서 고찰하는 것이 아니라, 나의 실제적인 정신적인 내용 혹은 나의 자아의 내용으로 다시 말해서 자기 스스로에게서 어떤 절대적인 확신이나 신념으로서, 고려하는 것을 말한다. 데카르트가 '사유하는 정신적 존재'의 실존이 가장 확실한 진리라고 생각하였다면, 키르케고르에게서 모든 인간에게 가장 확실한 한 가지 현상이 곧 죽음이다. "죽음은 나와 그리고 어떤 순간에도 똑같이 불확실한 이 땅의 모든 불확실함을 비웃으며 어떤 순간에도 똑같이 확실합니다. 죽음은 노인에게나 어제 태어난 아기에게나 똑같이 확실합니다"들의 백합 공중의 새, 21쪽.

죽음이 누구에게나 확실한 것이라는 사실은 너무나 분명한 사실이다. 이 분명한 사실을 왜 '똑같이 확실한 것'이라 강조하는가? 여기서 '똑같이 확실한 것'을 강조하는 것에는 다른 뉘앙스를 함의하고 있다. 그것은 '똑같이 확실한 것'임에도 사실상은 사람마다 다른 의미로 와 닿는다는 것이다. 죽는다는 것은 동일하나 어떻게 죽는가 하는 것 혹은 죽음이 어떤 의미로 와 닿는가 하는 점은 사람마다 서로 다르다는 것을 암시하고 있다. 인간이 언젠가 죽어야 하는 존재라는 것은 분명하지만 누군가 전혀 죽음을 생각하지 않고 살고 있다면 그에게는 죽음이란 확실한 것이 아니다. 최소한 그의 의식에는 죽음은 확실한 무엇이 아니다. 마찬가지로 임종 직전에 있는 한 노인과 한창 인생을 꽃피우고 있는 한 젊은이에게서 죽음은 전혀 다른 의미, 다른 실재로 와 닿을 것

370

이다. 하지만 키르케고르는 죽음을 마치 '오늘 아침에도 역시 태양이 떠오를 것'이라는 사실만큼 분명하고 현실적인 사건처럼 그렇게 생각해야 한다고 말하고 있다. 그에게 죽음이란 두려워하거나 회피해야 할 성질의 것이 아니라 삶의 한 부분이며 인생의한 여정이다. 여정의 목적지는 영원한 것이다. 죽음을 진지하게생각한다는 것은 마치 여행자가 여정의 전 과정 동안에 여정의목적지를 항상 염두에 두고 살고 있는 것과 같다.

2
영원永遠을 향한 관문으로서의 죽음

그런데 죽음을 염두에 두고 산다는 것이 무엇에 좋은 것인가?
키르케고르의 답변은 역설적이게도 진정한 실재로서의 삶이 '죽음과 더불어' 시작된다는 것이다. 물론 이러한 생각은 사후에 맞이하게 될 천국의 삶이라는 중세적 사유를 말하는 것은 아니다.
오히려 죽음에 대한 생각이 현재에 있어서 영원성을 선취하게하는 것이라는 의미이다. 좀 더 문학적인 사유를 빌리면 '지금 현

재'에 천국을 앞당겨 산다는 말이 될 것이다. 그에게 진정한 현재
성은 곧 영원성과 맞닿아 있는 것이다.

> 개개의 찰나는 바로 그들 찰나의 집단과 마찬가지로 하나의 과정
> 이기 때문에, 어떠한 찰나도 진정한 의미에서는 현재적인 것이 아
> 니고, 또 그러는 한, 시간 속에는 현재적인 것이나 과거적인 것이나
> 미래적인 것은 존재하지 않는다. _불안의 개념, 167쪽

이러한 키르케고르의 '시간'관은 사실 아우구스티누스의 그것
과 동일한 것이다. 아우구스티누스는 『고백록』에서 '과거는 이미
지나가버렸으니 존재하지 않고, 미래는 아직 오지 않았으니 존재
하지 않으며, 진정으로 존재하는 것은 오직 현재뿐'이라고 말하
였다. 즉, 과거와 미래라는 것은 곧 기억과 의식의 산물이며, 실
제로 존재하고 있는 것은 '지금 현재'뿐이라고 하였다. 물론 이러
한 그의 사유는 인간의 의식은 시간을 종합하는 능력으로서 본
질적으로 영원한 것에 대한 사유를 생각할 수 있음을 말하고자
한 것이다. 그런데 사실상 키르케고르의 시간에 대한 사유는 아
우구스티누스의 그것을 더 구체화하고 있다. 즉, 현재라는 것도
사실상 움직이고 변화하고 있는 것이기 때문에 엄밀히 말해 '현

재라는 시간' 자체가 존재하지 않는다. '시간'이라는 것의 본질은 오직 '지나가는 것' 혹은 '소멸될 것'이라는 질료적이고 감각적인 세계의 본질인 것이다. 이 지나가는 것을 붙들어주고 고정시켜 주는 것이 정신의 특성이다. 따라서 누구든지 분명하고 확실한 현재를 살고자 한다면 혹은 진정한 실재를 살고자 한다면 그는 '영원적인 것'과 맞닿아 있는 현재를 살 수밖에 없다는 것이 키르 케고르의 생각이다.

> 영원적인 것은 현재적인 것이다. 사유된 것으로서의 이 영원적인 것은 지양된 계속으로서의 현재적인 것이다. … 현재적인 것은 영 원적인 것이고, 현재적인 것은 내용이 충실한 것이다. 로마 사람들 이 신을 두고 신은 현재적이다(Praesentes dii-현존하는 신들)라고 말하 는 것은 이런 의미에서이다. _불안의 개념, 168-169쪽

영원적인 것이 현재적인 것이라는 이러한 생각은 어떤 관점에 서 보면 칸트가 인식론에서 '코페르니쿠스적 전환'을 마련한 것 처럼 시간관에서 코페르니쿠스적 전환을 마련한 것이라 할 수 있다. 플라톤이 '이데아론'을 통해서 '현실이 허상이고 이데아적 인 것이 곧 실재'라고 생각하였고, 중세인은 지상의 모든 현실은

지나가는 허망한 것이며 영원한 것만이 진정 궁극적인 실재처럼 생각하였다. 하지만 키르케고르는 여기서 '현실적인 것이 곧 영원적인 것이고, 영원적인 것이 곧 현실'이라고 말하고 있다. 이는 말하자면 영원한 것이 존재하는 곳이 곧 현실이며, 가장 충실한 의미로서의 현실은 곧 영원한 것이 현존하는 바로 그 현실이라는 의미이다. 이러한 사유는 참으로 의미심장하다. 모든 사람이 똑같이 하루를 지니고 있으며, 똑같이 지금 이 순간을 살고 있다. 그런데 사람마다 오늘 하루나 지금 이 순간이 의미하는 것은 제각기 다르다. 그리고 이 순간을 가장 의미 있게 혹은 충실하게 보낸다는 것도 제각기 다르다. 그렇다면 오늘 하루를 가장 충실하게 보낸다는 것, 아니 지금 이 순간을 가장 충실하게 보낸다는 것을 무엇을 의미하는가? 그것은 오늘이라는 혹은 지금 이 순간이라는 것이 가진 가장 충실한 것을 붙잡는 일, 즉 '영원'을 붙잡는 일이다. 만일 인간이 본능적으로 실제로는 존재하지도 않는 '시간'이라는 것을 의식하고 시간성에 의미를 부여하고 있다면 그 이유는 한 가지뿐일 것이다. 그것은 오직 시간을 보다 충실하게 붙잡고자 하는 노력만이 영원성에 대해 의식하고 영원성을 붙잡도록 할 수 있기 때문이다.

　냉정하게 바라본다면 시간이란 끊임없이 흘러가는 것이라는 사실은 우리의 현재란 붙들 수 없는 것임을 말해주고 있으며 더 나아가 현 세상이란 결국 허망하게 지나가 버리는 것임을 말해주고 있다. 이러한 생각은 두 가지 다른 생각을 낳게 한다. 하나는 어차피 붙들 수 없는 삶에 집착할 필요가 없다는 생각과 다른 하나는 이러한 사라져버리는 현실을 보다 의미 있게 보내야 한다는 생각이다. 그런데 만일 이 흘러가버리는 현실이 사실은 영원한 것의 현존에 맞닿아 있다고 한다면, 바로 영원한 것의 힘을 빌려서 매 순간 사라져 버리는 현실을 붙잡을 수밖에 없다. 죽음에 관한 진지한 사유는 바로 이러한 영원성이 현재적으로 존재하도록 하는 매개체이다. 종교적 지평에서 보면 '영원한 것'을 긍정하고 이에 대해 확실한 신념을 가지고 있는 사람에게 '죽음'이란 '영원한 것'을 현실적으로 취하는 순간이다. 그렇기 때문에 죽음이란 영원한 것으로의 부름이다. 그리고 이 영원한 것이 현재적일수록 죽음이란 '오늘 그 자체'이다. 따라서 살아 있는 사람이 진정으로 죽음을 생각한다는 것은 죽음의 메시지가 그로 하여금 삶에 대해 '진지하게 한다'는 것이다. 즉, '현재에 충실함'이란 곧 '영원과 맞닿아 있는 실재의 삶'을 살고자 한다는 것이다. 이렇게 죽음을 일상으로 명상하는 사람에게 죽음은 다른 어떤 것과도 다른 삶의 근원적인 힘처럼 고려된다. 그것은 죽음만이 진정으로 영원한 것이 '현재' 혹은 '실재'가 되게 하는 사건이기 때문이다.

스피노자는 인간의 사유의 특징에 대해 말하면서 '사상'을 가지게 되면 이를 고집한다고 말한 바 있다. 왜 인간의 정신은 자신이 형성한 사상에 대해서 집착하게 되는 것일까? 아마도 그것은 '사상'이란 자신의 전 삶의 가치를 집약해주는 무엇이기 때문일 것이다. 죽음을 앞둔 사람이 살기 위해서 자신의 신념을 바꾸기 어려운 이유는 신념이나 믿음을 바꾼다는 것은 자신이 지금껏 살아온 그 삶 전체를 부정하는 것과도 같기 때문이다. 그래서 어떤 관점에서 보면 '순교殉敎'라는 것도 이성적으로 납득할 만한 일이다. 자신의 전 삶이 잘못된 것이라고 인정하기보다는 차라리 죽음을 선택하는 것이 오히려 편할 것이기 때문이다. 마찬가지로 신을 부정하는 사람 중 나이가 많을수록 신을 긍정하기가 더 힘든 이유도 '현재의 긍정'이 과거의 모든 삶에 대한 부정으로 이어지기 때문이다.

아우구스티누스는 가톨릭교에 입문하기로 결심한 뒤 3년이란 긴 세월을 망설였다고 한다. 이는 말하자면 종교의 입문은 단순히 삶의 진로를 변화시킨다는 의미가 아니라, 당시까지 그의 전 삶을 다시 평가하여야 한다는 것을 의미하는 것이다. 그는 『고백록』에서 당시까지 그의 모든 삶이 마치 죄의 역사였던 것처럼 기술하고 있다. 이는 키르케고르의 관점에서 보면 '철저하게 세상에서 죽는 것'을 체험하는 것이 된다. 이와 마찬가지로 어떤 사람이 지금 현재 자신의 삶이 영원적인 것과 맞닿아 있다고 규정하게 되면, 영원적인 것을 회피하고 시간적인 것에 침잠해 있었던 자신들의 삶이 허무하고 공허한 삶이라는 진실과 마주해야 한다. 그리고 그들이 진정 진지한 사람이라면 아우구스티누스가 그러했던 것처럼 그렇게 자신의 전 삶을 다시 평가하고 '세상에 대해서 죽는 것'을 체험할 수밖에 없을 것이다. 하지만 이러한 일은 참으로 두려운 것이다. 그래서 사람들은 '영원성에 대하여 불안'을 느끼고, 수많은 도피의 길을 추구하고 있는 것이다. 키르케고르는 이를 "악마적인 것"불안의 개념, 308쪽으로 규정하고 있다. 이러한 악마적인 것에 대한 치유책은 '진지하게 죽음'을 생각하는 일이다. 자신의 진정한 모습을 외면하고 외적이고 세상적인 것에 침잠해 있던 자신을 구원하는 열쇠가 곧 '세상에 대해서 죽는 것'이며, 이를 키르케고르는 '자기부정'이라고 부르고 있다. 이 자기부정은 영원한 것을 망각하고 세상적인 것으로 구성한 일체의 '자기 자신'을 부정하는 것을 말하며, 이는 곧 '세상과의 관계성에 있는 자신의 죽음'을 말하는 것이다. 물론 이미 말했다시피 이러한 자기 부정은 세상을 포기하는 것을 의미하는 것이 아니라 매 순간 다시 태어나기 위해서이며, 시간성 안에 영원성을 유한성 안에 무한성을 가져오기 위해서이다.

하지만 이러한 키르케고르의 죽음에 관한 명상이 단지 '현세의 삶 안에서 영원성을 가져오는 일'에 국한된 것은 아니다. 그는 여정의 목적지를 잊지 않은 사람들이 맞이하게 될 죽음 이후의 진정한 삶 혹은 영원한 삶에 대해서 누구보다도 확실한 신념을 가지고 있었다. 그는 지상의 현세적인 삶이란 전체적인 삶의 모습에서 아주 작은 한 부분에 지나지 않으며, 죽음은 다만 새로운 삶으로 이행하는 하나의 관문에 지나지 않는다고 믿고 있었다. 오히려 죽음 이후의 삶이란 '믿음의 기사'나 '의인'들이 희망하였던 그 삶이 충만히 실현되는 그러한 삶이라고 굳게 믿었다. 그는 이를 다음과 같이 진술한다.

사실 죽음 또한 모든 것을 포함한 영원한 생명의 내부에 있는 하나의 사소한 일에 불과하다. 그리스도교적으로 말하면 살아 있는 동안에 희망이 있는 것보다 죽음 이후에 무한히 더 큰 희망이 있다. 이 생명은 단순히 인간적인 의미의 생명뿐만 아니라 완성된 건강과 힘으로 가득 차 있는 생명을 의미한다. _불안의 개념, 18쪽

죽음이 영원한 생명에 비하면 아주 사소한 일에 불과하며, 오히려 죽음 이후에 더 큰 희망이 있다고 할 때, 이 '희망'은 무엇일까? 이는 일찍이 소크라테스가 전혀 죽음을 두려워하지 않고 자신의 삶을 내어주었던 그 희망과 동일한 것이다. 그리고 이러한 희망은 이미 철학적인 지평을 넘어서, 신학적이고 종교적인 지평에 있다. 사실 죽음 이후의 새로운 삶의 지속에 대한 확신이나 사후에 있을 희망적인 삶은 철학적인 논의의 대상이 될 수 없으며, 그 어떤 이론으로도 증명할 수 있는 것은 아니다. 이러한 것은 오직 '죽음을 진지하게 명상하는 사람', 그리하여 죽음이 마치 자신의 현실적인 삶의 일부인 것처럼 그리고 영원성이 이미 자신의 현실적인 삶에서 실현되고 있는 사람에게서만 진정으로 확신될 수 있을 뿐이다. 오직 실존적인 체험을 통해서만 획득할 수 있고, 모든 관찰이나 증명이 무용한 이러한 '확신'을 우리는 야스퍼스의 말을 빌려 '철학적 신앙'이라고 부를 수 있을 것이다. 이러한 철학적 신앙의 입장에서 보면 죽음이란 육체적 생명이 아닌 영적인 생명을 가지기 위해서 필연적으로 맞이해야 하는 '필요악'과도 같은 것이다.

　죽음에 대한 형이상학적인 의미는 '누구도 죽지 않고서는 새로운 생명을 가질 수 없다'는, 즉 '진정 살기 위해서 죽지 않으면 안 된다'는 역설적인 진리를 말하는 것이다. 그는 그리스도의 죽음이라는 역사적 사건에 대한 의미를 이러한 '형이상학적 역설'의 상징적인 사건으로 이해하고 있다.

어떤 친구도 기껏해야 자기의 죽음으로써 다른 사람의 생명을 구하는 일 이상의 것을 할 수가 없었습니다. 그러나 그는 그의 죽으심으로써 나에게 생명을 주신 것입니다. 곧, 나는 죽고 그의 죽으심이 나에게 생명을 주신 것입니다. _들의 백합 공중의 새, 23쪽

한 사람이 다른 사람을 위해서 할 수 있는 최상의 것은 그를 위하여 자신의 생명을 내어 주는 일이다. 하지만 이 생명도 사실은 육체적인 생명을 의미하는 목숨에 지나지 않는다. 육체적인 생명이란 언젠가 다시 죽을 목숨이며, 목숨을 구하는 일이란 다만 생명을 잠정적으로 연장하는 것에 불과한 것이다. 인간은 어떠한 경우에도 다른 사람의 영적인 생명이나 영원한 생명을 줄 수 없다. 이는 오직 생명 그 자체이며, 모든 생명의 근원인 절대자의 몫이다. '죽음에 대한 진지한 사고'는 바로 이러한 진리를 자각하는 과정이다. 따라서 '죽음에 대한 명상'은 '영원한 생명'으로 나아가는 출발점이라고 해야 할 것이다. "죽은 자를 기억하는 행위

야말로 가장 자유로운 사랑의 행위이다"사랑의 역사(하), 222쪽라고 스스로 말하고 있듯이, 키르케고르는 죽음을 그의 가장 친근한 실재로 살아간 철학자라고 할 수 있다. 그에게 죽음이란 영원으로의 창을 열어주는 삶의 한 부분이었던 것이다.

3
진리를 위한 이념의 순교자

키르케고르는 비교적 젊은 나이에 죽었다. 그리고 죽는 순간까지 세상 사람들에게 자신의 신념을 말하기 위해서 거의 혼자서 '철학 잡지'를 발간하였다. 그리고 결국 그는 길을 걷다가 쓰러지고 다시는 회복하지 못하였다. 그의 죽음은 엄밀히 말해서 의로운 죽음도 아니었고 더욱이 순교자의 죽음은 결코 아니었다. 소크라테스처럼 진리를 증명하기 위해서 '독배'를 마시거나, 자신의 신념을 끝까지 지키기 위해서 '사형'을 감수한 토마스 모어 같은 죽음은 결코 아니었다. 하지만 그가 죽는 순간까지 세상 사람들에게 진리를 말하고자 하였고 자신의 모든 생명을 이를 위해서 헌신하였다는 차원에서 우리는 그를 '순교자'라고 말할 수는 있을 것이다. 사실 '순교殉敎'나 '의로운 죽음'이라는 것의 공통점은 '죽임을 당한다'는 사실이다. 키르케고르는 죽임을 당하지는 않았다. 하지만 아직 젊은 나이에 세상을 떠났고 그 이유가 진리를 위해서 자신의 생명을 소진하였다는 것에 있다면 그 본질은 의로운 죽음이나 순교와 크게 다를 것이 없다. 만일 누군가 '그의 삶이 진정 진리를 위한 헌신이었는가?'라고 묻는다면 우리는 그의 모든 저서가 그것을 —최소한 자신이 진리라고 생각하는 그것을— 위한 삶이었음을 보여주고 있다고 말할 수 있을 것이다. 사실 사상과 종교의 자유가 철저하게 보장되고 있는 현대인의 삶에서는 더 이상 자신의 생명을 요구하는 이러한 순교는 좀처럼 일어나지 않으며, 따라서 엄밀한 의미에서 더 이상 순교란 있을 수 없다. 그래서 가톨릭의 신학자들은 '일상의 순교'라는 말을 사용하곤 한다. 이 일상의 순교란 '자신의 종교적 신념'이나 '양심'에 따라서 삶을 영위할 때 감수해야만 하는 '부당함', '고뇌', '고통' 등 일체의 세상으로부터의 '멸시'나 '외면' 등을 맞이하는 순간이다. 바로 이러한 의미로 우리는 키르케고르의 삶을 '순교'라고 부를 수 있는 것이다.

그런데 만일 우리가 순수하게 철학적인 의미에서 키르케고르가 진정 자신의 삶에서 실현하고자 하였던 그것은 무엇인가라고 묻는다면 그 답은 무엇일까? 단순히 그가 '영원과 관계하고 있는 인간성의 심오한 진리'나 '믿음의 기사'의 삶의 모습을 해명한 철학자에 불과하다면 '실존적'이라는 말은 그에게 어울리지 않는 말이 될 것이다. 그가 진정 '실존주의자'였다면 그는 단순히 진리를 해명하는 것이 아닌, 진리를 증거하는 삶, 즉 진리를 살고 자신이 진리가 되는 그러한 삶을 살았어야 한다. 하지만 그는 스스로 '믿음의 기사'가 될 수 없었다고 고백하고 자신은 '종교적 천재'도 아니라고 말하고 있다. 그렇기 때문에 우리는 키르케고르의 삶을 다른 한 관점에서 혹은 다른 지평에서 규정해야만 한다. 즉, 키르케고르가 자신의 '삶에서 실현하고자 한 그 진리'를 말해줄 수 있는 다른 개념을 도출하여야만 한다. 여기서 우리는 하나의 철학적인 개념을 취할 수 있을 것인데, 가장 적합한 개념은 '이념'일 것이다. 만일 그렇다고 한다면 키르케고르가 비록 종교적 의미에서 순교자가 아니더라도 우리는 그를 '이념의 순교자'라고 할 수 있을 것이다. 왜냐하면 그는 이념을 위해서 모든 것을 바쳤기 때문이고, 그가 생각하고 살았던 모든 것이 이 '이념'이라는 말에 집약되어 있기 때문이다. 그럼에도 그는 오히려 결국 이러한 이념을 넘어서고자 자신의 생을 소진하였다는 의미에서 이념의 순교자인 것이다.

그렇다면 무엇이 키르케고르가 말하고 있는 이념인가? 그가 말하고 있는 이념은 한 개별자가 이 현실의 삶에서 실현할 수 있는 최상의 것처럼 고려되고 있다.

개체는 그것이 어떤 위대한 이념의 모태 속에 칩거하고 있을 때야말로 보다 아름답고 보다 고귀한 의미에서 넓게 제시되는 것이다. 자유란 바로 확장적인 것이다. _불안의 개념, 247쪽

'한 개체가 위대한 이념의 모태 속에 칩거하고 있다'는 것은 무엇을 말하는 것인가? 이 위대한 이념이라는 것을 이해하기 위해서는 그가 말하고 있는 '이념'의 의미에 대해서 이해해야만 한다.

이념이 내면성으로 규정된 것을 의미한다는 차원에서 언어로 표현된 작품들은 가장 이념에 가깝다고 할 수 있다. 하지만 그렇다고 언어로 표현된 것, 즉 사상은 이념 그 자체가 아니다. 왜냐하면 사상 역시도 그의 이념이 언어라는 형식을 빌려서 나타나는 것이며, 형식을 통해서 나타나는 것은 결코 이념 그 자체는 아니다. 그래서 그는 "언어 안에 깃들인 이념은 사상이므로 …" 이것이냐 저것이냐, 104쪽라고 말하고 있다. 사상이 언어 안에 '깃들

여 있는 이념'일 뿐 이념 그 자체는 아닌 이유는 사상이란 가장 내면적인 것에 가까우나 여전히 일반성의 지평에 있는 것이지 한 개체의 개별성의 지평에 있는 것은 아니기 때문이다. 즉, '이념'의 차원에서 보면 '사상' 역시도 '추상적인 것'이다. 그래서 실존주의자가 지니고 있는 '내면성', 즉 '이념'은 결코 사상체계로서 드러낼 수 있는 것은 아니다. 이념이 그 무엇으로 표현된다는 것은 결국 이러한 이념의 실재를 '추상'한다는 한에서 가능한 것이다. 이는 모든 회화란 정도의 차이를 달리하여 '추상'을 포함하고 있다는 칸딘스키의 말과 그 이치를 같이하고 있다고 할 수 있다. 그런데 만일 이념이 보다 구체적이 되고자 한다면 어떠한 형식을 취해야 할 것인가? 키르케고르는 '역사적인 의식'이 스며들 때라고 한다.

이념은 어떻게 해서 구체적인 되는가? 이념에 역사적인 의식이 스며들어서 구체적인 것이 된다. 이념이 구체적일수록 개연성은 더 커진다. _이것이냐 저것이냐, 86쪽

이념에 역사적인 의식이 스며든다는 것은 무엇을 말하는 것인가? 사실 한 개인이 지니고 있는 '내면성'은 이 내면성이 '영원'과

관계된 내면성이라는 차원에서 결코 역사적 의식이 될 수 없다. 이는 항상 영원한 것에 대한 그리고 보편적인 것에 대한 인간성 그 자체에서의 진리를 주시하는 그러한 것이기 때문이다. 그래서 있는 그대로의 내면성은 구체화될 수 없다. 그런데 이러한 '내면성'에 역사적인 의식이 스며든다는 것은 이러한 '내면성의 진리'가 '국가'나 '민족' 혹은 '한 가족사' 등의 역사적인 사실에 적용된다는 것을 의미한다. 가령 안중근 의사의 '저격사건'을 그리스도교의 의로움의 표출로 고찰한다는 것은 그리스도교의 이념에 '역사적인 의식'이 스며든 대표적인 예라고 할 수가 있다. 따라서 한 그리스도교 신앙인이 가진 자신의 이념이 구체화된다는 것은 '역사적인 삶' 안에 자신의 이념을 구현하고자 할 때이다. 하지만 이 경우 이념이 구현될 것인가 아닌가 하는 것은 가장 개연적이다. 즉, 가장 불확실하다. 가령 자신의 종교적인 신념을 구체적인 삶의 현장에서 구현하고자 하는 신앙인은 그것의 성공 여부를 가장 확신하기 어렵다. 왜냐하면 본질적으로 종교적 신념은 이 지상의 현실적 삶 안에서 어떤 것을 확약받는 것은 아니기 때문이다. 반면 이 이념을 자신의 내면성에 간직하고 이를 자신의 내면세계에서 실현하고자 하는 자는 가장 분명한 확신을 할 수 있다. 왜냐하면 '천국이 벌써 우리의 내면에서 시작하고 있다'고 성서는 말하고 있기 때문이다. 앞서 제시한 키르케고르의 "어떤 위대한 이념의 모태 속에 칩거하고 있을 때"라는 말은 어떤 의미에서 한 신앙인의 가장 겸손한 표현이 될 것이다. 왜냐하면 역설과 부조리의 힘을 빌려 체념한 모든 것을 되찾게 하는 것은 전적으로 '절대자'의 몫이기 때문이다. 이 위대한 이념은 물론 시간성과 영원성이 일치를 이루는 이념일 것이며, 이는 '신성神性과 인성人性'이 완전하게 하나 된 그리스도 사건이 보여준 가장 심오한 진리이기도 하다. 그는 그리스도의 성육신聖肉身 사건을 다음과 같이 요약한다.

> 전체의 힘이 단 하나의 개인 속에 집중되어 있고, 다른 모든 개인들은 그 개인의 개개의 운동에 참여하는 한에서만 그 힘에 참여하는 것이다. 나는 또 이 관계를 성육신의 바탕에 깔려 있는 관계의 역전이라고도 말할 수 있을 것이다. 성육신에 있어서는 특정한 개인이 생명의 충실을 자기 속에 갖고 있기 때문에, 이 충실을 직관하는 한에 있어서만 존재한다. _이것이냐 저것이냐, 101쪽

그리스도교의 믿음이 진실이라고 한다면 그리스도 안에는 전체의 힘이 집중되어 있다. 그에게 영원과 시간, 무한과 유한은 완

전히 일체가 되어 있기 때문이다. 그리고 다른 모든 개인은 자신의 생명의 충실을 가지고 있기 때문에, 즉 자신의 내면성에서 영원과의 개별적 관계성이 형성되어 있기 때문에 이러한 그리스도의 힘에 참여하는 것이다. 이는 달리 말하면 만일 각 개인이 자신들의 생명의 충실성을 지니고 있지 않다면, 즉 그들의 내면성에서 영원과의 관계성이 전혀 수립되어 있지 않다면 한 개인에게 성육신의 사건은 아무것도 아니게 된다는 것을 의미한다. 따라서 종교적인 사람 혹은 신앙인에게 이념이란 자신이 지니고 있는 '충실한 생명' 혹은 '영원과의 관계성'을 지칭한다고 할 수 있다. 모든 종교적인 경신례는 이러한 자신의 종교적인 이념을 표출하는 하나의 매개체에 불과하다. 종교적인 인간에게 내면성은 바로 이 '생명의 충실'이며, 외적인 모든 규범은 이러한 내면성이 드러나는 형식이다. 이것이 키르케고르가 통찰한 종교적인 인간의 이념을 의미하는 것이다. 그렇기 때문에 그는 윤리학은 나타난 죄에 대해서 규명하며, 심리학은 나타날 죄의 가능성을 설명한다고 진술한 뒤, '신학' 즉 '교의학'은 "죄의 이념적인 가능성(원죄)을 해명한다"불안의 개념, 41쪽라고 말한다. 죄의 이념적인 가능성, 이는 자신의 내면성을 부정하는 것, 혹은 자신의 생명의 충실을 추구하지 않는 것에 있다. 그래서 그는 원죄란 일회적이 아니라, 모든 개인 안에서 다시 되풀이된다고 본 것이다.

키르케고르에게 중요한 것은 죄의 이념적인 가능성을 넘어서는 것, 다시 말해서 자신의 내면성을 확고하게 간직하는 것이요, 생명의 충실을 보존하는 일이다. 그래서 그는 "천재는 자기를 내부로 지향시킴으로써 자유를 발견한다. … 그에게는 자유야말로 그의 지극한 행복인 것이다"불안의 개념, 215쪽라고 말한다. 천재가 자신을 외부로 지향시킨다는 것은 자신의 내면성을 역사적 의식 안으로 투신하는 것을 말하며, 이 경우 천재는 자신의 자유를 박탈당할 위험을 감수해야만 한다. 왜냐하면 실존주의의 관점에서 보면 역사적 상황이란 곧 '죄 중에 있는 상황'을 의미하기 때문이다. 죄를 지어서 죄인인 것이 아니라, 죄의 상황 중에 있기에 죄인일 수밖에 없는 것이 유신론적 실존주의자의 세계관이다. 바로 이 죄의 허물이 (종교적) 천재들에게는 가장 두려운 것이다. "그는 오로지 허물만을 두려워한다. 왜냐하면 이것이야말로 그에게서 자유를 박탈하는 유일한 존재이기 때문이다"불안의 개념, 216쪽. 이념의 깊은 안식처 안에서 충만한 생명을 간직하며 불멸의 것을 꿈꾸는 이러한 사람이 키르케고르의 눈에는 진정한 철학자의 모습으로 나타난다. 그래서 그는 "철학자란 언제나 영원의 형식 속에 살고 있는 것이지, 작고한 신테니스처럼 단지 몇 시간 동안만 영원을 위해서 사는 것이 아니다"이것이냐 저것이냐, 67쪽라고 말하고 있다. 바로 이러한 이념을 자신 속에 손상됨 없이 간직하기 위해서 그리고 이러한 이념을 사람들에게 말하기 위해서 그는 죽음이 자신을 찾아오기 전까지 자신의 모든 것을 바친 것이다. 이념에 대한 이러한 키르케고르의 사유는 "이념은 현실적으로 작용하면서 동시에 무한한 과제로서 존재한다"철학적 신앙, 24쪽라고 말한 칼 야스퍼스의 그것과 매우 일치하고 있다.

키르케고르에게 '구원'은 세속적인 의미의 구원이 아니다. 그것은 불멸하는 것들을 세상에 제시함으로 세상을 근원적으로 변모시키는 힘을 낳고자 한 것이었다.

불멸한 것들은 거기 영원 속에서 단 한 번만 제시되는 것이 아니라 항상 되풀이되어 제시되고, 한 세대가 지나가며 그것들을 응시하고는, 그 응시를 통하여 행복을 느끼고 무덤으로 간다. 그러면 다음 세대가 다시 지나가며 역시 그것들을 관찰하고는, 그것들을 관찰함으로써 그 세대도 변모를 일으킨다. _이것이냐 저것이냐, 81쪽

불멸하는 것은 소멸하지 않는 것이라는 데에 있어서 역사적인 무엇이 아니다. 역사적인 무엇이 아니라는 의미에서 이는 '자아

의 어떤 것'도 아니다. 이는 사랑하는 사람이 자신의 사랑을 통해서 드러내고자 하는 그 무엇, 바로 '숭고한 선'과 '진리의 위엄'이다. "사랑하는 사람은 자신을 숨긴다. 그는 방해가 되지 않도록 하기 위해서, 이를테면 자신을 드러내지 않고 그 자리에 현존한다. 그 대신 거기에 드러나게 현존하는 것은 숭고한 선과 진리의 위엄이다"사랑의 역사(하), 207쪽. 바로 이 숭고한 선과 진리의 위엄이 키르케고르가 자신을 숨기고 세상에 드러내고자 한 그 이념이다. 그는 분명 이를 위해서 자신을 숨겨야 했다. 그의 중요 저작 대부분이 가명으로 출판되었다는 사실이 이를 보여주고 있다. 그가 세상에 드러내고자 한 것은 분명 '이념'이지만, 사상가들이 말하는 그러한 이념은 아니다.

그는 모든 건전한 인간관계에서 개입하고 있는 제3자를 말하면서 이를 '하느님=관계'라고 규정하였다. 사실 어떤 인간도 감히 하느님 그 자체를 드러내고자 할 수는 없다. 가장 위대한 종교적 천재일지라도 그가 드러낼 수 있는 유일한 것은 곧 자신이 지니고 있는 그 '하느님=관계'이다. 바로 이 '절대자와의 관계성'을 드러내기 위해 그는 자신을 숨기지 않을 수 없었다. 자신을 숨기고 위대한 선과 진리의 위엄을 드러내는 것이 키르케고르가 생각하는 사랑의 의미였다. 그래서 사랑은 본질적으로 내면적인 것이며, 어떤 의미에 있어서 '무위無爲'이자 '무소유無所有'이기도 하다. 하지만 이러한 무소유는 결코 실천의 부정을 의미하는 것은 아니다. 이는 보다 고차적으로 모든 이가 "최고의 것을 다 함께 누린다는 뜻"사랑의 역사(하), 245쪽에서 무소유인 것이다. 이는 달리 말해 모두가 사랑의 사도가 될 수 있고, 모두가 사랑을 통해서 진리를 증거할 수 있다는 의미에서의 무소유인 것이다. 이 최고의 것은 결코 소유될 수 없는 것이지만 또한 죽음마저도 앗아갈 수 없는 그 무엇이다. 이 최고의 것이 모든 인간 모든 세대에게서 다 함께 누릴 수 있기 위해서 그는 역사적 의식을 취할 수 없었다. 그래서 그 스스로가 말하듯 그는 언제나 절대자 앞에 나선 단독자여야만 하였다. 이것이 자신에게 주어진 사랑의 사명이었다.

어떤 의미에서 그는 그가 굳세게 간직하고 있었던 철학적 이념을 마지막 순간에 사랑의 힘에 양보한 철학자라고 할 수 있다. 철학자로서 자신의 이념을 체념할 수 있었던 유일한 것이 곧 영원성이 말해주는 사랑이며, 이 사랑을 위해서 그는 마지막까지 시간적인 것과 세상적인 것 속에 남아 있어야 했다. 바로 이 사랑의 의미에서 그는 영원성을 마주하면서도 여전히 시간성 안에 거할 수밖에 없었다. 그가 마지막까지 부정할 수 없었던 진실 그것은 신성한 것이 세속적인 것 안에, 그리고 영원한 것이 시간성 안에 거하고 있다는 것이었다. 그는 "영원성 안에는 온갖 모순이 제거되고, 시간성 안에는 영원성이 샅샅이 침투되어 그 안에 유지되어 있다"불안의 개념, 308쪽라고 힘주어 말한다. 세상 모든 사람이 구원될 때까지 자신은 '니르바나'에 들 수 없으며, 그 순간을 기다리고 있는 문수보살처럼 키르케고르 역시 죽는 순간까지 세속적인 삶 안에서 진리를 드러내기 위해 고독하게 자신의 길을 갔다. 그의 다음의 진술은 마치 그의 마지막 유언처럼 들린다.

영원한 것을 붙든다는 것은 위대한 일이지만, 시간적인 것을 버리고 나서도 역시 그 시간적인 것을 꽉 붙들고 있다는 것은 더욱 위대한 일이다. 이리하여 때가 찼다. _공포와 전율, 34쪽

가톨릭의 가장 위대한 현대 성녀인 '소화 테레사'는 임종 직전에 "나는 이제 진정한 삶으로 나아갑니다"라는 유언을 남겼다고 한다. 이러한 성녀의 확신은 그녀가 이 지상의 삶에서부터 이미 진정한 삶(천국적인 삶)을 살고 있었다는 것을 의미한다. '시간적인 것을 버렸지만, 시간적인 것을 꽉 붙들고 있다'는 이러한 키르케고르의 역설적인 진술은 바로 이 지상의 삶 안에서 진정한 삶을 살고자 하였던 그의 사명을 말해주고 있다고 할 것이다. 이는 또

한 세상을 진정으로 사랑하기 위해서 자신은 세상의 모든 것을 체념하였음을 의미하는 '무소유'의 정신이기도 하다. 그는 누구보다도 인간성의 심오한 진리를 잘 알고 있었고, 인간적 실존의 삶의 과정들을 잘 파악하고 있었으며, 믿음의 기사와 종교적 천재에 대해서도 잘 알고 있었다. 하지만 그럼에도 그는 여전히 세속의 한가운데서 평범하고 고독하게 자신의 길을 갔다. 그는 영원성이 말하는 자애로 말미암아 세상의 한가운데서 모두에게 잊힌 채로 수많은 사람의 비판을 받으면서도 묵묵히 자신의 길을 갔다. 그가 죽음을 맞이할 때 그를 기억하거나 그를 애도하는 사람은 아무도 없었다. 하지만 그는 아무도 알아차리지 못하게 마음 깊숙한 곳에 가장 심오하고 가장 빛나는 보석을 숨기고 있었다. 그것은 곧 영원성에 대한 이념이며, 사랑의 이념이었다. 그는 어떤 의미로 시간성과 영원성, 속된 것과 거룩한 것의 경계선에서 살다간 사람이었다. 스스로 자신은 이 경계를 넘어설 수 있는 용기가 없었다고 고백하지만, 이 경계선을 넘어설 수 없었던 것은 용기의 결핍이 아니었다. 그것은 바로 영원성이 자신에게 부여한 그 사랑의 엄명 때문이었다. 왜냐하면 자신을 '권태의 극단'에까지 이르도록 한 고뇌는 용기의 부족 때문이 아니라, '자애'라는 신의 섭리에 의한 것이었기 때문이다.

진정한 순교가 단지 죽임을 당하는 것에 있는 것이 아니라, 사랑으로서 죽음을 맞이하는 것에 있다고 한다면 키르케고르는 진정한 순교자라고 할 수 있다. '때가 찼다'는 말은 바로 이러한 것을 말해준다. 그는 끝까지 세상에서 '권태의 극단'을 인내하고자 하였다. 그리고 종교적 천재의 '견디어 냄'이 끝나는 그 순간이 '때가 찬' 그때이다. 죽음이 자신을 이 세상에서 물러나게 할 때까지 묵묵히 사랑으로써 견디어낸다는 것, 그리고 비로소 죽음이 자신을 영원성으로 나아가게 할 때, 그 순간이 바로 '때가 찬' 그때인 것이다. 그는 죽음 이후에도 한 세기 동안이나 세상 사람들에게 잊힌 채 있었다. 하지만 결국은 새로운 시대를 연 선구적인 사상가로 빛을 발하였다. "숨겨진 것은 드러나기 마련이다"라는 성경의 말처럼 철학사에 유례없는 그의 놀랍고 유일한 정신은 결코 사상의 뒤안길에 남아 있을 수가 없었다. '이리하여 때가 찼다'는 말이 또 한 번 실재가 된 것이다. 이 "때가 찼다"는 말은 오늘날 여전히 진리를 추구하는 모든 이에게 큰 울림으로 남아 있다. 우리가 진리와 영원성을 놓치지 않고 간직하고 있기만 한다면 언젠가 때가찰 순간이 올 것이라는 것, 언젠가 이 영원성이 세상을 향해 빛을 발하게 될 것이라는 것, 이것이 키르케고르가 사랑의 순교를 통해서 우리에게 전해주고 있는 희망의 메시지인 것이다.

참고문헌

본 저서의 인용문헌들

• 키르케고르 인용도서

키르케고르, 『들의 백합 공중의 새』, 표재명 옮김, 종로서적, 1980.

_____, 『유혹자의 일기』, 임춘갑 옮김, 종로서적, 1980.

_____, 『사랑의 역사』(하), 임춘갑 옮김, 종로서적, 1982.

_____, 『죽음에 이르는 병』, 김용일 옮김, 계명대학교출판부, 2006.

_____, 『불안의 개념』, 임춘갑 옮김, 도서출판 치우, 2011.

_____, 『순간』, 임춘갑 옮김, 도서출판 치우, 2011.

_____, 『직접적이며 에로틱한 단계들 또는 음악적이고 에로틱한 것』, 임규정 옮김, 지식을만드는지식, 2011.

_____, 『공포와 전율』, 임춘갑 옮김, 도서출판 치우, 2011.

_____, 『관점』, 임춘갑 옮김, 도서출판 치우, 2011.

_____, 『이것이냐 저것이냐』, 임춘갑 옮김, 도서출판 치우, 2012.

Kierkegaard, *Miettes Philosophiques*, trad. par Knud Ferlov, Paris, Gallimard, 2003.

_____, *Traité du Désespoir*, trad., par J.-J. Gateau, Paris, Gallimard, 2003.

• 그 외 인용도서

고흐, 빈센트 반, 『반 고흐, 영혼의 편지』, 신성림 옮김, 예담, 2005.

길희성, 『마이스터 엑카르트의 영성 사상』, 분도출판사, 2004.

김형효, 『베르그송의 철학』, 민음사, 1991.

닝크, C., 『헤겔 정신현상학』, 이충진 옮김, 청하, 1987.

라벨, 루이, 『성인들의 세계』, 최창성 옮김, 가톨릭출판사, 1992.

라크르와, 장, 『현대 프랑스 사상의 파노라마』, 정성진 옮김, 탐구당, 1985.

로데, 페터 , 『키르케고르, 코펜하겐의 고독한 영혼』, 임규정 옮김, 한길사, 2003.

루빈, 제임스 H., 『인상주의』, 김석희 옮김, 한길아트, 2001.

리드, 허버트, 『현대미술의 원리』, 김윤수 옮김, 열화당, 1996.

마르셀, 가브리엘, 『존재의 신비 I』, 이문호, 이명곤 옮김, 누멘, 2010.

메를로-퐁티, 모리스 , 『눈과 마음』, 김정아 옮김, 마음산책, 2008.

야스퍼스, 칼, 『철학적 신앙』, 신옥희 옮김, 이화여자대학교 출판부, 1995.

에니히, 나탈리, 『반 고흐 효과』, 이세진 옮김, 아트북스, 2006.

에드만, 어윈, 『예술과 인간』, 박용숙 옮김, 문예출판사, 1993.

월, 케빈, 『예술철학: 고전적 원리의 관점에서 본 예술의 본질』, 박갑성 옮김, 민음 사, 1992.

이단·뤼펭, 『20세기 예술문화』, 안재영 옮김, 시공사, 1997.

폴키에, P., 『실존주의』, 김원옥 옮김, 탐구당, 1990.

하디, 리차드, 『無에의 추구, 십자가의 요한의 생애』, 대구 가르멜 수녀원 옮김, 분 도출판사, 1986.

한국천주교 주교회의, 『성경』, 「창세」, 1:20-25, 한국천주교 중앙협의회, 2010.

힐쉬베르거, 『서양철학사』(하), 강성위 옮김, 이문출판사, 1988.

Aquinatis, Thomae, *Questiones disputatae de veritate*, q. 2, *De Potentia*, Paris, J. Vrin, 1984.

_____ , *Questiones disputatae de veritatae*, q. 14, *De Fide*, Paris, J. Vrin, 1984.

_____ , *Summa contra gentiles* Lib. II, Paris, éd. Louis Vivès, 1854.

_____ , *Summa Theologiae* I, Marietti Editori, 1952.

Aristotle, *Ethique à Nicomaque*, IV, Paris, J. Vrin, 1994.

Bergson, H., *Le Rire*, Oeuvre, Paris, PUF, 1963.

Clair, André, *Existence et Ethique*, Paris,, PUF, 1997.

Deschaussées, Monique, *Musique et spiritualité*, Paris, Dervy, 1990.

Eckhartshausen, Karl von, *Dieu est l'amour le plus pur*, Paris, chez Martial Ardant, 1845.

Gilson, Étienne, *L'Être et L'Essence*, Paris, J. Vrin, 1994.

Hegel, *Phénoménologie de l'esprit*, tome 2, tad. par Jean Hyppolite, Paris, Aubier-Montaigne, 1941.

_____ , *Propedeutique philosophique*, trad. par Maurice de Gandillac, Editions de Minuit. 1963.

Lavelle, Louis, *L'erreur de Narcisse*, Ed. Bernard Grasset, 1939.

Maritain, Jacques, *De Bergson à Thomas D'Aquin*, Paris, Paul Hartmann, 1944.

Montaigne, Michel de, *Essais*, Liv. I, ch. 19, trad. par Guy de Pernon, NumLivres, 2011.

Pascal, *Pensées*, Paris, GF-Flammarion, 1976.

Russ, J., *Dictionnaire de philosophie*, Paris, Bordas, 1991.

세창사상가산책 **8** │ 키르케고르